정답과 해설은 EBS 중학사이트(mid.ebs.co.kr)에서 다운로드 받으실 수 있습니다.

| 교재 내용 문의 | 교재 내용 문의는 EBS 중학사이트 (mid.ebs.co.kr)의 교재 Q&A 서비스를 활용하시기 바랍니다. |
|---|---|
| 교재 정오표 공지 | 발행 이후 발견된 정오 사항을 EBS 중학사이트 정오표 코너에서 알려 드립니다. 교재학습자료 → 교재 → 교재 정오표 |
| 교재 정정 신청 | 공지된 정오 내용 외에 발견된 정오 사항이 있다면 EBS 중학사이트를 통해 알려 주세요. 교재학습자료 → 교재 → 교재 선택 → 교재 Q&A |

## 중학 내신 영어 해결사
## MY COACH 시리즈

| | |
|---|---|
| MY GRAMMAR COACH | 기초편, 표준편 |
| MY GRAMMAR COACH 내신기출 N제 | 중1, 중2, 중3 |
| MY READING COACH | LEVEL 1, LEVEL 2, LEVEL 3 |
| MY WRITING COACH 내신서술형 | 중1, 중2, 중3 |
| MY VOCA COACH | 중학 입문, 중학 기본, 중학 실력 |

MY
VOCA
COACH
중학 기본

## 품사와 기호 표시

• 품사란 단어가 문장에서 어떤 역할을 하는지를 말하는 것으로, 우리말 약자로 표시하였습니다.

| 명 명사 | 동 동사 | 형 형용사 | 부 부사 | 전 전치사 | 대 대명사 | 접 접속사 | 감 감탄사 |
|---|---|---|---|---|---|---|---|

• 반의어, 유의어, 복수형 등은 보기 쉽게 기호로 표시하였습니다.

| ↔ 반의어 | ≒ 유의어 | *pl.* 복수형 | V 동사 | (과거형) 동사의 과거형–과거분사형 |
|---|---|---|---|---|

## 끊어 쓰기를 통한 암기

• 단어를 쉽게 암기하도록 '긴 단어, 철자가 헷갈리는 단어, 파생어' 등은 음절이나 편리한 덩어리로 끊어서 쓸 수 있는 장치를 제시하였습니다. 빈 공간에 들어갈 철자를 쓰면서 외우면 암기 효과가 더 높아집니다.

| 구분 | 표제어 예시 | 구분 방법 | 학습 방법 |
|---|---|---|---|
| 긴 단어 | underground | under / ground | under |
| 철자가 헷갈리는 단어 | receive | re / ceive | re |
| 파생어 | useful | use / ful | use |

## Voca Coach의 활용

• 표제어 암기에 도움이 되도록 맨 우측 단에 Voca Coach를 제시하였습니다. 표제어의 다른 쓰임(품사)이나 파생어, 어원, 뉘앙스, 어법, 유용한 표현 등을 가볍게 읽는 것만으로 마치 선생님이 옆에서 학습을 코치해 주는 것 같은 효과를 느낄 수 있습니다.

| 표제어 | 뜻 / 예문 | Voca Coach |
|---|---|---|
| 0001 **active** [ǽktiv] ive | 형 **활동적인, 적극적인**<br>Cats are the most **active** at night.<br>고양이들은 밤에 가장 활동적이다. | 명 act(행동) + -ive(-하는 경향)<br>↔ passive 수동적인, 소극적인 |

## 체크박스의 활용

• 표제어 왼쪽에 제시되는 3개의 체크박스는 학습자의 필요에 따라 활용될 수 있습니다. 학습 횟수 체크, 완벽 암기는 3개, 안 외워진 것은 1개 체크 등 주도적인 학습 관리에 다양하게 활용할 수 있습니다.

## 암기 훈련용 3가지 MP3의 활용 (QR 코드 & 파일 다운로드)

• 매 DAY의 첫 페이지에 제공되는 3가지 버전의 암기 훈련용 MP3를 활용하여, 단어의 발음, 단어 뜻, 예문까지 귀로 들으며 암기 효과를 극대화할 수 있습니다.

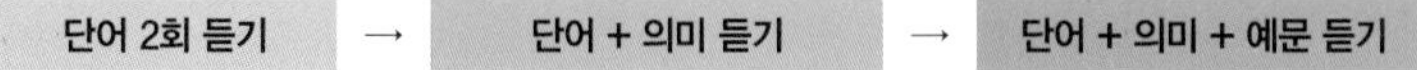


## 3단계의 총 3,400개 어휘 학습 시리즈

• 총 3단계의 어휘 학습 시리즈로, 난이도별로 중복되는 단어가 수록되지 않아 단연코 중학 어휘 학습 교재 중 가장 많은 어휘인 3,400개를 담은 가성비 만점의 어휘 학습 교재입니다.

| 입문 | 초등 고학년~중학 1학년 수준의 필수 어휘 1,000개 수록 |
|---|---|
| 기본 | 중학 1~2학년 수준의 필수 어휘 1,200개 수록 |
| 실력 | 중학 2학년 실력~중학 3학년(예비 고등) 수준의 필수 어휘 1,200개 수록 |

STRUCTURE



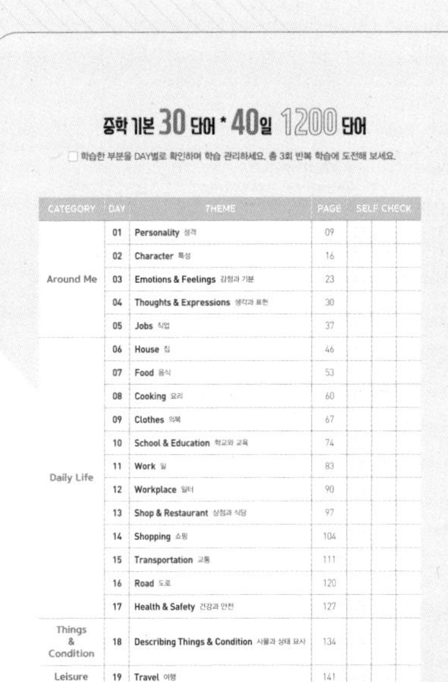

중학 기본 30 단어 * 40일 1200 단어

☐ 학습한 부분을 DAY별로 확인하여 학습 관리하세요. 총 3회 반복 학습에 도전해 보세요.

| CATEGORY | DAY | THEME | PAGE | SELF CHECK | | |
|---|---|---|---|---|---|---|
| Around Me | 01 | Personality 성격 | 09 | | | |
| | 02 | Character 특성 | 16 | | | |
| | 03 | Emotions & Feelings 감정과 기분 | 23 | | | |
| | 04 | Thoughts & Expressions 생각과 표현 | 30 | | | |
| | 05 | Jobs 직업 | 37 | | | |
| Daily Life | 06 | House 집 | 46 | | | |
| | 07 | Food 음식 | 53 | | | |
| | 08 | Cooking 요리 | 60 | | | |
| | 09 | Clothes 의복 | 67 | | | |
| | 10 | School & Education 학교와 교육 | 74 | | | |
| | 11 | Work 일 | 83 | | | |
| | 12 | Workplace 일터 | 90 | | | |
| | 13 | Shop & Restaurant 상점과 식당 | 97 | | | |
| | 14 | Shopping 쇼핑 | 104 | | | |
| | 15 | Transportation 교통 | 111 | | | |
| | 16 | Road 도로 | 120 | | | |
| | 17 | Health & Safety 건강과 안전 | 127 | | | |
| Things & Condition | 18 | Describing Things & Condition 사물과 상태 묘사 | 134 | | | |
| Leisure & Culture | 19 | Travel 여행 | 141 | | | |
| | 20 | Hobbies 취미 | 148 | | | |

**❶ 카테고리와 주제별 분류**

새 교육과정 영어 교과서를 완벽 분석하여, 영어 교과서 단원에 등장하는 순서와 난이도 순으로 최다 빈출 주제별 필수 어휘를 40일에 암기할 수 있습니다.

**❷ SELF CHECK**

DAY별 학습 진도를 체크하며, 최종 3회 반복 학습을 목표로 하도록 하였습니다. 스스로 관리를 하며 꾸준히 학습하는 데 도움이 될 것입니다.

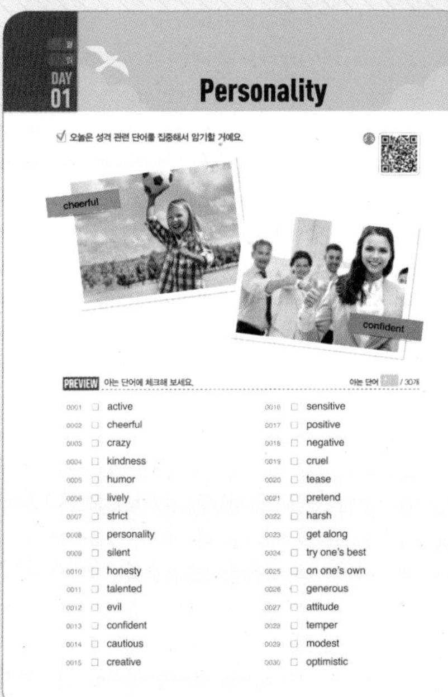

DAY 01

Personality

✓ 오늘은 성격 관련 단어를 집중해서 암기할 거예요.



PREVIEW 아는 단어에 체크해 보세요. 아는 단어 / 30개

0001 ☐ active
0002 ☐ cheerful
0003 ☐ crazy
0004 ☐ kindness
0005 ☐ humor
0006 ☐ lively
0007 ☐ strict
0008 ☐ personality
0009 ☐ silent
0010 ☐ honesty
0011 ☐ talented
0012 ☐ evil
0013 ☐ confident
0014 ☐ cautious
0015 ☐ creative
0016 ☐ sensitive
0017 ☐ positive
0018 ☐ negative
0019 ☐ cruel
0020 ☐ tease
0021 ☐ pretend
0022 ☐ harsh
0023 ☐ get along
0024 ☐ try one's best
0025 ☐ on one's own
0026 ☐ generous
0027 ☐ attitude
0028 ☐ temper
0029 ☐ modest
0030 ☐ optimistic

**❸ Picture Dictionary**

각 DAY의 주제와 관련된 이미지를 보며, 어휘 학습 시작 전 자연스럽게 주제에 대해 흥미를 갖고 생각하게끔 유도하였습니다.

**❹ PREVIEW**

아는 단어와 모르는 단어를 분리하여 체크하면서 스스로의 상황을 점검합니다. 바로 의미를 말할 수 있는 것, 아는 것 같지만 의미를 말할 수 없는 것, 모르는 것을 스스로 확인하는 과정은 어휘 학습의 중요한 첫 단계입니다.

**❺ 듣기 파일용 3가지 버전 QR 코드 제공**

'단어, 단어 + 의미, 단어 + 의미 + 예문'의 3가지 버전으로 표제어 학습의 필요에 따라 단어를 들으며 학습할 수 있도록 하였습니다.

### ❻ 수준별 표제어 제시

각 주제에 해당하는 단어들을 Basic, Intermediate, Advanced의 수준별로 제시하였습니다.

### ❼ 끊어 쓰기

단어와 함께 그 발음을 보고, 음절, 철자, 접두사, 접미사 등 암기에 용이하도록 덩어리로 끊어서 외울 수 있도록 하였습니다.

### ❽ 암기 체크박스

완벽하게 암기한 것과 아닌 것을 체크하는 등 용도에 맞게 학습 확인을 하도록 3개의 체크박스를 제공하였습니다.

Basic

| | | | |
|---|---|---|---|
| 0001 | active [ǽktiv] ive | 형 활동적인, 적극적인<br>Cats are the most **active** at night.<br>고양이들은 밤에 가장 활동적이다. | 명 act(행동) + -ive(-하는 경향)<br>↔ passive 수동적인, 소극적인 |
| 0002 | cheerful [tʃíərfəl] ful | 형 쾌활한, 발랄한<br>She looked at me with a **cheerful** smile.<br>그녀는 쾌활한 미소로 나를 바라보았다. | 동 cheer 응원하다 + -ful(-으로 가득 찬) |
| 0003 | crazy [kréizi] cra | 형 아주 화가 난; 미친, 비정상의<br>The noise makes me **crazy**.<br>그 소음이 나를 너무 화나게 한다. | ≒ mad 미친, 화가 난 |
| 0004 | kindness [káindnis] ness | 명 친절, 상냥함<br>Thank you for your **kindness**.<br>당신의 친절함에 감사드립니다. | 형 kind 친절한 + -ness(-함) |
| 0005 | humor [hjúːmər] mor | 명 유머, 익살<br>Everyone likes his sense of **humor**.<br>모두가 그의 유머 감각을 좋아한다. | 형 humorous 재치 있는 |
| 0006 | lively [láivli] ly | 형 활발한, 활기 넘치는<br>Puppies are **lively** all the time.<br>강아지들은 항상 활기차다. | 형 live 살아 있는 + -ly(-인 상태) |
| 0007 | strict [strikt] | 형 엄격한, 엄한<br>My teacher has **strict** rules for our class.<br>내 선생님은 우리 학급에 엄격한 규칙을 가지고 있다. | |

10 MY VOCA COACH 중학 기본

DAY별로 암기 확인용 Daily Check를 제공하며, 누적 테스트를 통해 반복해서 단어를 암기할 수 있도록 하였습니다.

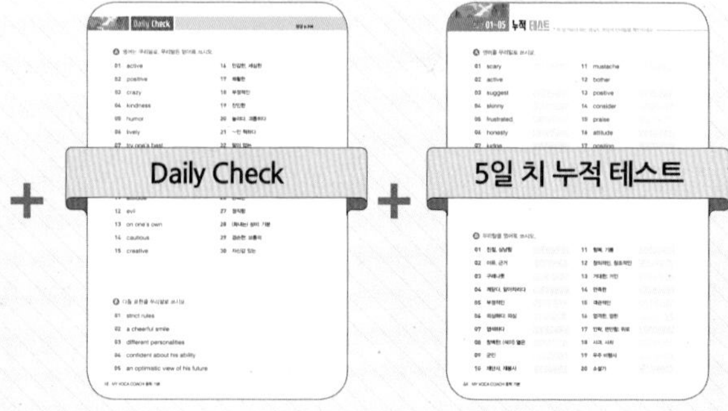

**Intermediate** (Voca Coach) DAY 01

| | | | |
|---|---|---|---|
| 0008 | personality [pə̀rsənǽləti] | 명 성격; 개성<br>We all have different **personalities**.<br>우리는 모두 다른 성격들을 가지고 있다. | 형 personal 개인적인<br>+ -ity(-한 특성) |
| 0009 | silent [sáilənt] | 형 말이 없는, 침묵하는<br>Who was the **silent** man?<br>그 말 없는 남자는 누구였을까? | 명 silence 침묵 |
| 0010 | honesty [ánisti] | 명 정직함, 솔직함<br>**Honesty** is the best policy.<br>정직이 최고의 방책이다. | 형 honest 정직한 |
| 0011 | talented [tǽləntid] | 형 재능 있는, 유능한<br>My friend is a **talented** writer.<br>내 친구는 재능 있는 작가이다. | 명 talent 재능 |
| 0012 | evil [íːvəl] | 형 나쁜, 악한 명 악, 해악<br>That's an **evil** thing to do.<br>그건 나쁜 짓이야. | ≒ bad 나쁜<br>good and evil 선과 악 |
| 0013 | confident [kánfidənt] | 형 자신감 있는, 확신하는<br>He is **confident** about his ability.<br>그는 그의 능력에 자신이 있다. | 명 confidence 자신감 |
| 0014 | cautious [kɔ́ːʃəs] | 형 조심스러운, 신중한<br>Tourists should be **cautious** of thieves.<br>관광객들은 도둑을 조심해야 한다. | 명 caution 조심, 경고<br>+ -ous(-한 성질) |
| 0015 | creative [kriéitiv] | 형 창의적인, 창조적인<br>The company needs **creative** workers.<br>그 회사는 창의적인 직원들이 필요하다. | 동 create 창조하다<br>+ -ive(-하는 경향) |

DAY 01 11

## 9 예문

표제어를 포함하는 유용한 예문을 제시하여, 문장 안에서 실제 표제어의 쓰임을 보고 단어 암기에 도움이 되도록 하였습니다.

## 10 반복 학습

앞서 학습한 단어가 뒤에 학습하는 단어의 예문에 제시되어 반복 학습할 수 있도록 하였습니다.

## 11 Voca Coach

파생어, 뉘앙스, 어원, 어법 등 단어 암기에 도움이 되는 팁들을 제공하였습니다.

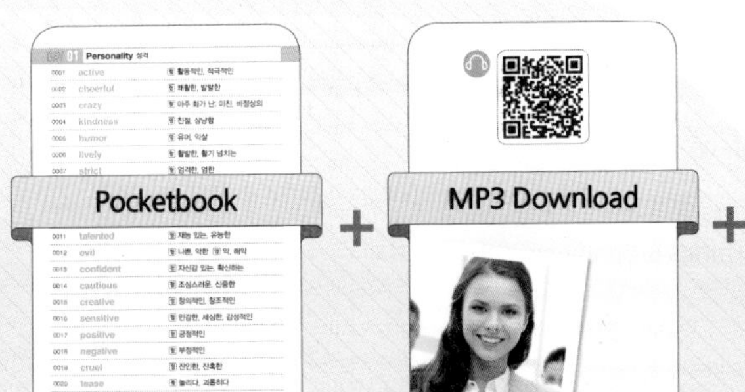


본 책과 별도로 주머니에 쏙 들어가는 휴대용 포켓 단어장과 MP3를 제공하여 언제, 어디서나 단어 학습을 할 수 있도록 하였습니다.

# 중학 기본 30 단어 * 40일 1200 단어

□ 학습한 부분을 DAY별로 확인하며 학습 관리하세요. 총 3회 반복 학습에 도전해 보세요.

CONTENTS

## 효과적인 어휘 학습 방법

### 1. MP3를 활용하여 듣고 따라 말하기

우선 단어의 발음을 듣고 2번씩 따라 말하며 기억합니다. 그리고 본 책의 예문과 팁을 통해 단어를 학습한 후, 단어만 듣고 의미를 말해 보는 방법으로 암기하면 보다 쉽게 외울 수 있을 뿐 아니라, 아주 오래 기억할 수 있습니다.

### 2. 음절, 접두사, 접미사, 아는 부분은 덩어리로 끊어서 암기하기

단어 안에 아는 단어가 숨어 있는지, 접두사나 접미사가 붙어 있는지 등을 파악하여 덩어리로 기억하는 것이 좋습니다. 이 방법으로 꾸준히 단어를 학습하다 보면 단어들 속에 숨어 있는 규칙을 발견하게 되며, 더욱 똑똑한 학습이 가능해져 보다 많은 단어를 더욱 쉽게 암기할 수 있습니다.

### 3. 누적 암기 확인하기

단어는 한 번 암기하는 것으로 자신의 것이 되지 않습니다. 암기하고 잊어버리고 또 암기하는 과정을 여러 번 반복해야 하므로 단어 학습은 쉽지 않습니다. 그래서 완전히 잊기 전에 누적하여 암기 확인을 해야만 합니다. 새로운 DAY를 시작하기 전에 이전에 암기했던 것들을 다시 훑어보는 등의 방법도 추천합니다. 그리고 암기한 단어가 머릿속에서 희미해지기 전에 Daily Check나 누적 테스트를 통해 머리에 각인시키는 것 또한 중요합니다. 포켓 단어장과 MP3 파일을 통해 누적 복습하는 것도 아주 효율적인 암기 방법입니다.

### 4. 예문을 적극적으로 활용하기

단어 학습을 하면서 예문을 읽지 않는 학습자들이 많습니다. 바쁘고 외워야 할 것들이 많기 때문이죠. 하지만, 예문을 반드시 읽어야 하는 이유는 단어의 용례를 파악한다는 장점은 물론, 그 단어를 확실하게 기억할 수 있는 가장 좋은 방법이기 때문입니다. 빠르게 외우고 빠르게 잊는 것보다는 한 번 외울 때 시간을 조금만 더 투자해 보세요. 예문과 함께 표제어를 학습하면 더 오래 기억할 수 있으므로 결과적으로는 더 빠른 효율적인 암기법이라고 자신 있게 추천합니다.

### 5. Voca Coach의 도움 받기

대부분 선생님의 도움 없이 혼자 해야 하는 부분이기 때문에 지루해지고, 따라서 꾸준히 지속하기 어려운 경우가 많습니다. Voca Coach가 알려 주는 팁을 통해 어휘력이 확장되는 것은 물론, 추가 지식을 얻으며 표제어를 더욱 잘 기억할 수 있도록 합니다. Voca Coach가 지치지 않고 예정한 학습 계획에 따라가도록 도움을 줄 것입니다.

월
일
DAY
01

# Personality

☑ 오늘은 성격 관련 단어를 집중해서 암기할 거예요.

**PREVIEW** 아는 단어에 체크해 보세요. 아는 단어 / 30개

0001 ☐ active
0002 ☐ cheerful
0003 ☐ crazy
0004 ☐ kindness
0005 ☐ humor
0006 ☐ lively
0007 ☐ strict
0008 ☐ personality
0009 ☐ silent
0010 ☐ honesty
0011 ☐ talented
0012 ☐ evil
0013 ☐ confident
0014 ☐ cautious
0015 ☐ creative
0016 ☐ sensitive
0017 ☐ positive
0018 ☐ negative
0019 ☐ cruel
0020 ☐ tease
0021 ☐ pretend
0022 ☐ harsh
0023 ☐ get along
0024 ☐ try one's best
0025 ☐ on one's own
0026 ☐ generous
0027 ☐ attitude
0028 ☐ temper
0029 ☐ modest
0030 ☐ optimistic

## Basic

Voca Coach

0001 **active** [ǽktiv]

형 **활동적인, 적극적인**

Cats are the most **active** at night.

고양이들은 밤에 가장 활동적이다.

명 act(행동) + -ive(-하는 경향)
↔ passive 수동적인, 소극적인

---

0002 **cheerful** [tʃíərfəl]

ful

형 **쾌활한, 발랄한**

She looked at me with a **cheerful** smile.

그녀는 쾌활한 미소로 나를 바라보았다.

동 cheer 응원하다 + -ful(-으로 가득 찬)

---

0003 **crazy** [kréizi]

cra

형 **아주 화가 난; 미친, 비정상의**

The noise makes me **crazy**.

그 소음이 나를 너무 화나게 한다.

≒ mad 미친, 화가 난

---

0004 **kindness** [káindnis]

ness

명 **친절, 상냥함**

Thank you for your **kindness**.

당신의 친절함에 감사드립니다.

형 kind 친절한 + -ness(-함)

---

0005 **humor** [hjúːmər]

mor

명 **유머, 익살**

Everyone likes his sense of **humor**.

모두가 그의 유머 감각을 좋아한다.

형 humorous 재치 있는

---

0006 **lively** [láivli]

ly

형 **활발한, 활기 넘치는**

Puppies are **lively** all the time.

강아지들은 항상 활기차다.

형 live 살아 있는 + -ly(-인 상태)

---

0007 **strict** [strikt]

형 **엄격한, 엄한**

My teacher has **strict** rules for our class.

내 선생님은 우리 학급에 엄격한 규칙을 가지고 있다.

## Intermediate

Voca Coach



0008 **personality** [pərsənǽləti] _______ality
명 **성격; 개성**
We all have different **personalities**.
우리는 모두 다른 성격들을 가지고 있다.
형 personal 개인적인 + -ity(-한 특성)

0009 **silent** [sáilənt] si_______
형 **말이 없는, 침묵하는**
Who was the **silent** man?
그 말 없는 남자는 누구였을까?
명 silence 침묵

0010 **honesty** [ánisti] _______y
명 **정직함, 솔직함**
**Honesty** is the best policy.
정직이 최고의 방책이다.
형 honest 정직한

0011 **talented** [tǽləntid] _______ed
형 **재능 있는, 유능한**
My friend is a **talented** writer.
내 친구는 재능 있는 작가이다.
명 talent 재능

0012 **evil** [íːvəl]
형 **나쁜, 악한** 명 **악, 해악**
That's an **evil** thing to do.
그건 나쁜 짓이야.
≒ bad 나쁜
good and evil 선과 악

0013 **confident** [kánfidənt] _______dent
형 **자신감 있는, 확신하는**
He is **confident** about his ability.
그는 그의 능력에 자신이 있다.
명 confidence 자신감

0014 **cautious** [kɔ́ːʃəs] cau_______
형 **조심스러운, 신중한**
Tourists should be **cautious** of thieves.
관광객들은 도둑을 조심해야 한다.
명 caution 조심, 경고 + -ous(-한 성질)

0015 **creative** [kriéitiv] _______ive
형 **창의적인, 창조적인**
The company needs **creative** workers.
그 회사는 창의적인 직원들이 필요하다.
동 create 창조하다 + -ive(-하는 경향)

0016 **sensitive** [sénsətiv] ____tive

형 **민감한, 세심한, 감성적인**

Teenagers are usually **sensitive** about their looks.

청소년들은 보통 그들의 외모에 민감하다.

동 sense 느끼다 + -(it)ive(-하는 경향)

---

0017 **positive** [pázitiv] ____tive

형 **긍정적인**

She always tries to have a **positive** mind.

그녀는 항상 긍정적인 마음을 가지려고 노력한다.

↔ negative 부정적인

---

0018 **negative** [négətiv] ____tive

형 **부정적인**

Online games have **negative** effects on children.

온라인 게임은 아이들에게 부정적인 영향이 있다.

↔ positive 긍정적인

---

0019 **cruel** [krú(:)əl]

형 **잔인한, 잔혹한**

How can you be so **cruel** to him?

너는 그에게 어떻게 그렇게 잔인할 수가 있니?

명 cruelty 잔혹성, 잔인함

---

0020 **tease** [tiːz] ____se

동 **놀리다, 괴롭히다**

They **teased** him about his old clothes.

그들이 그의 낡은 옷에 대해 그를 놀렸다.

≒ make fun of ~을 놀리다

---

0021 **pretend** [priténd] ____tend

동 **~인 척하다, 속이다**

The man **pretended** to be a police officer.

그 남자는 경찰관인 척했다.

---

0022 **harsh** [hɑːrʃ] har____

형 **가혹한, 혹독한, 엄한**

He never uses **harsh** words.

그는 가혹한 말들을 절대 사용하지 않는다.

---

0023 **get along**

**사이좋게 지내다, 어울리다**

He doesn't **get along** with anyone.

그는 누구와도 잘 어울리지 않는다.

0024 ☐☐☐ **try one's best**

**최선을 다하다**

The firefighter **tried his best** to save people.

그 소방관은 사람들을 구하려고 최선을 다했다.

0025 ☐☐☐ **on one's own**

**혼자 힘으로, 스스로**

I can finish this work **on my own**.

나는 혼자 힘으로 이 일을 끝낼 수 있다.

## Advanced

0026 ☐☐☐ **generous** [dʒénərəs]

____ous

형 **관대한, 인심이 후한**

My father is very **generous** to the poor.

나의 아버지는 가난한 사람들에게 매우 관대하다.

명 generosity 관대함

0027 ☐☐☐ **attitude** [ǽtitjùːd]

____tude

명 **태도, 마음가짐**

Her rude **attitude** made people angry.

그녀의 무례한 태도가 사람들을 화나게 했다.

0028 ☐☐☐ **temper** [témpər]

____per

명 **(화내는) 성미, 성질; 기분**

You need to control your **temper**.

너는 네 성미를 조절할 필요가 있다.

good[bad] temper 온화한[나쁜] 성질

0029 ☐☐☐ **modest** [mádist]

____dest

형 **겸손한; 보통의, 수수한**

He was **modest** about his good grade.

그는 그의 좋은 성적에 대해 겸손했다.

명 modesty 겸손

0030 ☐☐☐ **optimistic** [àptəmístik]

____mistic

형 **낙관적인, 낙천적인**

He has an **optimistic** view of his future.

그는 그의 미래에 대한 낙관적인 견해를 가지고 있다.

↔ pessimistic 비관적인

## Daily Check

정답 p.306

Ⓐ 영어는 우리말로, 우리말은 영어로 쓰시오.

01 active
02 positive
03 crazy
04 kindness
05 humor
06 lively
07 try one's best
08 personality
09 harsh
10 optimistic
11 attitude
12 evil
13 on one's own
14 cautious
15 creative
16 민감한, 세심한
17 쾌활한
18 부정적인
19 잔인한
20 놀리다, 괴롭히다
21 ~인 척하다
22 말이 없는
23 사이좋게 지내다
24 엄격한
25 재능 있는, 유능한
26 관대한
27 정직함
28 (화내는) 성미; 기분
29 겸손한; 보통의
30 자신감 있는

Ⓑ 다음 표현을 우리말로 쓰시오.

01 strict rules
02 a cheerful smile
03 different personalities
04 confident about his ability
05 an optimistic view of his future

**C** 빈칸에 알맞은 단어를 쓰시오.

| | | | |
|---|---|---|---|
| 01 | ______________ : kind | = | 친절 : 친절한 |
| 02 | positive ↔ ______________ | = | 긍정적인 ↔ 부정적인 |
| 03 | create : ______________ | = | 창조하다 : 창조적인 |
| 04 | confidence : ______________ | = | 자신감 : 자신감 있는 |
| 05 | ______________ : humorous | = | 유머 : 재치 있는 |
| 06 | ______________ : caution | = | 조심스러운 : 조심, 경고 |

**D** 암기한 단어를 이용하여 다음 문장을 완성하시오.

**01** 정직이 최고의 방책이다.

→ __________ is the best policy.

honest(정직한)의 명사형이에요.

**02** 그는 가혹한 말들을 절대 사용하지 않는다.

→ He never uses __________ words.

**03** 그녀의 무례한 태도가 사람들을 화나게 했다.

→ Her rude __________ made people angry.

**04** 그 남자는 경찰관인 척했다.

→ The man __________ to be a police officer.

과거의 이야기이므로 -ed를 붙여야 해요.

**05** 그는 누구와도 잘 어울리지 않는다.

→ He doesn't __________ __________ with anyone.

**06** 나는 혼자 힘으로 이 일을 끝낼 수 있다.

→ I can finish this work __________ __________ __________.

월 일

DAY 02

# Character

오늘은 특성 관련 단어를 집중해서 암기할 거예요.

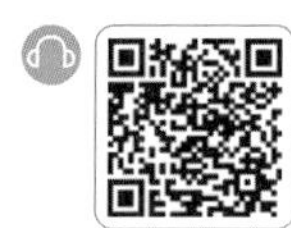

**PREVIEW** 아는 단어에 체크해 보세요. 아는 단어 / 30개

0031 □ alike
0032 □ slim
0033 □ fit
0034 □ skinny
0035 □ good-looking
0036 □ giant
0037 □ image
0038 □ spot
0039 □ beard
0040 □ mustache
0041 □ pale
0042 □ plain
0043 □ bald
0044 □ overweight
0045 □ charming
0046 □ attractive
0047 □ middle-aged
0048 □ outgoing
0049 □ male
0050 □ female
0051 □ dye
0052 □ seem
0053 □ tell A from B
0054 □ be different from
0055 □ delicate
0056 □ muscular
0057 □ sideburns
0058 □ pimple
0059 □ appearance
0060 □ description

## Basic

Voca Coach

0031 **alike** [əláik]
a

형 비슷한 부 비슷하게
My brother and I don't look **alike**.
내 남동생과 나는 닮지 않았다.

My parents treated us all alike.
나의 부모님은 우리 모두를 비슷하게 대했다.

DAY 02

0032 **slim** [slim]
s

형 날씬한, 얇은
The actors in the movie were tall and **slim**.
그 영화에 나온 배우들은 키가 크고 날씬했다.

0033 **fit** [fit]

형 (몸이) 건강한 동 꼭 맞다
Are you **fit** enough to run there?
너는 거기에 뛰어가기에 충분히 건강하니?

These pants don't fit me.
이 바지는 나한테 안 맞는다.

0034 **skinny** [skíni]
ny

형 깡마른, 여윈
Her **skinny** arms and legs don't look healthy.
그녀의 깡마른 팔과 다리는 건강해 보이지 않는다.

≒ thin 마른, 여윈

0035 **good-looking** [gùdlúkiŋ]
-looking

형 잘생긴, 보기 좋은
Who is the **good-looking** man with you?
너와 함께 있는 그 잘생긴 남자는 누구니?

good(좋은) + looking(~으로 보이는)
≒ handsome 잘생긴

0036 **giant** [ʤáiənt]

형 거대한 명 거인, 거대한 것
The boy was scared of the **giant** animal.
그 소년은 그 거대한 동물에 겁을 먹었다.

≒ huge 거대한

0037 **image** [ímiʤ]

명 이미지, 영상, 그림
They looked at the **images** on the screen.
그들은 화면에 나온 영상을 바라보았다.

0038 **spot** [spɑt]

명 (피부 등의) 점, 얼룩; 자리, 지점
The black dog has a white **spot** on its nose.
그 검은 개는 코에 하얀 점이 있다.

## Intermediate

Voca Coach

0039 beard

[biərd]

d

명 **턱수염**

The man grew a **beard** to look older.

그 남자는 더 나이 들어 보이기 위해 턱수염을 길렀다.

0040 mustache

[mʌ́stæʃ]

che

명 **콧수염**

That man with the **mustache** is my father.

콧수염이 있는 저 남자는 나의 아버지다.

0041 pale

[peil]

형 **창백한; (색이) 옅은, 연한**

Your face is **pale**.

네 얼굴이 창백하다.

The walls were painted pale blue.
벽들은 옅은 파란색으로 칠해졌다.

0042 plain

[plein]

형 **평범한; 있는 그대로의**

She is wearing **plain** black shoes.

그녀는 평범한 검은 신발을 신고 있다.

plain은 '평지, 평원'이라는 뜻으로도 쓰여요.
Tundra is a cold plain.
툰드라는 추운 평원이다.

0043 bald

[bɔːld]

형 **대머리의**

My uncle had become **bald** by the age of 40.

나의 삼촌은 40세에 대머리가 되었다.

0044 overweight

[òuvərwéit]

over

형 **과체중의, 비만의**

He is slightly **overweight** now.

그는 현재 약간 과체중이다.

over-(-의 한도를 넘어) +명 weight 무게, 체중

0045 charming

[tʃáːrmiŋ]

ing

형 **매력적인, 멋진**

She fell in love with the **charming** boy.

그녀는 그 매력적인 소년과 사랑에 빠졌다.

명 charm 매력

Voca Coach

0046 **attractive** [ətrǽktiv]

ive

형 **매력적인, 마음을 끄는**

She is funny and **attractive**.

그녀는 재미있고 매력적이다.

동 attract 마음을 끌다 + -ive(-하는 경향)

---

0047 **middle-aged** [mídlèidʒid]

-aged

형 **중년의**

Many **middle-aged** men worry about their health.

많은 중년 남성들이 그들의 건강에 대해 걱정한다.

middle(중간의) + aged(나이가 든)

---

0048 **outgoing** [áutgòuiŋ]

going

형 **사교적인, 외향적인**

Her **outgoing** personality made her popular. 그녀의 사교적인 성격이 그녀를 인기 있게 만들었다.

out(밖으로) + going(나가는, 다니는)

≒ active 활동적인

---

0049 **male** [meil]

형 **남성의, 수컷의** 명 **남성, 수컷**

**Male** birds have beautiful feathers.

수컷 새들은 아름다운 깃털을 가지고 있다.

≒ man 남성

---

0050 **female** [fíːmèil]

male

형 **여성의, 암컷의** 명 **여성, 암컷**

There are more **female** workers in the office.

그 사무실에는 여성 직원이 더 많이 있다.

≒ woman 여성

---

0051 **dye** [dai]

동 **염색하다** 명 **염색제, 염료**

The singer **dyed** his hair pink.

그 가수는 분홍색으로 그의 머리를 염색했다.

black dye 검은색 염료

---

0052 **seem** [siːm]

동 **~처럼 보이다, ~인 것 같다**

The students **seemed** interested in the topic.

학생들은 그 주제에 관심이 있는 것 같았다.

---

0053 **tell A from B**

**A와 B를 구별하다**

Can you **tell** gorillas **from** chimpanzees?

너는 고릴라와 침팬지를 구별할 수 있니?

0054 be different from

~와 다르다

**Is** Italian food very **different from** Spanish food?

이탈리아 음식은 스페인 음식과 많이 다른가요?

## Advanced

0055 delicate

[délikət]

cate

형 연약한, 다치기 쉬운; 섬세한

Babies have very **delicate** skin.

아기들은 매우 연약한 피부를 가지고 있다.

0056 muscular

[mʌ́skjələr]

lar

형 근육질의, 근육의

The soccer player has a **muscular** body.

그 축구 선수는 근육질의 몸을 가지고 있다.

명 muscle 근육 + -ular(-의)

0057 sideburns

[sáidbə̀ːrnz]

burns

명 구레나룻

Why did you grow long **sideburns**?

너는 왜 구레나룻을 길게 길렀니?

0058 pimple

[pímpl]

ple

명 여드름, 뾰루지

She wanted to hide her **pimple**.

그녀는 자신의 여드름을 숨기고 싶었다.

≒ acne 여드름

0059 appearance

[əpí(ː)ərəns]

ance

명 외모

Don't judge a person by his **appearance**.

외모로 사람을 판단하지 마세요.

동 appear 보이다, 생기다 + -ance(-한 상태)

≒ looks 외모

0060 description

[diskrípʃən]

tion

명 설명, 묘사

Give me a **description** of the situation.

나에게 그 상황을 설명해 주세요.

동 describe 묘사하다 + -tion(-한 것)

## Daily Check

정답 p.306



**A** 영어는 우리말로, 우리말은 영어로 쓰시오.

**01** charming
**02** slim
**03** fit
**04** male
**05** good-looking
**06** giant
**07** seem
**08** spot
**09** beard
**10** delicate
**11** sideburns
**12** image
**13** bald
**14** tell A from B
**15** be different from
**16** 매력적인
**17** 평범한
**18** 사교적인, 외향적인
**19** 여드름, 뾰루지
**20** 여성의, 암컷의
**21** 염색하다; 염색제
**22** 콧수염
**23** 비슷한; 비슷하게
**24** 창백한; (색이) 옅은
**25** 중년의
**26** 근육질의, 근육의
**27** 깡마른, 여윈
**28** 과체중의, 비만의
**29** 외모
**30** 설명, 묘사

**B** 다음 표현을 우리말로 쓰시오.

**01** look alike
**02** tall and slim
**03** plain black shoes
**04** the good-looking man
**05** her outgoing personality

**C** 빈칸에 알맞은 단어를 쓰시오.

01 charm : ________ = 매력 : 매력적인, 멋진

02 ________ ↔ female = 남성의 ↔ 여성의

03 muscle : ________ = 근육 : 근육질의

04 attract : ________ = 마음을 끌다 : 매력적인

05 describe : ________ = 묘사하다 : 설명, 묘사

06 ________ : appear = 외모 : 보이다, 생기다

**D** 암기한 단어를 이용하여 다음 문장을 완성하시오.

01 콧수염이 있는 저 남자는 나의 아버지다.

→ That man with the ________ is my father.

02 그 소년은 그 거대한 동물에 겁을 먹었다.

→ The boy was scared of the ________ animal.

03 학생들은 그 주제에 관심이 있는 것 같았다.

→ The students ________ interested in the topic.

과거이므로 동사에 -ed를 붙여요.

04 그 사무실에는 여성 직원이 더 많이 있다.

→ There are more ________ workers in the office.

반의어는 male이에요.

05 그 검은 개는 코에 하얀 점이 있다.

→ The black dog has a white ________ on its nose.

06 너는 고릴라와 침팬지를 구별할 수 있니?

→ Can you ________ gorillas ________ chimpanzees?

월
일
DAY 03

# Emotions & Feelings

☑ 오늘은 감정과 기분 관련 단어를 집중해서 암기할 거예요.

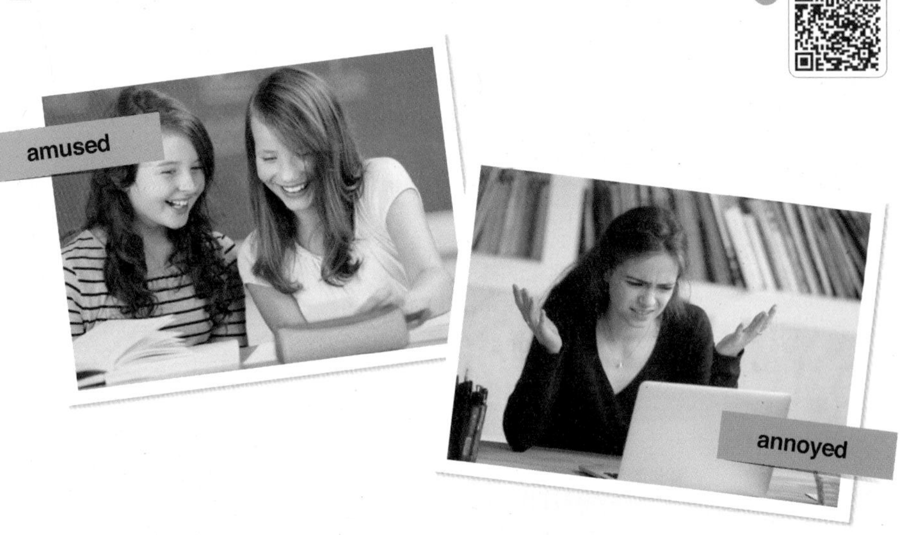


**PREVIEW** 아는 단어에 체크해 보세요. 아는 단어 / 30개

0061 ☐ blue
0062 ☐ scary
0063 ☐ happiness
0064 ☐ fear
0065 ☐ anger
0066 ☐ mess
0067 ☐ horror
0068 ☐ regret
0069 ☐ bother
0070 ☐ mysterious
0071 ☐ amused
0072 ☐ annoyed
0073 ☐ depressed
0074 ☐ ashamed
0075 ☐ satisfied
0076 ☐ disappointed
0077 ☐ grateful
0078 ☐ anxious
0079 ☐ confused
0080 ☐ thanks to
0081 ☐ be afraid of
0082 ☐ comfort
0083 ☐ would like to V
0084 ☐ embarrassed
0085 ☐ frustrated
0086 ☐ frightened
0087 ☐ delighted
0088 ☐ endure
0089 ☐ sympathy
0090 ☐ apology

## Basic

Voca Coach

0061 blue [blu:]

형 **우울한**

Why are you feeling **blue**?

너는 왜 우울해하는 거니?

≒ depressed 우울한, 의기소침한

0062 scary [skɛ́(:)əri]

y

형 **무서운, 겁나게 하는**

We watched a **scary** movie last night.

우리는 어젯밤에 무서운 영화를 보았다.

동 scare 겁을 주다

형 scared 겁먹은

0063 happiness [hǽpinis]

ness

명 **행복, 기쁨**

His eyes are shining with **happiness**.

그의 눈은 행복으로 빛나고 있다.

형 happy 행복한

+-ness('성질, 상태' 등을 나타내는 접미사)

0064 fear [fiər]

명 **공포, 두려움, 무서움**

The child was shaking with **fear**.

아이는 두려움에 떨고 있었다.

형 fearful 공포에 찬

0065 anger [ǽŋgər]

an

명 **화, 분노**

She couldn't hide her **anger** with them.

그녀는 그들에 대한 화를 숨길 수가 없었다.

형 angry 화난

0066 mess [mes]

명 **엉망, 어수선함**

I felt like a **mess**.

나는 엉망이 된 기분이 들었다.

형 messy 지저분한, 엉망인

## Intermediate

0067 horror [hɔ́(:)rər]

ho

명 **공포**

I realized the **horror** of war after his speech.

나는 그의 연설이 끝난 후 전쟁의 공포를 깨달았다.

형 horrible 끔찍한

Voca Coach

0068 **regret** [rigrét] ___ret

통 후회하다, 유감스럽게 생각하다

Don't say anything you might **regret** later.

나중에 후회할 만한 말은 하지 마라.

형 regretful 후회하는

0069 **bother** [báðər] bo___

동 괴롭히다, 신경 쓰이게 하다

Mosquitoes **bother** people in summer.

모기는 여름에 사람들을 괴롭힌다.

0070 **mysterious** [mistíəriəs] ___ous

형 불가사의한, 신비한

We saw a **mysterious** picture in the cave.

우리는 동굴에서 신비한 그림을 보았다.

명 mystery 불가사의, 신비

0071 **amused** [əmjúːzd] ___d

형 즐기는, 재미있어하는

The students were **amused** to listen to the story.

학생들은 그 이야기를 듣는 것을 재미있어했다.

동 amuse 즐겁게 해 주다

0072 **annoyed** [ənɔ́id] ___ed

형 짜증 난, 화가 난

He was **annoyed** with their loud voices.

그는 그들의 시끄러운 목소리에 짜증이 났다.

동 annoy 짜증 나게 하다

0073 **depressed** [diprést] ___ed

형 우울한, 낙담한

The rainy weather made him **depressed**.

비 오는 날씨가 그를 우울하게 했다.

동 depress 우울하게 하다

명 depression 우울, 우울증

0074 **ashamed** [əʃéimd] ___ed

형 부끄러운, 창피한

He was **ashamed** of his lies.

그는 그의 거짓말을 부끄러워했다.

명 shame 수치심, 부끄러움

0075 **satisfied** [sǽtisfàid] ___fied

형 만족한

Are you **satisfied** with the food?

음식에 만족하시나요?

동 satisfy 만족시키다

0076 disappointed [dìsəpɔ́intid]
dis ed
형 실망한
I was very **disappointed** with myself.
나는 나 자신에게 매우 실망했다.
동 disappoint 실망시키다

0077 grateful [gréitfəl]
ful
형 감사하는
We're **grateful** to you for your help.
도움을 주셔서 감사합니다.
≒ thankful 감사하는

0078 anxious [ǽŋkʃəs]
an
형 불안해하는, 걱정되는
Many people are **anxious** about their future.
많은 사람들이 자신의 미래에 대해 불안해한다.
≒ worried 걱정하는

0079 confused [kənfjú:zd]
con
형 혼란스러운, 혼동되는
She was **confused** about the message.
그녀는 그 메시지에 대해 혼란스러웠다.
동 confuse 혼란스럽게 하다

0080 thanks to
~ 덕분에, ~ 때문에
**Thanks to** the Internet, we can easily get information. 인터넷 덕분에 우리는 쉽게 정보를 얻을 수 있다.

0081 be afraid of
~을 무서워하다
Most animals **are afraid of** fire.
대부분의 동물들은 불을 무서워한다.

0082 comfort [kʌ́mfərt]
com
명 안락, 편안함; 위로, 위안
This chair is designed for **comfort**.
이 의자는 편안함을 위해 디자인되었다.
That's a great comfort to me.
그것은 나에게 큰 위로가 된다.

0083 would like to V
~하고 싶다
I **would like to** major in science in college.
나는 대학에서 과학을 전공하고 싶다.

## Advanced

Voca Coach

0084 **embarrassed** [imbǽrəst]
em ______ ed
형 당황스러운, 어색한
He felt **embarrassed** by his mistake.
그는 자신의 실수에 당황했다.
동 embarrass 당황시키다

0085 **frustrated** [frʌ́strèitid]
______ rated
형 좌절한, 좌절감을 느끼는
She was very **frustrated** about missing the chance.
그녀는 그 기회를 놓쳐서 매우 좌절했다.
동 frustrate 좌절시키다

0086 **frightened** [fráitənd]
______ ened
형 무서워하는, 겁먹은
The baby was **frightened** of the giant man.
아기는 그 거대한 남자를 무서워했다.
명 fright 무서움, 공포
동 frighten 겁먹게 하다

0087 **delighted** [diláitid]
______ ed
형 매우 기뻐하는
Our team was **delighted** to win the game.
우리 팀은 그 경기에서 승리해서 매우 기뻤다.
명 delight 기쁨

0088 **endure** [indjúər]
en ______
동 참다, 견디다
The pain was too much to **endure**.
그 고통은 견뎌 내기에 너무 컸다.

0089 **sympathy** [símpəθi]
sym ______
명 동정, 연민; 공감
The man showed **sympathy** for the poor.
그 남자는 가난한 사람들에게 연민을 보였다.
동 sympathize 동정하다; 공감하다

0090 **apology** [əpɑ́lədʒi]
______ logy
명 사과, 사죄
I received a letter of **apology** from her.
나는 그녀로부터 사과 편지를 받았다.
동 apologize 사과하다

## Daily Check

정답 p.306

**A** 영어는 우리말로, 우리말은 영어로 쓰시오.

**01** amused
**02** scary
**03** annoyed
**04** fear
**05** anger
**06** frustrated
**07** horror
**08** grateful
**09** depressed
**10** blue
**11** frightened
**12** endure
**13** be afraid of
**14** thanks to
**15** would like to V
**16** 실망한
**17** 행복, 기쁨
**18** 불안해하는
**19** 혼란스러운
**20** 엉망, 어수선함
**21** 불가사의한, 신비한
**22** 안락, 편안함; 위로
**23** 괴롭히다
**24** 당황스러운, 어색한
**25** 만족한
**26** 후회하다
**27** 매우 기뻐하는
**28** 부끄러운
**29** 동정, 연민; 공감
**30** 사과, 사죄

**B** 다음 표현을 우리말로 쓰시오.

**01** the horror of war
**02** a mysterious picture
**03** thanks to the Internet
**04** designed for comfort
**05** sympathy for the poor

## C 빈칸에 알맞은 단어를 쓰시오.

01 scare : ______________ = 겁을 주다 : 무서운, 겁나게 하는

02 ______________ : angry = 화, 분노 : 화난

03 annoy : ______________ = 짜증 나게 하다 : 짜증 난

04 fright : ______________ = 무서움 : 무서워하는, 겁먹은

05 ______________ : apologize = 사과 : 사과하다

06 ______________ : regretful = 후회하다 : 후회하는

## D 암기한 단어를 이용하여 다음 문장을 완성하시오.

01 그는 그의 거짓말을 부끄러워했다.

→ He was ___________ of his lies.

02 음식에 만족하시나요?

→ Are you ___________ with the food?

03 나는 나 자신에게 매우 실망했다.

→ I was very ___________ with myself.

04 그의 눈은 행복으로 빛나고 있다.

→ His eyes are shining with ___________.

05 그 고통은 견뎌 내기에 너무 컸다.

→ The pain was too much to ___________.

06 많은 사람들이 자신의 미래에 대해 불안해한다.

→ Many people are ___________ about their future.

유의어는 worried예요.

월
일

DAY 04

# Thoughts & Expressions

☑ 오늘은 생각과 표현 관련 단어를 집중해서 암기할 거예요.

**PREVIEW** 아는 단어에 체크해 보세요. 아는 단어 / 30개

0091 □ reason
0092 □ report
0093 □ trust
0094 □ realize
0095 □ warn
0096 □ repeat
0097 □ remind
0098 □ suggest
0099 □ reply
0100 □ respond
0101 □ respect
0102 □ deny
0103 □ reject
0104 □ compare
0105 □ contrast
0106 □ consider
0107 □ concern
0108 □ doubt
0109 □ presentation
0110 □ anyway
0111 □ actually
0112 □ although
0113 □ talk to oneself
0114 □ come to mind
0115 □ praise
0116 □ threaten
0117 □ analyze
0118 □ appreciate
0119 □ objective
0120 □ translation

## Basic

Voca Coach

0091 reason

[ríːzən]

___son

명 **이유, 근거**

Tell me the **reason** why he is absent.

나에게 그가 결석한 이유를 말해 줘.

0092 report

[ripɔ́ːrt]

re___

동 **보고하다, 알리다** 명 **보도, 보고서**

She **reported** the accident to the police.

그녀는 그 사고를 경찰에게 알렸다.

I'm reading his report.
나는 그의 보고서를 읽고 있다.

0093 trust

[trʌst]

t___t

동 **신뢰하다, 믿다** 명 **신뢰, 신임**

Don't **trust** anyone but me.

나 말고는 아무도 믿지 마.

He has no trust in me.
그는 나에 대한 신뢰가 없다.

0094 realize

[rí(ː)əlàiz]

___ize

동 **깨닫다, 알아차리다**

Do you **realize** how difficult this job is?

너는 이 일이 얼마나 어려운지 알겠니?

0095 warn

[wɔːrn]

w___

동 **경고하다, 조심시키다**

My neighbors **warned** me about the dog.

이웃 사람들이 그 개에 대해 나에게 경고해 주었다.

명 warning 경고

0096 repeat

[ripíːt]

re___

동 **반복하다, 한 번 더 말하다**

Could you please **repeat** that?

그 말을 다시 한번 해 주시겠어요?

명 repetition 반복

0097 remind

[rimáind]

re___

동 **생각나게 하다, 일깨우다**

This doll **reminds** me of my childhood.

이 인형은 나의 어린 시절을 생각나게 한다.

remind A of B
A에게 B를 생각나게 하다

DAY 04

## Intermediate

Voca Coach

0098 **suggest** [səgdʒést] su
동 **제안하다, 제시하다; 암시하다**
He **suggested** some ways to solve the problem.
그는 문제를 해결할 몇 가지 방법을 제안했다.
명 suggestion 제안, 암시

0099 **reply** [riplái] re
동 **대답하다** 명 **대답, 응답**
They didn't **reply** to my letter.
그들은 내 편지에 대답하지 않았다.
His reply surprised me.
그의 대답은 나를 놀라게 했다.

0100 **respond** [rispánd] res
동 **대답하다, 응답하다; 반응하다**
How did they **respond** to your question?
그들은 너의 질문에 어떻게 대답했니?
명 response 응답, 반응

0101 **respect** [rispékt] res
동 **존경하다** 명 **존경**
The students **respect** their principal.
그 학생들은 그들의 교장 선생님을 존경한다.

0102 **deny** [dinái] de
동 **부인하다, 부정하다; 거절하다**
The assistant **denied** he made a mistake.
그 조수는 그가 실수한 것을 부인했다.
명 denial 부인, 거부

0103 **reject** [ridʒékt] re
동 **거절하다, 거부하다**
He **rejected** her offer.
그는 그녀의 제안을 거절했다.

0104 **compare** [kəmpɛ́ər] com
동 **비교하다; 비유하다**
Try not to **compare** yourself with others.
너 자신과 남들을 비교하지 않도록 해라.
compare A with B A와 B를 비교하다

0105 **contrast** [kəntrǽst] cont
동 **대조하다, ~와 대조를 이루다** 명 **대조**
His actions **contrast** with his words.
그의 행동은 그의 말과 대조를 이룬다.
명 [kántræst]
in contrast 대조적으로, 반대로

Voca Coach

0106 **consider** [kənsídər] con

동 ~라고 여기다; 고려하다

The customers **considered** the price too high.

고객들은 그 가격이 너무 비싸다고 여겼다.

Please consider others, too.
다른 사람들도 고려하세요.

0107 **concern** [kənsə́ːrn] con

동 걱정시키다 명 걱정, 우려

The state of his health **concerns** me greatly.

그의 건강 상태는 나를 크게 걱정시킨다.

0108 **doubt** [daut] dou

동 의심하다 명 의심, 의혹

The judge **doubted** everything he said.

그 판사는 그가 말한 모든 것을 의심했다.

No doubt.
당연하다., 의심할 여지가 없다.

0109 **presentation** [prìːzəntéiʃən] ation

명 발표; 제출, 제시

I get nervous when I give a **presentation**.

나는 발표를 할 때 긴장한다.

동 present 보여 주다, 발표하다 + -(a)tion(-하는 것)

0110 **anyway** [éniwèi] way

부 어쨌든, 그래도; 게다가

The dress is expensive, but she will buy it **anyway**. 그 드레스는 비싸지만, 그래도 그녀는 그것을 살 것이다.

≒ anyhow 어쨌든

0111 **actually** [ǽktʃuəli] ly

부 사실은, 실제로, 정말로

What **actually** happened yesterday?

어제 실제로 무슨 일이 일어났니?

형 actual 사실의, 실제의 + -ly(부사를 만드는 접미사)

0112 **although** [ɔːlðóu] al

접 ~에도 불구하고, ~이지만

**Although** it's midnight, I have to wake up.

한밤중이지만 나는 일어나야만 한다.

≒ though ~에도 불구하고

0113 **talk to oneself**

혼잣말을 하다

I sometimes **talk to myself**.

나는 가끔 혼잣말을 한다.

0114 come to mind

생각이 나다, 떠오르다

New ideas **came to mind** after the class.

수업 후에 새로운 아이디어가 떠올랐다.

## Advanced

0115 praise

[preiz]

p

동 칭찬하다 명 칭찬

A good teacher **praises** students when they do well.

좋은 선생님은 학생들이 잘하면 칭찬한다.

0116 threaten

[θrétən]

en

동 협박하다, 위협하다

Someone **threatened** him with a gun.

누군가 그를 총으로 협박했다.

명 threat 협박, 위협

0117 analyze

[ǽnəlàiz]

ze

동 분석하다

Researchers **analyzed** the results of the study.

연구원들은 그 연구의 결과를 분석했다.

명 analysis 분석

0118 appreciate

[əpríːʃièit]

ate

동 감사하다; 감상하다, 진가를 알다

We **appreciate** your effort.

당신의 노력에 감사드립니다.

She appreciates our work.
그녀는 우리 작품의 진가를 안다.

0119 objective

[əbdʒéktiv]

ive

형 객관적인

It's hard to be **objective** about your family.

가족에 대해 객관적이기는 어렵다.

↔ subjective 주관적인

0120 translation

[trænsléiʃən]

ion

명 번역, 번역물

He is working on a **translation** of an English novel.

그는 영어 소설 번역 작업을 하고 있다.

동 translate 번역하다

## Daily Check

정답 p.306

**A** 영어는 우리말로, 우리말은 영어로 쓰시오.

| | | | |
|---|---|---|---|
| **01** | trust | **16** | 깨닫다, 알아차리다 |
| **02** | report | **17** | 걱정시키다; 걱정 |
| **03** | consider | **18** | 의심하다; 의심 |
| **04** | contrast | **19** | 거절하다, 거부하다 |
| **05** | warn | **20** | 어쨌든, 그래도 |
| **06** | repeat | **21** | 이유, 근거 |
| **07** | presentation | **22** | 객관적인 |
| **08** | actually | **23** | 번역, 번역물 |
| **09** | reply | **24** | 제안하다; 암시하다 |
| **10** | respond | **25** | 칭찬하다; 칭찬 |
| **11** | although | **26** | 존경하다; 존경 |
| **12** | deny | **27** | 분석하다 |
| **13** | appreciate | **28** | 생각나게 하다 |
| **14** | come to mind | **29** | 비교하다; 비유하다 |
| **15** | talk to oneself | **30** | 협박하다, 위협하다 |

**B** 다음 표현을 우리말로 쓰시오.

**01** reject her offer

**02** praise students

**03** reply to my letter

**04** analyze the results

**05** appreciate your effort

**C** 빈칸에 알맞은 단어를 쓰시오.

| | | | |
|---|---|---|---|
| **01** | _______________ : warning | = | 경고하다 : 경고 |
| **02** | _______________ ↔ subjective | = | 객관적인 ↔ 주관적인 |
| **03** | _______________ : response | = | 대답하다, 응답하다 : 응답 |
| **04** | denial : _______________ | = | 부인, 거부 : 부인하다 |
| **05** | present : _______________ | = | 보여 주다, 발표하다 : 발표 |
| **06** | translate : _______________ | = | 번역하다 : 번역 |

**D** 암기한 단어를 이용하여 다음 문장을 완성하시오.

**01** 그의 행동은 그의 말과 대조를 이룬다.

→ His actions __________ with his words.

**02** 나에게 그가 결석한 이유를 말해 줘.

→ Tell me the __________ why he is absent.

**03** 이 인형은 나의 어린 시절을 생각나게 한다.

→ This doll __________ me of my childhood.

주어가 3인칭 단수 현재이므로 동사에 -s를 붙여요.

**04** 너 자신과 남들을 비교하지 않도록 해라.

→ Try not to __________ yourself with others.

**05** 한밤중이지만 나는 일어나야만 한다.

→ __________ it's midnight, I have to wake up.

**06** 수업 후에 새로운 아이디어가 떠올랐다.

→ New ideas __________ __________ __________ after the class.

come의 과거형은 came이에요.

# Jobs

☑ 오늘은 직업 관련 단어를 집중해서 암기할 거예요.

**PREVIEW** 아는 단어에 체크해 보세요. 아는 단어 ___ / 30개

| | | | |
|---|---|---|---|
| 0121 | ☐ clerk | 0136 | ☐ assistant |
| 0122 | ☐ soldier | 0137 | ☐ counselor |
| 0123 | ☐ judge | 0138 | ☐ detective |
| 0124 | ☐ businessman | 0139 | ☐ secretary |
| 0125 | ☐ gardener | 0140 | ☐ announcer |
| 0126 | ☐ fisherman | 0141 | ☐ narrator |
| 0127 | ☐ guard | 0142 | ☐ novelist |
| 0128 | ☐ position | 0143 | ☐ illustrator |
| 0129 | ☐ teller | 0144 | ☐ flight attendant |
| 0130 | ☐ tailor | 0145 | ☐ carpenter |
| 0131 | ☐ editor | 0146 | ☐ mechanic |
| 0132 | ☐ hairdresser | 0147 | ☐ astronaut |
| 0133 | ☐ officer | 0148 | ☐ physician |
| 0134 | ☐ photographer | 0149 | ☐ accountant |
| 0135 | ☐ salesperson | 0150 | ☐ occupation |

## Basic

Voca Coach

0121 **clerk**
[klə:rk]
cl

명 **점원**
He works as a **clerk** in a clothing store.
그는 옷 가게에서 점원으로 일한다.

0122 **soldier**
[sóuldʒər]
sol

명 **군인**
**Soldiers** fought for our country.
군인들은 우리나라를 위해 싸웠다.

0123 **judge**
[dʒʌdʒ]
ge

명 **판사** 동 **판단하다**
The **judge** was too generous with him.
그 판사는 그에게 너무 관대했다.

Don't judge me.
나를 판단하지 마.

0124 **businessman**
[bíznismæ̀n]
man

명 **사업가, 경영자**
They are hardworking **businessmen**.
그들은 열심히 일하는 사업가들이다.

*pl.* businessmen
businesswoman
여자 사업가

0125 **gardener**
[gá:rdnər]
er

명 **정원사**
The **gardener** planted beautiful flowers.
정원사가 아름다운 꽃들을 심었다.

동 garden 원예를 하다
+-er(-하는 사람)

0126 **fisherman**
[fíʃərmən]
man

명 **어부, 낚시꾼**
The **fishermen** didn't catch any fish today.
어부들은 오늘 물고기를 하나도 못 잡았다.

명 fishing 낚시

0127 **guard**
[ga:rd]
g d

명 **경비원, 경호원**
Two **guards** are standing in front of the gate.
두 명의 경비원이 정문 앞에 서 있다.

명 bodyguard 개인 경호원

## Intermediate

Voca Coach

0128 **position** [pəzíʃən] ___tion

명 직위, 직책; 위치; 처지, 상태

What's your **position** in this company?

이 회사에서 당신의 직책이 무엇인가요?

From this position, you can see the ocean.
이 위치에서 바다를 볼 수 있다.

0129 **teller** [télər] ___er

명 금전 출납원, 은행 직원

My aunt worked as a **teller** at a bank.

나의 이모는 은행에서 직원으로 일했다.

teller는 '말하는 사람, 이야기꾼'이라는 뜻도 있어요.
명 fortuneteller 점쟁이

0130 **tailor** [téilər] ___or

명 재단사, 재봉사

A **tailor** made him a great suit.

재단사가 그에게 멋진 양복을 만들어 주었다.

형 tailor-made 맞춤의, 딱 맞춘

0131 **editor** [éditər] ___or

명 편집자

She is an **editor** of a fashion magazine.

그녀는 패션 잡지의 편집자이다.

동 edit 편집하다 + -or(-하는 사람)

0132 **hairdresser** [hέərdrèsər] hair___

명 미용사

The **hairdresser** changed my hairstyle.

그 미용사는 내 헤어스타일을 바꿔 주었다.

0133 **officer** [ɔ́(:)fisər] ___cer

명 공무원; 장교; 경찰관

**Officers** in the city helped elderly people.

그 도시의 공무원들은 노인들을 도와주었다.

0134 **photographer** [fətágrəfər] ___grapher

명 사진사, 사진작가

The **photographer** took pictures of the town.

그 사진작가는 마을의 사진을 찍었다.

동 photograph 사진을 찍다 + -er(-하는 사람)

0135 **salesperson** [séilzpə̀ːrsən] ___person

명 판매원

The company needs a good **salesperson**.

그 회사는 뛰어난 판매원이 필요하다.

sales(판매) + person(사람)
*pl.* salespeople

0136 □□□ **assistant** [əsístənt] ▒ ant

명 **조수, 보조원**
The professor needs a new **assistant**.
그 교수는 새로운 조교가 필요하다.

동 assist 돕다, 보조하다 + -ant(-하는 사람)

0137 □□□ **counselor** [káunsələr] ▒ selor

명 **상담가, 카운슬러**
My **counselor** told me to get some rest.
내 상담가는 나에게 휴식을 취하라고 말했다.

동 counsel 상담하다 + -or(-하는 사람)

0138 □□□ **detective** [ditéktiv] ▒ ive

명 **탐정, 형사**
The **detective** found the clue.
그 탐정이 그 단서를 발견했다.

동 detect 탐색하다 + -ive(-하는 경향의 (사람))

0139 □□□ **secretary** [sékrətèri] ▒ ary

명 **비서, 총무**
The **secretary** reported the schedule to the president.
비서는 대통령에게 일정을 보고했다.

0140 □□□ **announcer** [ənáunsər] ▒ cer

명 **방송 진행자, 아나운서**
The radio **announcer** has a clear voice.
그 라디오 진행자는 뚜렷한 목소리를 가지고 있다.

동 announce 알리다 + -(e)r(-하는 사람)

0141 □□□ **narrator** [nǽreitər] ▒ or

명 **서술자, 내레이터**
The **narrator** of the story is a ten-year-old boy.
그 이야기의 서술자는 열 살배기 소년이다.

동 narrate 이야기하다 + -or(-하는 사람)

0142 □□□ **novelist** [návəlist] ▒ ist

명 **소설가**
This story is about the **novelist**'s own life.
이 이야기는 소설가 자신의 삶에 대한 것이다.

명 novel 소설 + -ist(-을 전문적으로 하는 사람)

0143 □□□ **illustrator** [íləstrèitər] ▒ rator

명 **삽화가**
She works as an **illustrator** of a children's book.
그녀는 아동 도서의 삽화가로 일한다.

동 illustrate 삽화를 그리다, 보여 주다 + -or(-하는 사람)

Voca Coach

0144 flight attendant
[fláit ətèndənt]
▢▢▢ attendant

명 항공 승무원
A **flight attendant** helped me find my seat.
승무원이 내가 자리를 찾는 것을 도와주었다.

flight(비행, 항공) + attendant(수행원, 안내원)

## Advanced

0145 carpenter
[kɑ́ːrpəntər]
▢▢▢ ter

명 목수
The **carpenter** makes desks and chairs.
그 목수는 책상과 의자를 만든다.

0146 mechanic
[məkǽnik]
me ▢▢▢

명 수리공, 정비사
The **mechanic** couldn't fix my car.
그 정비사는 내 차를 고칠 수 없었다.

형 mechanical 기계의, 기계적인

0147 astronaut
[ǽstrənɔ̀ːt]
▢▢▢ naut

명 우주 비행사
Who was the first **astronaut** on the moon?
달에 처음 간 우주 비행사는 누구였나요?

astro-(별/우주의-)
명 astronomer 천문학자

0148 physician
[fizíʃən]
▢▢▢ cian

명 의사, 내과 의사
The **physician** advised my dad to stop smoking.
그 의사는 아빠에게 담배를 끊으라고 조언했다.

명 surgeon 외과 의사

0149 accountant
[əkáuntənt]
▢▢▢ ant

명 회계사
She works as an **accountant** in my company.
그녀는 우리 회사에서 회계사로 일한다.

명 account 회계, 계좌 + -ant(-하는 사람)

0150 occupation
[ɑ̀kjəpéiʃən]
occu ▢▢▢

명 직업, 업무
What is your **occupation**?
당신의 직업은 무엇인가요?

≒ job 직업, 일

## Daily Check

정답 p.306

Ⓐ 영어는 우리말로, 우리말은 영어로 쓰시오.

01 clerk
02 narrator
03 announcer
04 businessman
05 gardener
06 fisherman
07 hairdresser
08 detective
09 teller
10 salesperson
11 editor
12 accountant
13 officer
14 occupation
15 flight attendant
16 조수, 보조원
17 판사; 판단하다
18 우주 비행사
19 비서, 총무
20 경비원, 경호원
21 직위; 위치; 상태
22 군인
23 삽화가
24 상담가, 카운슬러
25 목수
26 수리공, 정비사
27 재단사, 재봉사
28 의사, 내과 의사
29 사진사, 사진작가
30 소설가

Ⓑ 다음 표현을 우리말로 쓰시오.

01 a new assistant
02 the radio announcer
03 the narrator of the story
04 hardworking businessmen
05 an editor of a fashion magazine

## C 빈칸에 알맞은 단어를 쓰시오.

01 garden : __________ = 원예를 하다 : 정원사

02 __________ : fishing = 어부, 낚시꾼 : 낚시

03 photograph : __________ = 사진을 찍다 : 사진사, 사진작가

04 novel : __________ = 소설 : 소설가

05 flight : __________ = 비행, 항공 : 항공 승무원

06 __________ : surgeon = 내과 의사 : 외과 의사

DAY 05

## D 암기한 단어를 이용하여 다음 문장을 완성하시오.

01 당신의 직업은 무엇인가요?

→ What is your __________?

유의어로는 job이 있어요.

02 군인들은 우리나라를 위해 싸웠다.

→ __________ fought for our country.

문장 맨 앞 글자는 대문자로, '복수'이므로 -s를 붙여요.

03 그 정비사는 내 차를 고칠 수 없었다.

→ The __________ couldn't fix my car.

04 내 상담가는 나에게 휴식을 취하라고 말했다.

→ My __________ told me to get some rest.

05 그 목수는 책상과 의자를 만든다.

→ The __________ makes desks and chairs.

06 이 회사에서 당신의 직책이 무엇인가요?

→ What's your __________ in this company?

# DAY 01~05 누적 테스트

* 꼭 암기해야 하는 중요도 최상의 단어들을 확인하세요.

**A** 영어를 우리말로 쓰시오.

| | | | |
|---|---|---|---|
| 01 | scary | 11 | mustache |
| 02 | active | 12 | bother |
| 03 | suggest | 13 | positive |
| 04 | skinny | 14 | consider |
| 05 | frustrated | 15 | praise |
| 06 | honesty | 16 | attitude |
| 07 | judge | 17 | position |
| 08 | grateful | 18 | assistant |
| 09 | attractive | 19 | reject |
| 10 | carpenter | 20 | delicate |

**B** 우리말을 영어로 쓰시오.

| | | | |
|---|---|---|---|
| 01 | 친절, 상냥함 | 11 | 행복, 기쁨 |
| 02 | 이유, 근거 | 12 | 창의적인, 창조적인 |
| 03 | 구레나룻 | 13 | 거대한; 거인 |
| 04 | 깨닫다, 알아차리다 | 14 | 만족한 |
| 05 | 부정적인 | 15 | 객관적인 |
| 06 | 의심하다; 의심 | 16 | 엄격한, 엄한 |
| 07 | 염색하다 | 17 | 안락, 편안함; 위로 |
| 08 | 창백한; (색이) 옅은 | 18 | 사과, 사죄 |
| 09 | 군인 | 19 | 우주 비행사 |
| 10 | 재단사, 재봉사 | 20 | 소설가 |

정답 p.306

**C** 다음 표현을 우리말로 쓰시오.

**01** the silent man ______________

**02** hide her anger ______________

**03** feel like a mess ______________

**04** a good salesperson ______________

**05** report the accident ______________

**06** fit enough to run there ______________

**D** 암기한 단어를 이용하여 다음 문장을 완성하시오.

**01** 그 탐정이 그 단서를 발견했다.

→ The ___________ found the clue.

**02** 그 말을 다시 한번 해 주시겠어요?

→ Could you please ___________ that?

**03** 그 축구 선수는 근육질의 몸을 가지고 있다.

→ The soccer player has a ___________ body.

**04** 이웃 사람들이 그 개에 대해 나에게 경고해 주었다.

→ My neighbors ___________ me about the dog.

'경고해 주었다'이므로 과거형으로 써야 해요.

**05** 나중에 후회할 만한 말은 하지 마라.

→ Don't say anything you might ___________ later.

**06** 청소년들은 보통 그들의 외모에 민감하다.

→ Teenagers are usually ___________ about their looks.

월
일
DAY 06

# House

오늘은 집 관련 단어를 집중해서 암기할 거예요.

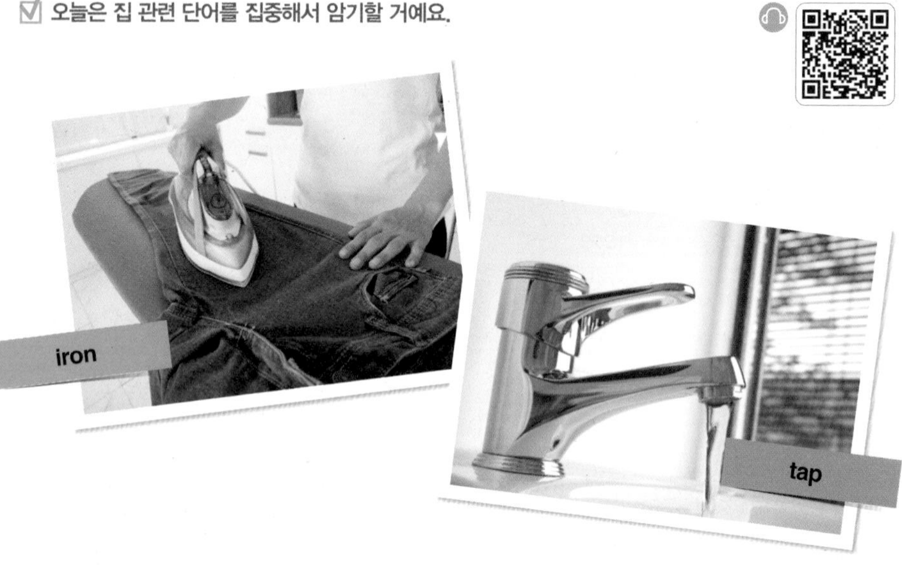


**PREVIEW** 아는 단어에 체크해 보세요. 아는 단어 / 30개

| | | | | | |
|---|---|---|---|---|---|
| 0151 | ☐ | tool | 0166 | ☐ | switch |
| 0152 | ☐ | lock | 0167 | ☐ | ladder |
| 0153 | ☐ | tap | 0168 | ☐ | bucket |
| 0154 | ☐ | curtain | 0169 | ☐ | screw |
| 0155 | ☐ | bookshelf | 0170 | ☐ | broom |
| 0156 | ☐ | hammer | 0171 | ☐ | sweep |
| 0157 | ☐ | apartment | 0172 | ☐ | fold |
| 0158 | ☐ | dig | 0173 | ☐ | trim |
| 0159 | ☐ | mop | 0174 | ☐ | repair |
| 0160 | ☐ | feed | 0175 | ☐ | throw away |
| 0161 | ☐ | lawn | 0176 | ☐ | laundry |
| 0162 | ☐ | ceiling | 0177 | ☐ | routine |
| 0163 | ☐ | upstairs | 0178 | ☐ | shovel |
| 0164 | ☐ | pillow | 0179 | ☐ | flashlight |
| 0165 | ☐ | iron | 0180 | ☐ | polish |

## Basic

Voca Coach

0151 **tool**
[tu:l]
t

명 **도구, 연장**
I borrowed some gardening **tools** from her.
나는 그녀에게서 정원 가꾸는 도구를 빌렸다.

명 toolbox 연장통, 공구 상자

0152 **lock**
[lɑk]
lo

명 **자물쇠** 동 **잠그다**
Should we break the **lock** to open the box?
상자를 열려면 자물쇠를 부수어야 할까?

Lock the door in case.
만약을 대비해서 문을 잠가라.

0153 **tap**
[tæp]

명 **수도꼭지** 동 **톡톡 두드리다**
Please turn off the bathroom **tap**.
화장실의 수도꼭지를 잠가 주세요.

Don't tap your finger.
손가락을 두드리지 마.
tap water 수돗물

0154 **curtain**
[kə́:rtən]
cur

명 **커튼**
Close the **curtain** in his room.
그의 방의 커튼을 닫아라.

0155 **bookshelf**
[búkʃèlf]
book

명 **책꽂이**
There is a **bookshelf** next to my desk.
내 책상 옆에 책꽂이가 있다.

book(책) + shelf(선반)

0156 **hammer**
[hǽmər]
ha

명 **망치** 동 **망치질을 하다**
The carpenter is holding a **hammer**.
목수가 망치를 들고 있다.

hammer a nail
망치로 못을 박다

0157 **apartment**
[əpá:rtmənt]
ment

명 **아파트**
An actor lives in my **apartment**.
내 아파트에 배우가 살고 있다.

## Intermediate

Voca Coach

0158 **dig** [dig]
동 파다, 땅을 파다
They are **digging** into the sand.
그들은 모래를 파고 있다.
(과거형) dug-dug

0159 **mop** [mɑp]
명 대걸레 동 대걸레로 닦다
You need a **mop** to clean the floor.
너는 바닥을 청소하려면 대걸레가 필요하다.
You need to mop the floor.
너는 바닥을 대걸레로 닦아야 한다.

0160 **feed** [fiːd]
f d
동 먹이다, 먹이를 주다
He **feeds** his dog in his room.
그는 그의 방에서 그의 개에게 먹이를 준다.
(과거형) fed-fed

0161 **lawn** [lɔːn]
n
명 잔디, 잔디밭
We have to mow the **lawn** every week.
우리는 매주 잔디를 깎아야 한다.
명 lawnmower 잔디 깎는 기계

0162 **ceiling** [síːliŋ]
ing
명 천장
My house has a very low **ceiling**.
우리 집은 천장이 매우 낮다.

0163 **upstairs** [ʌ́pstέərz]
stairs
명 위층 부 위층으로
Let's go **upstairs** and find the presents.
위층에 올라가서 선물을 찾자.
↔ downstairs
명 아래층 부 아래층으로

0164 **pillow** [pílou]
pi
명 베개
This **pillow** is made of pure cotton.
이 베개는 순면으로 만들어졌다.
pillow fight 베개 싸움

0165 **iron** [áiərn]
i
명 다리미; 철, 쇠
Be careful. The **iron** is still hot.
조심해. 다리미가 아직 뜨거워.
iron armor 철갑옷

Voca Coach

0166 **switch**
[switʃ]
ch

명 **스위치** 동 **바꾸다**
Can you turn on the light **switch**?
전등 스위치를 켜 주시겠어요?

I have to switch flights in Tokyo.
나는 도쿄에서 비행기를 갈아타야 한다.

---

0167 **ladder**
[lǽdər]
la

명 **사다리**
She is afraid to climb up the **ladder**.
그녀는 사다리를 오르는 것을 두려워한다.

---

0168 **bucket**
[bʌ́kit]
ket

명 **양동이, 들통**
Pour water into an empty **bucket**.
빈 양동이에 물을 부어라.

---

0169 **screw**
[skruː]
sc

명 **나사**
Tighten the **screw** in this machine.
이 기계의 나사를 조여라.

명 screwdriver 나사돌리개

---

0170 **broom**
[bru(ː)m]
br

명 **빗자루**
She swept her backyard with a **broom**.
그녀는 빗자루로 뒷마당을 쓸었다.

---

0171 **sweep**
[swiːp]
s

동 **쓸다**
Did you **sweep** the kitchen floor?
너는 주방 바닥을 쓸었니?

명 sweeper 청소부, 청소기
(과거형) swept-swept

---

0172 **fold**
[fould]

동 **접다, 포개다**
Children **folded** the paper in half.
아이들은 종이를 반으로 접었다.

-fold는 '-겹, -배'의 뜻으로도 쓰여요.
명 fivefold 5겹, 5배

---

0173 **trim**
[trim]

동 **깎아 다듬다, 손질하다**
I had to **trim** some branches.
나는 가지를 좀 쳐야 했다.

DAY 06

0174 **repair** [ripέər]

동 수리하다, 고치다 명 수리

My dad **repaired** the old bike.

아빠가 낡은 자전거를 고쳐 주셨다.

≒ fix 고치다

0175 **throw away**

~을 버리다

Can I **throw away** the broken computer?

내가 고장 난 컴퓨터를 버려도 될까요?

## Advanced

0176 **laundry** [lɔ́:ndri]

dry

명 세탁물, 빨랫감

A pile of dirty **laundry** is in the basket.

그 바구니에 더러운 세탁물이 쌓여 있다.

do laundry 빨래하다

0177 **routine** [ru:tí:n]

rou

명 (틀에 박힌) 일과, 일상

What's your daily **routine** these days?

요즘 일과가 어떻게 되나요?

0178 **shovel** [ʃʌ́vəl]

vel

명 삽

Use your **shovel** to clear the snow.

삽을 이용해서 눈을 치워라.

0179 **flashlight** [flǽʃlàit]

light

명 손전등

He shined the **flashlight** around the basement.

그는 손전등으로 지하실을 비추었다.

flash(비추다) + light(빛)

0180 **polish** [páliʃ]

po

동 윤이 나게 닦다, 윤을 내다 명 광택제

They **polished** the windows of the house.

그들은 집의 창문들을 윤이 나게 닦았다.

nail polish 매니큐어

# Daily Check

정답 p.306

**A** 영어는 우리말로, 우리말은 영어로 쓰시오.

| | | | |
|---|---|---|---|
| 01 | switch | 16 | 사다리 |
| 02 | lock | 17 | 베개 |
| 03 | iron | 18 | (틀에 박힌) 일과, 일상 |
| 04 | trim | 19 | 나사 |
| 05 | mop | 20 | 잔디, 잔디밭 |
| 06 | broom | 21 | 쓸다 |
| 07 | fold | 22 | 커튼 |
| 08 | dig | 23 | 아파트 |
| 09 | tool | 24 | 수리하다; 수리 |
| 10 | feed | 25 | 망치; 망치질을 하다 |
| 11 | polish | 26 | 세탁물, 빨랫감 |
| 12 | bookshelf | 27 | 천장 |
| 13 | shovel | 28 | 양동이, 들통 |
| 14 | tap | 29 | 손전등 |
| 15 | throw away | 30 | 위층; 위층으로 |

**B** 다음 표현을 우리말로 쓰시오.

01 a very low ceiling

02 an empty bucket

03 polish the windows

04 the curtain in his room

05 the screw in this machine

**C** 빈칸에 알맞은 단어를 쓰시오.

01 shelf : __________ = 선반 : 책꽂이

02 __________ ↔ downstairs = 위층 ↔ 아래층

03 r__________ ≒ fix = 고치다

04 flash : __________ = 비추다 : 손전등

05 __________ : dug = 땅을 파다 : 땅을 팠다

06 __________ : toolbox = 연장 : 연장통

**D** 암기한 단어를 이용하여 다음 문장을 완성하시오.

01 내 아파트에 배우가 살고 있다.

→ An actor lives in my __________.

02 너는 주방 바닥을 쓸었니?

→ Did you __________ the kitchen floor?

03 전등 스위치를 켜 주시겠어요?

→ Can you turn on the light __________?

04 아이들은 종이를 반으로 접었다.

→ Children __________ the paper in half.

'접었다'는 과거에 일어난 일이므로 -ed를 붙여요.

05 그녀는 사다리를 오르는 것을 두려워한다.

→ She is afraid to climb up the __________.

06 화장실의 수도꼭지를 잠가 주세요.

→ Please turn off the bathroom __________.

# Food

오늘은 음식 관련 단어를 집중해서 암기할 거예요.

**PREVIEW** 아는 단어에 체크해 보세요. 아는 단어 / 30개

| | | | | | |
|---|---|---|---|---|---|
| 0181 | ☐ | fish | 0196 | ☐ | pumpkin |
| 0182 | ☐ | egg | 0197 | ☐ | cabbage |
| 0183 | ☐ | nut | 0198 | ☐ | mustard |
| 0184 | ☐ | bean | 0199 | ☐ | side dish |
| 0185 | ☐ | chicken | 0200 | ☐ | stew |
| 0186 | ☐ | beef | 0201 | ☐ | extra |
| 0187 | ☐ | lunch | 0202 | ☐ | spicy |
| 0188 | ☐ | dinner | 0203 | ☐ | juicy |
| 0189 | ☐ | breakfast | 0204 | ☐ | tasty |
| 0190 | ☐ | diet | 0205 | ☐ | crisp |
| 0191 | ☐ | cereal | 0206 | ☐ | pickle |
| 0192 | ☐ | pork | 0207 | ☐ | dairy |
| 0193 | ☐ | honey | 0208 | ☐ | frozen food |
| 0194 | ☐ | steak | 0209 | ☐ | porridge |
| 0195 | ☐ | powder | 0210 | ☐ | appetizer |

## Basic

Voca Coach

0181 **fish** [fiʃ] fi

명 **물고기, 생선** 동 **낚시하다**

The fisherman caught a lot of **fish**.

어부는 물고기를 많이 잡았다.

go fishing 낚시하러 가다

0182 **egg** [eg] e

명 **달걀, 계란, 알**

Bacon and **eggs** will be served for brunch.

브런치로 베이컨과 달걀이 제공됩니다.

egg yolk 달걀노른자

0183 **nut** [nʌt]

명 **견과, 나무 열매**

A squirrel sat there and ate a **nut**.

다람쥐가 거기 앉아서 나무 열매를 먹었다.

crack a nut 견과를 깨다

0184 **bean** [biːn] b n

명 **콩**

I like cooking rice and **beans** together.

나는 밥과 콩을 같이 요리하는 것을 좋아한다.

bean sprout 콩나물

0185 **chicken** [tʃíkən] en

명 **닭, 닭고기**

I made **chicken** salad for lunch.

나는 점심으로 치킨 샐러드를 만들었다.

0186 **beef** [biːf] b f

명 **쇠고기**

Korean **beef** is expensive but very tasty.

한우는 비싸지만 아주 맛있다.

0187 **lunch** [lʌntʃ] ch

명 **점심 식사**

What would you like to have for **lunch**?

점심으로 뭘 드시겠습니까?

명 brunch 브런치, 아침 겸 점심

0188 **dinner** [dínər] di

명 **저녁 식사**

My husband cooked some barbecue for **dinner**.

내 남편은 저녁으로 바비큐를 요리했다.

## Intermediate

Voca Coach

0189 **breakfast** [brékfəst] ___fast
명 아침 식사
Did you eat **breakfast** this morning?
오늘 아침을 먹었니?

0190 **diet** [dáiət]
명 다이어트, 식이 요법; 식습관
He lost weight thanks to his **diet** and exercise.
그는 식이 요법과 운동 덕분에 체중이 줄었다.
be on a diet 다이어트를 하다

0191 **cereal** [síriəl] ce___
명 곡물, 시리얼
We eat **cereal** with milk for breakfast.
우리는 아침으로 우유와 시리얼을 먹는다.

0192 **pork** [pɔːrk]
명 돼지고기
My friend prefers **pork** to beef.
내 친구는 쇠고기보다 돼지고기를 더 좋아한다.

0193 **honey** [hʌ́ni] ho___
명 꿀
Mom likes **honey** in her tea.
엄마는 차에 꿀을 넣는 것을 좋아한다.
honey는 사랑하는 사람을 부르는 호칭으로도 쓰여요.

0194 **steak** [steik] st___
명 스테이크
The restaurant is famous for great **steaks**.
그 식당은 훌륭한 스테이크로 유명하다.

0195 **powder** [páudər] ___der
명 가루, 분말
Mix together the **powder**, butter, and eggs.
분말과 버터, 달걀을 함께 섞어라.
chili powder 고춧가루

0196 **pumpkin**

[pʌ́mpkin]

kin

명 **호박**

They made **pumpkin** soup.

그들은 호박수프를 만들었다.

명 zucchini 애호박

0197 **cabbage**

[kǽbidʒ]

ca

명 **양배추, 배추**

**Cabbage** has a lot of important nutrients.

양배추는 중요한 영양소를 많이 가지고 있다.

0198 **mustard**

[mʌ́stərd]

mus

명 **겨자, 머스터드**

Would you like some **mustard** on your hot dog?

핫도그에 겨자를 좀 바르시겠어요?

0199 **side dish**

[sáid dìʃ]

명 **반찬, (주요리의) 곁들임 요리**

Kimchi is an important **side dish** for Koreans.

김치는 한국인에게 중요한 반찬이다.

side(옆)+dish(음식)

0200 **stew**

[stjuː]

st

명 **찌개, 전골, 스튜**

This **stew** is made with chicken.

이 찌개는 닭고기로 만들었다.

0201 **extra**

[ékstrə]

tra

형 **여분의, 추가의**

I need **extra** sauce for my spaghetti.

내 스파게티에 여분의 소스가 필요하다.

0202 **spicy**

[spáisi]

cy

형 **매운, 매콤한**

This chili pepper is too **spicy** for me.

이 고추는 나에게 너무 맵다.

명 spice 양념, 향신료 +-y(-한)

0203 **juicy**

[dʒúːsi]

cy

형 **즙이 많은**

The meat is very soft and **juicy**.

그 고기는 매우 부드럽고 육즙이 풍부하다.

명 juice 주스, 즙 +-y(-한)

Voca Coach

0204 tasty
[téisti]
tas

형 맛있는
Eating **tasty** food makes me happy.
맛있는 음식을 먹는 것은 나를 행복하게 한다.

동 taste 맛이 나다
+-y(-한)
≒ delicious

0205 crisp
[krisp]
cri

형 바삭바삭한, 아삭아삭한
The restaurant serves **crisp** fried chicken.
그 식당은 바삭한 닭튀김을 제공한다.

≒ crispy 바삭바삭한

0206 pickle
[píkl]
kle

명 오이절임, 피클
My brother can't eat pizza without **pickles**.
내 남동생은 피클 없이 피자를 못 먹는다.

## Advanced

0207 dairy
[dɛ́(:)əri]
ry

형 우유의, 유제품의
He is allergic to **dairy** products.
그는 유제품에 알레르기가 있다.

dairy products 유제품

0208 frozen food
[fróuzən fù:d]

명 냉동식품
**Frozen food** is easy to cook.
냉동식품은 요리하기 편하다.

frozen(언, 냉동된)
+food(음식)

0209 porridge
[pɔ́(:)ridʒ]
po

명 죽
Mom makes **porridge** for me when I'm sick.
엄마는 내가 아플 때 나를 위해 죽을 만들어 준다.

0210 appetizer
[ǽpitàizər]
zer

명 애피타이저, 식욕을 돋우는 것
Fruit salad would be a good **appetizer**.
과일 샐러드는 좋은 애피타이저가 될 것이다.

명 appetite 식욕

## Daily Check

정답 p.306

**A** 영어는 우리말로, 우리말은 영어로 쓰시오.

**01** fish
**02** pork
**03** nut
**04** mustard
**05** porridge
**06** beef
**07** lunch
**08** juicy
**09** egg
**10** diet
**11** steak
**12** appetizer
**13** honey
**14** frozen food
**15** side dish
**16** 곡물, 시리얼
**17** 양배추, 배추
**18** 가루, 분말
**19** 호박
**20** 찌개, 전골, 스튜
**21** 여분의, 추가의
**22** 오이절임, 피클
**23** 저녁 식사
**24** 맛있는
**25** 바삭바삭한
**26** 매운, 매콤한
**27** 우유의, 유제품의
**28** 콩
**29** 닭, 닭고기
**30** 아침 식사

**B** 다음 표현을 우리말로 쓰시오.

**01** extra sauce
**02** dairy products
**03** rice and beans
**04** diet and exercise
**05** crisp fried chicken

**C** 빈칸에 알맞은 단어를 쓰시오.

| | | | |
|---|---|---|---|
| 01 | ______ : brunch | = | 점심 식사 : 아침 겸 점심 식사 |
| 02 | t______ ≒ delicious | = | 맛있는 |
| 03 | appetite : ______ | = | 식욕 : 애피타이저, 식욕을 돋우는 것 |
| 04 | spice : ______ | = | 양념, 향신료 : 매운, 매콤한 |
| 05 | ______ : dinner | = | 아침 식사 : 저녁 식사 |
| 06 | juice : ______ | = | 주스, 즙 : 즙이 많은 |

**D** 암기한 단어를 이용하여 다음 문장을 완성하시오.

**01** 엄마는 차에 꿀을 넣는 것을 좋아한다.

→ Mom likes ______ in her tea.

**02** 냉동식품은 요리하기 편하다.

→ ______ ______ is easy to cook.

'언, 냉동된'+'음식'이 합쳐진 단어예요.

**03** 우리는 아침으로 우유와 시리얼을 먹는다.

→ We eat ______ with milk for breakfast.

**04** 양배추는 중요한 영양소를 많이 가지고 있다.

→ ______ has a lot of important nutrients.

문장의 맨 앞 글자는 대문자로 써요.

**05** 분말과 버터, 달걀을 함께 섞어라.

→ Mix together the ______, butter, and eggs.

**06** 김치는 한국인에게 중요한 반찬이다.

→ Kimchi is an important ______ ______ for Koreans.

DAY 07

월
일
DAY 08

# Cooking

☑ 오늘은 요리 관련 단어를 집중해서 암기할 거예요.

kettle

**PREVIEW** 아는 단어에 체크해 보세요. 아는 단어 ____ / 30개

- 0211 ☐ oven
- 0212 ☐ glass
- 0213 ☐ pot
- 0214 ☐ pan
- 0215 ☐ tray
- 0216 ☐ bowl
- 0217 ☐ jar
- 0218 ☐ ginger
- 0219 ☐ handle
- 0220 ☐ opener
- 0221 ☐ cabinet
- 0222 ☐ blender
- 0223 ☐ kettle
- 0224 ☐ scoop
- 0225 ☐ recipe
- 0226 ☐ grill
- 0227 ☐ melt
- 0228 ☐ steam
- 0229 ☐ roll
- 0230 ☐ slice
- 0231 ☐ smoked
- 0232 ☐ beat
- 0233 ☐ uncooked
- 0234 ☐ pick up
- 0235 ☐ set up
- 0236 ☐ instead
- 0237 ☐ contain
- 0238 ☐ soak
- 0239 ☐ complete
- 0240 ☐ refrigerator

## Basic

Voca Coach

0211 oven
[ʌ́vən]
o

명 오븐
Please take the bread out of the **oven**.
오븐에서 빵을 꺼내 주세요.

microwave oven
전자레인지

0212 glass
[glæs]
gla

명 (유리)잔; 유리
The waiter filled her **glass** with water.
웨이터는 그녀의 잔에 물을 가득 채웠다.

a glass of juice
주스 한 잔

0213 pot
[pɑt]

명 냄비, 솥
The soup was boiling in a **pot**.
수프가 냄비에서 끓고 있었다.

명 flowerpot 화분

0214 pan
[pæn]

명 팬, 납작한 냄비
She cracked an egg into the **pan**.
그녀는 팬에 달걀을 깨 넣었다.

frying pan 프라이팬

0215 tray
[trei]
t

명 쟁반
The waitress carried the **tray** of coffee.
웨이트리스는 커피 쟁반을 가져갔다.

0216 bowl
[boul]
b l

명 오목한 그릇, 사발
We need some salad **bowls** for the party.
우리는 파티를 위한 샐러드 그릇이 좀 필요하다.

a bowl of rice
밥 한 그릇

0217 jar
[dʒɑːr]

명 병, 단지, 작은 항아리
You can take some out from the candy **jar**.
그 사탕병에서 몇 개를 꺼내도 된다.

## Intermediate

Voca Coach

0218 **ginger** [dʒíndʒər]
gin______

명 생강
Is it okay to put some **ginger** in the soup?
수프에 생강을 좀 넣어도 괜찮을까?

명 garlic 마늘

0219 **handle** [hǽndl]
______dle

명 손잡이 동 처리하다, 다루다
He grabbed the **handle** of the pan.
그는 그 팬의 손잡이를 잡았다.

I can't handle this matter.
나는 이 문제를 처리할 수 없다.

0220 **opener** [óupənər]
______er

명 여는 도구, 따개
Do you need an **opener** for the wine bottle?
와인 병따개가 필요하니?

동 open 열다 + -er(-하는 도구)

0221 **cabinet** [kǽbənit]
______net

명 진열대, 찬장, 캐비닛
Glasses are in the kitchen **cabinet**.
유리잔은 부엌 찬장 안에 있다.

≒ cupboard 그릇장, 찬장

0222 **blender** [bléndər]
______er

명 부엌용 믹서, 블렌더
Put milk and bananas into a **blender**.
블렌더에 우유와 바나나를 넣으세요.

동 blend 섞다, 혼합하다 + -er(-하는 도구)

0223 **kettle** [kétl]
ke______

명 주전자
Water for tea is boiling in a **kettle**.
차 끓일 물이 주전자에서 끓고 있다.

0224 **scoop** [sku:p]
s______p

명 작은 국자; 한 숟가락
Use this **scoop** to take out some flour.
밀가루를 퍼낼 때, 이 국자를 사용하세요.

a scoop of ice cream
아이스크림 한 숟가락

0225 **recipe** [résəpi]
re______

명 요리법, 레시피
What's your secret **recipe** for ramen?
너의 비밀 라면 요리법은 뭐니?

Voca Coach

0226 **grill**
[gril]
gri

동 굽다, 구워 익히다
The chef **grilled** the beef in a pan.
주방장은 팬에 쇠고기를 구웠다.

0227 **melt**
[melt]

동 녹다, 녹이다
First, **melt** butter in a small pot.
첫 번째로, 작은 냄비에 버터를 녹이세요.

0228 **steam**
[stiːm]
st

동 증기로 찌다 명 증기
She **steamed** the potatoes.
그녀는 감자를 쪘다.

steam engine 증기 기관

0229 **roll**
[roul]
ro

동 밀다, 굴리다, 구르다
We need to **roll** the pastry flat.
우리는 밀가루 반죽을 납작하게 밀어야 한다.

The ball is rolling down the hill.
공이 언덕 아래로 굴러 내려가고 있다.

0230 **slice**
[slais]
ce

동 얇게 썰다 명 얇은 조각
He **sliced** onions for sandwiches.
그는 샌드위치에 넣으려고 양파를 얇게 썰었다.

a slice of pizza
피자 한 조각

0231 **smoked**
[smoukt]
smo

형 훈제된
**Smoked** salmon is my favorite food.
훈제 연어는 내가 가장 좋아하는 음식이다.

smoke 명 연기
동 연기가 나다

0232 **beat**
[biːt]
b

동 휘저어 섞다; 두드리다; 이기다
I **beat** the eggs with chopsticks.
나는 젓가락으로 달걀을 풀었다.

We beat them 10 to 1.
우리는 그들을 10 대 1로 이겼다.
(과거형) beat-beat

0233 **uncooked**
[ʌnkúkt]
un ed

형 익히지 않은, 날것의
We felt sick after eating **uncooked** seafood.
우리는 익히지 않은 해산물을 먹고 나서 아팠다.

≒ raw 날것의

DAY 08

Voca Coach

0234 pick up

~을 집다, ~을 들어 올리다

Will you **pick up** the spoon for me?

그 숟가락을 좀 집어 주시겠어요?

'자동차로 마중 나가다, 차에 태우다'라는 뜻으로도 써요.
I'll pick you up at three.
3시에 차로 데리러 갈게.

0235 set up

설치하다; 준비하다, 마련하다

They **set up** the tent for camping.

그들은 캠핑을 위해 텐트를 설치했다.

## Advanced

0236 instead [instéd]

in

부 대신에

I don't have coffee. How about tea **instead**?

커피는 없어요. 대신 차는 어때요?

instead of ~ 대신에

0237 contain [kəntéin]

tain

동 포함하다, 함유하다

Milk **contains** a large amount of calcium.

우유는 많은 양의 칼슘을 함유하고 있다.

명 container 그릇, 용기

0238 soak [souk]

s k

동 담그다, 흠뻑 적시다

Please **soak** the beans in water.

콩을 물에 담가 주세요.

0239 complete [kəmplíːt]

com

동 완성하다, 완료하다 형 완전한

He couldn't **complete** the new recipe.

그는 새로운 요리법을 완성할 수 없었다.

≒ finish 끝내다

0240 refrigerator [rifrídʒərèitər]

re rator

명 냉장고

Keep dairy products in the **refrigerator**.

유제품은 냉장고 안에 보관하세요.

≒ fridge

## Daily Check

정답 p.307

**A** 영어는 우리말로, 우리말은 영어로 쓰시오.

**01** grill
**02** glass
**03** roll
**04** pan
**05** tray
**06** melt
**07** jar
**08** smoked
**09** beat
**10** opener
**11** complete
**12** oven
**13** pot
**14** instead
**15** set up
**16** 오목한 그릇, 사발
**17** 손잡이; 처리하다
**18** 증기로 찌다; 증기
**19** 요리법
**20** 얇게 썰다; 얇은 조각
**21** 생강
**22** 진열대, 찬장
**23** 익히지 않은, 날것의
**24** ~을 집다
**25** 냉장고
**26** 주전자
**27** 포함하다
**28** 담그다, 흠뻑 적시다
**29** 부엌용 믹서, 블렌더
**30** 작은 국자; 한 숟가락

**B** 다음 표현을 우리말로 쓰시오.

**01** the candy jar
**02** the tray of coffee
**03** in the refrigerator
**04** pick up the spoon
**05** the handle of the pan

## C 빈칸에 알맞은 단어를 쓰시오.

**01** open : ____________ = 열다 : 여는 도구, 따개

**02** blend : ____________ = 섞다 : 부엌용 믹서, 블렌더

**03** smoke : ____________ = 연기; 연기가 나다 : 훈제된

**04** u____________ ≒ raw = 날것의

**05** ____________ : container = 포함하다, 함유하다 : 그릇, 용기

**06** finish ≒ c____________ = 끝내다 ≒ 완성하다

## D 암기한 단어를 이용하여 다음 문장을 완성하시오.

**01** 첫 번째로, 작은 냄비에 버터를 녹이세요.

→ First, ____________ butter in a small pot.

**02** 콩을 물에 담가 주세요.

→ Please ____________ the beans in water.

**03** 주방장은 팬에 쇠고기를 구웠다.

→ The chef ____________ the beef in a pan.

과거의 이야기이므로 -ed를 붙여야 해요.

**04** 그는 샌드위치에 넣으려고 양파를 얇게 썰었다.

→ He ____________d onions for sandwiches.

**05** 너의 비밀 라면 요리법은 뭐니?

→ What's your secret ____________ for ramen?

**06** 우리는 파티를 위한 샐러드 그릇이 좀 필요하다.

→ We need some salad ____________s for the party.

월
일
DAY 09

# Clothes

오늘은 의복 관련 단어를 집중해서 암기할 거예요.

**PREVIEW** 아는 단어에 체크해 보세요. 아는 단어 / 30개

0241 □ T-shirt
0242 □ shorts
0243 □ tie
0244 □ suit
0245 □ blouse
0246 □ sandals
0247 □ vest
0248 □ wallet
0249 □ purse
0250 □ heels
0251 □ stockings
0252 □ wool
0253 □ jewel
0254 □ sneakers
0255 □ underwear
0256 □ brand
0257 □ bare
0258 □ tight
0259 □ loose
0260 □ well-dressed
0261 □ match
0262 □ put on
0263 □ try on
0264 □ show ~ around
0265 □ essential
0266 □ stain
0267 □ fabric
0268 □ overalls
0269 □ athletic shoes
0270 □ shrink

## Basic

Voca Coach

0241 **T-shirt** [tíːʃəːrt]

명 티셔츠

They bought **T-shirts** in the same color.

그들은 같은 색의 티셔츠를 샀다.

0242 **shorts** [ʃɔːrts]

_____s

명 반바지

He likes to wear **shorts**.

그는 반바지를 즐겨 입는다.

명 pants 바지

명 jeans 청바지

0243 **tie** [tai]

명 넥타이 동 묶다

The guard wore a black **tie** with a white shirt.

경호원은 흰 셔츠에 검은 넥타이를 매고 있었다.

Tie a ribbon on the box.

상자에 리본을 묶어라.

0244 **suit** [sjuːt]

명 정장, 슈트 동 어울리다

The tailor made a gray **suit**.

재단사는 회색 정장을 만들었다.

Red suits you well.

빨간색은 너에게 잘 어울린다.

0245 **blouse** [blaus]

bl_____

명 블라우스

She is wearing a white silk **blouse**.

그녀는 하얀색 실크 블라우스를 입고 있다.

0246 **sandals** [sǽndlz]

san_____

명 샌들

She wanted to buy brown **sandals**.

그녀는 갈색 샌들을 사고 싶었다.

명 slippers 슬리퍼, 실내화

0247 **vest** [vest]

명 조끼

That navy **vest** is our school uniform.

저 남색 조끼는 우리 학교 교복이다.

## Intermediate

Voca Coach

0248 **wallet**
[wálit]
wa ____

명 **지갑**
He left his **wallet** in the taxi.
그는 지갑을 택시에 두고 내렸다.

0249 **purse**
[pəːrs]
____ se

명 **작은 지갑, 돈주머니**
There are some coins in my **purse**.
내 지갑에 동전이 몇 개 있나.

0250 **heels**
[hiːls]
____ s

명 **굽이 있는 구두**
My new **heels** are very uncomfortable.
내 새 구두는 아주 불편하다.

명 heel 발뒤꿈치
high heels 하이힐

0251 **stockings**
[stákiŋs]
____ kings

명 **스타킹**
I don't wear **stockings** in summer.
나는 여름에는 스타킹을 신지 않는다.

0252 **wool**
[wul]

명 **양모, 모직 옷**
These **wool** socks are so warm.
이 양모 양말은 매우 따뜻하다.

형 woolen 양모의

0253 **jewel**
[dʒúːəl]
je ____

명 **보석, 장신구**
Her **jewels** were stolen yesterday.
그녀의 보석은 어제 도난당했다.

≒ gem 보석

0254 **sneakers**
[sníːkərz]
____ kers

명 **운동화, 스니커즈**
The man wore jeans and **sneakers**.
그 남자는 청바지와 운동화를 신고 있었다.

0255 **underwear**
[ʌ́ndərwὲər]
under ____

명 **속옷, 내의**
I keep **underwear** in my drawer.
나는 서랍에 속옷을 보관한다.

전 under 아래, 밑에
+동 wear 입다

DAY 09

Voca Coach

0256 **brand**

[brænd]

명 **상표, 브랜드**

My favorite **brand** is on sale now.

내가 가장 좋아하는 브랜드가 지금 세일 중이다.

0257 **bare**

[bɛər]

b

형 **맨, 벌거벗은**

Put this cream on **bare** skin.

이 크림을 맨살에 바르세요.

명 barefoot 맨발

0258 **tight**

[tait]

ti

형 **꽉 끼는, 꽉 조이는**

This skirt is too **tight** for me.

이 치마는 나에게 너무 꽉 낀다.

↔ loose 헐렁한

0259 **loose**

[luːs]

se

형 **헐렁한**

My sister usually wears **loose** pants.

나의 언니는 보통 헐렁한 바지를 입는다.

↔ tight 꽉 끼는

loose fit 헐거운 핏, 루즈핏

0260 **well-dressed**

[wéldrést]

well-

형 **좋은 옷을 입은, 잘 차려입은**

Why are you **well-dressed** today?

오늘 왜 옷을 차려입으셨나요?

well(잘) +dressed(옷을 입은)

≒ dressed-up 잘 차려입은

0261 **match**

[mætʃ]

ch

동 **조화시키다, ~에 어울리다**

These shoes don't **match** your dress.

이 신발은 너의 드레스에 안 어울린다.

match는 '경기, 시합'이라는 뜻으로도 쓰여요.

tennis match 테니스 시합

0262 **put on**

**~을 착용하다[입다/신다/쓰다]**

She **put on** a cap because of the sunshine.

그녀는 햇빛 때문에 모자를 썼다.

≒ wear 착용하다, 입다

0263 **try on**

**~을 착용해 보다**

Will you **try on** this jacket?

이 재킷을 입어 보시겠어요?

Voca Coach

0264 □□□ **show ~ around**

~에게 구경시켜 주다

Why don't you **show** him **around** town?

그에게 마을을 구경시켜 주는 게 어때?

## Advanced

0265 □□□ **essential** [isénʃəl] ____tial

형 필수적인, 중요한

Clothing is an **essential** part of our lives.

옷은 우리 삶의 필수적인 부분이다.

명 essence 본질, 필수적인 것 + -ial(-인 성질)

0266 □□□ **stain** [stein] st____

명 얼룩, 때 동 얼룩지게 하다

There is a juice **stain** on her T-shirt.

그녀의 티셔츠에 주스 얼룩이 있다.

형 stainless 얼룩이 없는, 녹슬지 않는

0267 □□□ **fabric** [fǽbrik] fa____

명 직물, 천

The curtains are made of expensive **fabric**.

커튼은 비싼 천으로 만들어져 있다.

≒ cloth 천, 옷감

0268 □□□ **overalls** [oúvərɔ̀lz] ____alls

명 멜빵바지

Kids in **overalls** are very cute.

멜빵바지를 입은 아이들은 매우 귀엽다.

형 overall 전반적인, 대체로

0269 □□□ **athletic shoes** [æθlétik ʃú:z]

명 운동화

You have to wear **athletic shoes** for the marathon.

마라톤을 위해서는 운동화를 신어야 한다.

명 athlete 운동선수
형 athletic 육상 경기의

0270 □□□ **shrink** [ʃriŋk] sh____

동 오그라들다, 줄다

My sweater **shrank** after I washed it.

내 스웨터는 세탁을 하고 나서 줄어들었다.

(과거형) shrank-shrunk

## Daily Check

정답 p.307

**A** 영어는 우리말로, 우리말은 영어로 쓰시오.

| | | | |
|---|---|---|---|
| **01** | T-shirt | **16** | 반바지 |
| **02** | wool | **17** | 맨, 벌거벗은 |
| **03** | tie | **18** | 보석, 장신구 |
| **04** | purse | **19** | 헐렁한 |
| **05** | sneakers | **20** | 오그라들다, 줄다 |
| **06** | sandals | **21** | 조화시키다 |
| **07** | put on | **22** | 속옷, 내의 |
| **08** | wallet | **23** | 조끼 |
| **09** | well-dressed | **24** | 상표, 브랜드 |
| **10** | essential | **25** | 블라우스 |
| **11** | stockings | **26** | 얼룩; 얼룩지게 하다 |
| **12** | overalls | **27** | 직물, 천 |
| **13** | try on | **28** | 꽉 끼는, 꽉 조이는 |
| **14** | show ~ around | **29** | 정장; 어울리다 |
| **15** | athletic shoes | **30** | 굽이 있는 구두 |

**B** 다음 표현을 우리말로 쓰시오.

**01** a black tie

**02** try on this jacket

**03** these wool socks

**04** a white silk blouse

**05** T-shirts in the same color

**C** 빈칸에 알맞은 단어를 쓰시오.

**01** heel : ______________ = 발뒤꿈치 : 굽이 있는 구두

**02** ______________ ↔ loose = 꽉 끼는 ↔ 헐렁한

**03** essence : ______________ = 본질, 필수적인 것 : 필수적인

**04** wear : ______________ = 입다 : 속옷, 내의

**05** dressed : ______________ = 옷을 입은 : 좋은 옷을 입은

**06** j______________ ≒ gem = 보석, 장신구

**D** 암기한 단어를 이용하여 다음 문장을 완성하시오.

**01** 그 재단사는 회색 정장을 만들었다.

→ The tailor made a gray ___________.

**02** 내가 가장 좋아하는 브랜드가 지금 세일 중이다.

→ My favorite ___________ is on sale now.

**03** 나의 언니는 보통 헐렁한 바지를 입는다.

→ My sister usually wears ___________ pants.

반의어는 tight예요.

**04** 그녀의 티셔츠에 주스 얼룩이 있다.

→ There is a juice ___________ on her T-shirt.

**05** 이 신발은 너의 드레스에 안 어울린다.

→ These shoes don't ___________ your dress.

**06** 커튼은 비싼 천으로 만들어져 있다.

→ The curtains are made of expensive ___________.

DAY 09

월
일
DAY 10

# School & Education

☑ 오늘은 학교와 교육 관련 단어를 집중해서 암기할 거예요.

**PREVIEW** 아는 단어에 체크해 보세요.　　아는 단어 　 / 30개

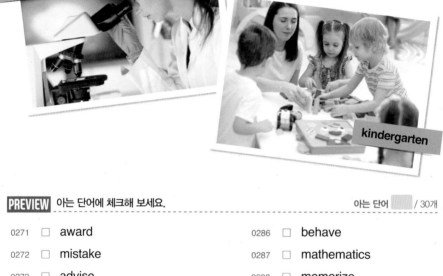

0271 □ award
0272 □ mistake
0273 □ advise
0274 □ project
0275 □ major
0276 □ homeroom teacher
0277 □ senior
0278 □ kindergarten
0279 □ college
0280 □ university
0281 □ educate
0282 □ success
0283 □ average
0284 □ entrance
0285 □ counsel
0286 □ behave
0287 □ mathematics
0288 □ memorize
0289 □ bulletin board
0290 □ lecture
0291 □ laboratory
0292 □ hand in
0293 □ semester
0294 □ knowledge
0295 □ encourage
0296 □ scholarship
0297 □ academic
0298 □ discipline
0299 □ enroll
0300 □ pay attention to

## Basic

Voca Coach

0271 **award**
[əwɔ́ːrd]
a ____ d

명 상, 상품 동 (상 등을) 수여하다
The performer won an **award**.
그 연주자는 상을 받았다.

0272 **mistake**
[mistéik]
____ take

명 실수, 잘못
I realized that I made a **mistake**.
나는 내가 실수했다는 것을 깨달았다.

make a mistake 실수하다

0273 **advise**
[ədváiz]
ad ____

동 조언하다, 충고하다
I **advised** him to give it a try.
나는 그에게 한번 해 보라고 조언했다.

명 advice 충고

0274 **project**
[prάdʒekt]
pro ____

명 과제, 연구, 프로젝트
He wants to join the next **project**.
그는 다음 프로젝트에 참여하길 원한다.

0275 **major**
[méidʒər]
ma ____

명 전공 형 주요한, 중대한
What is your **major**, science or math?
너의 전공은 과학과 수학 둘 중에 무엇이니?

We found a major mistake in the design.
우리는 디자인에서 중대한 실수를 찾았다.
↔ minor 중요하지 않은

0276 **homeroom teacher**
[hóumrù(:)m tíːtʃər]

명 담임 선생님
My **homeroom teacher** is very nice.
나의 담임 선생님은 매우 좋으시다.

0277 **senior**
[síːnjər]
____ nior

명 선배, 연장자 형 상위의, 상급의
New students can get help from **seniors**.
신입생들은 선배들의 도움을 받을 수 있다.

↔ junior 명 후배 형 하급의

DAY 10

0278
**kindergarten**
[kíndərgɑ̀:rtən]
garten

명 유치원
I started swimming when I was in **kindergarten**.
나는 유치원 때 수영을 시작했다.

## Intermediate

0279
**college**
[kálidʒ]
ge

명 단과 대학, 전문학교
I go to my **college** by subway.
나는 지하철을 타고 대학에 다닌다.

0280
**university**
[jù:nəvə́:rsəti]
uni sity

명 종합 대학
My sister is a **university** student.
나의 언니는 대학생이다.

0281
**educate**
[édʒukèit]
cate

동 교육하다, 가르치다
It is very important to **educate** children well.
아이들을 잘 교육하는 것은 매우 중요하다.

명 education 교육

0282
**success**
[səksés]
ss

명 성공, 성과
**Success** is the fruit of one's efforts.
성공은 노력의 결실이다.

동 succeed 성공하다
↔ failure 실패

0283
**average**
[ǽvəridʒ]
age

형 평균의 명 평균
What is your **average** score?
너의 평균 점수는 몇 점이니?

above[below] average 평균 이상[이하]

0284
**entrance**
[éntrəns]
ce

명 입구; 입장, 입학
My daughter passed the **entrance** examination.
나의 딸은 입학시험을 통과했다.

동 enter 들어가다

Voca Coach

0285 counsel
[káunsəl]
sel

명 상담, 조언, 충고 동 상담하다
I think I need your **counsel**.
나는 너의 조언이 필요할 것 같다.

명 counselor 상담사

0286 behave
[bihéiv]
be

동 (예의 바르게) 행동하다
My parents advised me to **behave** respectably. 부모님은 나에게 예의 바르게 행동하라고 충고하셨다.

≒ act 행동하다
↔ misbehave 나쁜 행동을 하다

0287 mathematics
[mæ̀θəmǽtiks]
matics

명 수학, 계산
I am not good at **mathematics**.
나는 수학을 잘하지 못한다.

줄여서 math라고 많이 써요.

0288 memorize
[méməràiz]
ize

동 암기하다
Try to **memorize** 30 words a day.
하루에 30단어를 암기하도록 노력하라.

명 memory 기억(력)

0289 bulletin board
[búlitən bɔ̀ːrd]

명 게시판
I posted the information on the **bulletin board**.
나는 게시판에 그 정보를 게시했다.

0290 lecture
[léktʃər]
ture

명 강의, 강연
The **lecture** was too boring.
그 강의는 너무 지루했다.

0291 laboratory
[lǽbrətɔ̀ːri]
ratory

명 실험실, 실습실
They study in the chemistry **laboratory**.
그들은 화학 실험실에서 연구한다.

줄여서 lab으로도 써요.

0292 hand in

(문서 등을) 제출하다, 건네주다
**Hand in** the report by tomorrow.
내일까지 그 보고서를 제출하세요.

hand out 나눠 주다, 배포하다

## Advanced

Voca Coach

0293 semester
[siméstər]
ster

명 학기
The new **semester** starts in March.
새 학기는 3월에 시작한다.

0294 knowledge
[nálidʒ]
know

명 지식
He has a wide **knowledge** of science.
그는 과학에 폭넓은 지식을 지니고 있다.

동 know 알다

0295 encourage
[inkə́:ridʒ]
en ge

동 용기를 북돋우다, 격려하다
We **encouraged** each other.
우리는 서로를 격려했다.

↔ discourage 좌절시키다

0296 scholarship
[skálərʃip]
ship

명 장학금
She got a **scholarship** this semester.
그녀는 이번 학기에 장학금을 받았다.

명 scholar 장학생, 모범생 + -ship(지위, 자격을 나타내는 접미사)

0297 academic
[æ̀kədémik]
mic

형 학업의, 학술적인
They attended the **academic** conference.
그들은 학술회의에 참석했다.

명 academy 학원, 전문학교

0298 discipline
[dísəplin]
pline

명 규율, 훈련, 단련
**Discipline** is strict at this school.
이 학교는 규율이 엄격하다.

0299 enroll
[inróul]
en

동 등록하다
I'll **enroll** in a yoga class for my health.
나는 건강을 위해 요가 수업에 등록할 것이다.

≒ register

0300 pay attention to

~에 주의를 기울이다, ~에 관심을 갖다
I **pay attention to** that not to make mistakes.
나는 실수하지 않기 위해 그것에 주의를 기울인다.

명 attention 주의, 관심

## Daily Check

정답 p.307

**A** 영어는 우리말로, 우리말은 영어로 쓰시오.

**01** university
**02** mathematics
**03** discipline
**04** project
**05** behave
**06** encourage
**07** counsel
**08** award
**09** college
**10** semester
**11** scholarship
**12** success
**13** hand in
**14** bulletin board
**15** pay attention to
**16** 전공; 주요한
**17** 학업의, 학술적인
**18** 암기하다
**19** 조언하다, 충고하다
**20** 강의, 강연
**21** 실험실, 실습실
**22** 유치원
**23** 교육하다, 가르치다
**24** 지식
**25** 선배; 상위의
**26** 담임 선생님
**27** 입구; 입장, 입학
**28** 평균의; 평균
**29** 등록하다
**30** 실수, 잘못

**B** 다음 표현을 우리말로 쓰시오.

**01** get a scholarship
**02** the new semester
**03** your average score
**04** a university student
**05** my homeroom teacher

**C** 빈칸에 알맞은 단어를 쓰시오.

**01** advice : ______________ = 충고 : 충고하다

**02** ______________ ↔ junior = 선배 ↔ 후배

**03** ______________ : education = 교육하다 : 교육

**04** ______________ ↔ failure = 성공 ↔ 실패

**05** enter : ______________ = 들어가다 : 입구; 입학

**06** ______________ ↔ misbehave = (예의 바르게) 행동하다 ↔ 나쁜 행동을 하다

**D** 암기한 단어를 이용하여 다음 문장을 완성하시오.

**01** 우리는 서로를 격려했다.

→ We __________ each other.

반의어는 discourage이고, 과거이므로 -(e)d를 붙여서 써야 해요.

**02** 그 강의는 너무 지루했다.

→ The __________ was too boring.

**03** 이 학교는 규율이 엄격하다.

→ __________ is strict at this school.

**04** 하루에 30단어를 암기하도록 노력하라.

→ Try to __________ 30 words a day.

**05** 나는 내가 실수했다는 것을 깨달았다.

→ I realized that I made a __________.

**06** 나는 실수하지 않기 위해 그것에 주의를 기울인다.

→ I __________ __________ __________ that not to make mistakes.

## DAY 06~10 누적 테스트

* 꼭 암기해야 하는 중요도 최상의 단어들을 확인하세요.

**A** 영어를 우리말로 쓰시오.

| | | | | | |
|---|---|---|---|---|---|
| **01** | tool | | **11** | recipe | |
| **02** | breakfast | | **12** | dig | |
| **03** | handle | | **13** | heels | |
| **04** | broom | | **14** | cabinet | |
| **05** | wallet | | **15** | laundry | |
| **06** | award | | **16** | memorize | |
| **07** | crisp | | **17** | bowl | |
| **08** | tight | | **18** | behave | |
| **09** | pumpkin | | **19** | side dish | |
| **10** | kindergarten | | **20** | extra | |

**B** 우리말을 영어로 쓰시오.

| | | | | | |
|---|---|---|---|---|---|
| **01** | 얼룩; 얼룩지게 하다 | | **11** | 베개 | |
| **02** | 책꽂이 | | **12** | 사다리 | |
| **03** | 조끼 | | **13** | 돼지고기 | |
| **04** | 죽 | | **14** | 헐렁한 | |
| **05** | 쓸다 | | **15** | 우유의, 유제품의 | |
| **06** | 주전자 | | **16** | 실수, 잘못 | |
| **07** | 학기 | | **17** | 생강 | |
| **08** | 필수적인, 중요한 | | **18** | 속옷, 내의 | |
| **09** | 지식 | | **19** | 조언하다, 충고하다 | |
| **10** | 녹다, 녹이다 | | **20** | 쟁반 | |

정답 p.307

## C 다음 표현을 우리말로 쓰시오.

**01** put on a cap ______________

**02** set up the tent ______________

**03** dig into the sand ______________

**04** uncooked seafood ______________

**05** repair the old bike ______________

**06** a university student ______________

## D 암기한 단어를 이용하여 다음 문장을 완성하시오.

**01** 너의 평균 점수는 몇 점이니?

→ What is your __________ score?

**02** 그 고기는 매우 부드럽고 육즙이 풍부하다.

→ The meat is very soft and __________.

명사형은 juice(주스, 즙)예요.

**03** 이 신발은 너의 드레스에 안 어울린다.

→ These shoes don't __________ your dress.

**04** 우리는 매주 잔디를 깎아야 한다.

→ We have to mow the __________ every week.

**05** 그 숟가락을 좀 집어 주시겠어요?

→ Will you __________ __________ the spoon for me?

**06** 내가 고장 난 컴퓨터를 버려도 될까요?

→ Can I __________ __________ the broken computer?

월
일
DAY 11

# Work

오늘은 일 관련 단어를 집중해서 암기할 거예요.

**PREVIEW** 아는 단어에 체크해 보세요. 아는 단어 / 30개

| | | | | | |
|---|---|---|---|---|---|
| 0301 | ☐ | boss | 0316 | ☐ | able |
| 0302 | ☐ | copy | 0317 | ☐ | due |
| 0303 | ☐ | problem | 0318 | ☐ | quit |
| 0304 | ☐ | skill | 0319 | ☐ | succeed |
| 0305 | ☐ | useful | 0320 | ☐ | propose |
| 0306 | ☐ | print | 0321 | ☐ | give a hand |
| 0307 | ☐ | information | 0322 | ☐ | fill out |
| 0308 | ☐ | effort | 0323 | ☐ | make it |
| 0309 | ☐ | duty | 0324 | ☐ | turn down |
| 0310 | ☐ | process | 0325 | ☐ | practical |
| 0311 | ☐ | interview | 0326 | ☐ | contract |
| 0312 | ☐ | wage | 0327 | ☐ | purpose |
| 0313 | ☐ | income | 0328 | ☐ | industry |
| 0314 | ☐ | teamwork | 0329 | ☐ | request |
| 0315 | ☐ | harmony | 0330 | ☐ | colleague |

## Basic

Voca Coach

0301 boss [bɔːs] bo

명 **상사; 고용주, 사장**

Who is the **boss** in your office?

당신 사무실의 상사는 누구입니까?

0302 copy [kápi]

명 **복사본** 동 **복사하다; 베끼다**

Where did you put **copies** of this report?

이 보고서의 사본은 어디에 두었나요?

She copied my homework.
그녀는 내 숙제를 베꼈다.

0303 problem [prábləm] pro

명 **문제**

Ask your boss if there is a **problem**.

문제가 있으면 상사에게 물어보세요.

0304 skill [skil] ski

명 **기술, 기량**

What kinds of computer **skills** do you have?

어떤 종류의 컴퓨터 기술을 가지고 있나요?

형 skillful 숙련된, 능숙한

0305 useful [júːsfəl] ful

형 **유용한, 도움이 되는**

This can be a **useful** tool for the mechanic.

이것은 기계공에게 유용한 도구가 될 수 있다.

동 use 쓰다, 사용하다
+ -ful(-의 성격을 지닌)
≒ helpful 도움이 되는

0306 print [print]

동 **인쇄하다, 출력하다**

Can you **print** out this document?

이 문서를 출력해 주시겠어요?

## Intermediate

0307 information [infərméiʃən] ation

명 **정보**

The Internet gives people too much **information**.

인터넷은 사람들에게 너무 많은 정보를 준다.

동 inform 알려 주다
+ -(a)tion(-한 것)

Voca Coach

DAY 11

0308 ☐☐☐ **effort** [éfərt] e ___ t

명 **노력, 수고**

He put a lot of **effort** into his new project.

그는 자신의 새 프로젝트에 많은 노력을 기울였다.

---

0309 ☐☐☐ **duty** [djúːti] ___ ty

명 **의무; 직무, 업무; 관세**

Your **duty** is to help other people.

당신의 직무는 다른 사람들을 돕는 것입니다.

on duty 근무 중인
duty free 면세품

---

0310 ☐☐☐ **process** [prάses] ___ cess

명 **과정** 동 **처리하다**

We are in the **process** of changing the system.

우리는 시스템을 바꾸는 과정에 있다.

---

0311 ☐☐☐ **interview** [íntərvjùː] ___ view

명 **면접, 인터뷰** 동 **면접을 보다**

I have a job **interview** tomorrow.

나는 내일 취업 면접이 있다.

명 interviewer 면접관
명 interviewee 면접받는 사람

---

0312 ☐☐☐ **wage** [weidʒ] ___ ge

명 **임금, 급료**

People don't like to talk about their **wages**. 사람들은 임금에 대해 이야기하는 것을 좋아하지 않는다.

≒ salary 급여, 임금

---

0313 ☐☐☐ **income** [ínkʌm] ___ come

명 **수입, 소득**

He saves half of his **income**.

그는 수입의 절반을 저축한다.

↔ expense 지출

---

0314 ☐☐☐ **teamwork** [tíːmwə̀ːrk] ___ work

명 **팀워크, 협동 작업**

We need good **teamwork**.

우리는 좋은 팀워크가 필요하다.

team(팀)
+work(일, 업무)

---

0315 ☐☐☐ **harmony** [hάːrməni] ___ mony

명 **조화, 화합; 화음**

They work together in perfect **harmony**.

그들은 완벽한 조화를 이루며 함께 일한다.

Voca Coach

0316 **able** [éibl]

형 ~할 수 있는, 능력 있는

He is **able** to do it alone.

그는 혼자 그것을 할 수 있다.

be able to V ~하는 것이 가능하다

---

0317 **due** [dju:]

d

형 ~으로 예정된, ~까지의; ~ 때문인

Your report is **due** on Monday.

보고서는 월요일까지입니다.

due to ~ 때문에

I was late due to the bus.

나는 버스 때문에 늦었다.

---

0318 **quit** [kwit]

q t

동 그만두다

She wanted to **quit** her job due to her boss.

그녀는 상사 때문에 직장을 그만두고 싶었다.

---

0319 **succeed** [səksí:d]

su d

동 성공하다

She **succeeded** at her job.

그녀는 그녀의 일에서 성공했다.

명 success 성공

↔ fail 실패하다

---

0320 **propose** [prəpóuz]

pro

동 제안하다, 제시하다; 청혼하다

A staff member **proposed** a creative idea.

한 직원이 창의적인 아이디어를 제안했다.

명 proposal 제안; 청혼

---

0321 **give a hand**

도와주다

Would you **give** me **a hand** with the cleaning?

청소를 도와주시겠어요?

≒ help 돕다

---

0322 **fill out**

~에 기입하다, (서류 등의) 빈 곳을 채우다

Please **fill out** the form and wait.

양식을 작성하고 기다려 주십시오.

fill out the form 양식을 작성하다

---

0323 **make it**

성공하다; 시간 맞춰 가다

I can't **make it** to the meeting on time.

나는 그 회의에 제시간에 갈 수 없다.

Voca Coach

DAY 11

0324 turn down

거절하다

Why did you **turn down** the position?

왜 그 자리를 거절했습니까?

≒ reject

## Advanced

0325 practical

[prǽktikəl]

tical

형 실용적인; 현실적인

His plan is not **practical**.

그의 계획은 실용적이지 않다.

0326 contract

[kɑntrǽkt]

con

명 계약서, 계약 동 계약하다

When did you sign the **contract**?

언제 계약서에 서명했나요?

sign the contract 계약서에 서명하다

0327 purpose

[pə́ːrpəs]

pur

명 목적, 의도

The main **purpose** is to raise money.

주된 목적은 돈을 모금하는 것입니다.

≒ aim 목적

0328 industry

[índəstri]

stry

명 산업, (특정 분야의) 업

The IT **industry** is getting bigger.

IT 산업은 더 커지고 있다.

0329 request

[rikwést]

re

명 요청, 요구 동 요청하다

The company rejected her **request**.

회사는 그녀의 요청을 거절했다.

≒ ask for ~을 요청하다

0330 colleague

[kɑ́liːg]

co gue

명 (직장의) 동료

He has lunch with his **colleagues**.

그는 동료들과 점심을 먹는다.

≒ coworker 동료

## Daily Check

정답 p.307

**A** 영어는 우리말로, 우리말은 영어로 쓰시오.

**01** able
**02** copy
**03** due
**04** make it
**05** useful
**06** colleague
**07** information
**08** contract
**09** duty
**10** teamwork
**11** interview
**12** wage
**13** request
**14** fill out
**15** give a hand
**16** 기술, 기량
**17** 수입, 소득
**18** 그만두다
**19** 성공하다
**20** 제안하다; 청혼하다
**21** 인쇄하다, 출력하다
**22** 거절하다
**23** 상사; 고용주
**24** 노력, 수고
**25** 실용적인; 현실적인
**26** 조화, 화합; 화음
**27** 목적, 의도
**28** 산업, (특정 분야의) 업
**29** 과정; 처리하다
**30** 문제

**B** 다음 표현을 우리말로 쓰시오.

**01** a lot of effort
**02** a job interview
**03** fill out the form
**04** good teamwork
**05** sign the contract

DAY 11

**C** 빈칸에 알맞은 단어를 쓰시오.

01 ______________ : skillful = 기술 : 숙련된

02 ______________ ↔ expense = 수입 ↔ 지출

03 inform : ______________ = 알려 주다 : 정보

04 ______________ ↔ fail = 성공하다 ↔ 실패하다

05 proposal : ______________ = 제안 : 제안하다

06 ______________ : use = 유용한 : 쓰다, 사용하다

**D** 암기한 단어를 이용하여 다음 문장을 완성하시오.

01 주된 목적은 돈을 모금하는 것입니다.

→ The main __________ is to raise money.

02 회사는 그녀의 요청을 거절했다.

→ The company rejected her __________.

03 당신의 직무는 다른 사람들을 돕는 것입니다.

→ Your __________ is to help other people.

04 그들은 완벽한 조화를 이루며 함께 일한다.

→ They work together in perfect __________.

05 우리는 시스템을 바꾸는 과정에 있다.

→ We are in the __________ of changing the system.

06 청소를 도와주시겠어요?

→ Would you __________ me __________ __________ with the cleaning?

hand가 들어가는 세 단어의 표현이에요.

월
일
DAY 12

# Workplace

☑ 오늘은 일터 관련 단어를 집중해서 암기할 거예요.

**PREVIEW** 아는 단어에 체크해 보세요. 아는 단어 / 30개

| | | | | | |
|---|---|---|---|---|---|
| 0331 | ☐ | room | 0346 | ☐ | message |
| 0332 | ☐ | meeting | 0347 | ☐ | area |
| 0333 | ☐ | pin | 0348 | ☐ | opinion |
| 0334 | ☐ | clip | 0349 | ☐ | career |
| 0335 | ☐ | poster | 0350 | ☐ | staff |
| 0336 | ☐ | printer | 0351 | ☐ | training |
| 0337 | ☐ | bookcase | 0352 | ☐ | staple |
| 0338 | ☐ | handout | 0353 | ☐ | manage |
| 0339 | ☐ | workplace | 0354 | ☐ | seal |
| 0340 | ☐ | folder | 0355 | ☐ | appointment |
| 0341 | ☐ | highlighter | 0356 | ☐ | fellow |
| 0342 | ☐ | document | 0357 | ☐ | employee |
| 0343 | ☐ | punch | 0358 | ☐ | client |
| 0344 | ☐ | photocopy | 0359 | ☐ | calculator |
| 0345 | ☐ | magazine | 0360 | ☐ | stationery |

## Basic

Voca Coach

0331 **room**
[ru(:)m]
r ___ m

명 **방, 공간**
The meeting **room** is not available.
그 회의실은 사용 가능하지 않습니다.

0332 **meeting**
[míːtiŋ]
___ ing

명 **회의; 모임, 만남**
What time does the **meeting** begin?
회의는 몇 시에 시작하나요?

동 meet 만나다

0333 **pin**
[pin]

명 **핀**
Don't pull the safety **pin**.
그 안전핀을 당기지 마세요.

명 hairpin 머리핀

0334 **clip**
[klip]

명 **클립**
She put a **clip** on her report.
그녀는 보고서에 클립을 끼웠다.

0335 **poster**
[póustər]
___ ter

명 **포스터, 벽보**
They covered the wall with the **posters**.
그들은 한 벽을 포스터들로 덮었다.

동 post 게시하다
+ -er(-하는 사람/도구)

0336 **printer**
[príntər]
___ er

명 **인쇄기, 프린터**
The **printer** is broken again.
그 인쇄기가 또 고장 났다.

동 print 인쇄하다
+ -er(-하는 사람/도구)

0337 **bookcase**
[búkkèis]
book ___

명 **책장, 책꽂이**
We moved the **bookcase** to his office.
우리는 책장을 그의 사무실로 옮겼다.

≒ bookshelf 책꽂이

DAY 12

## Intermediate

Voca Coach

0338 **handout** [hǽndàut] ▢▢ out

명 **인쇄물, 유인물**

Do you have a **handout** for the presentation?

발표에 쓸 인쇄물을 가지고 있나요?

0339 **workplace** [wə́ːrkpleis] work ▢▢

명 **일터, 직장, 일하는 곳**

My company provides a nice **workplace**.

우리 회사는 좋은 일터를 제공한다.

work(일하다) +place(장소)

0340 **folder** [fóuldər] ▢▢ der

명 **폴더**

Put the copies in the **folder**.

그 폴더에 복사본들을 넣으세요.

0341 **highlighter** [háilàitər] high ▢▢ er

명 **형광펜, 하이라이터**

Underline the words with a **highlighter**.

형광펜으로 그 단어들에 밑줄을 그으세요.

동 highlight 강조하다 + -er(-하는 사람/도구)

0342 **document** [dákjəmənt] ▢▢ ment

명 **서류, 문서** 동 **기록하다**

The lawyer showed me the **document**.

변호사는 나에게 그 서류를 보여 주었다.

동 [dákjəmènt]

0343 **punch** [pʌntʃ] pun ▢▢

명 **펀치(구멍 뚫는 도구); (주먹으로) 치기**

Use this **punch** to make a hole.

구멍을 뚫으려면 이 펀치를 사용하세요.

a strong punch 강력한 한 방(펀치)

0344 **photocopy** [fóutəkàpi] photo ▢▢

명 **사진 복사물[복사본]**

Students have **photocopies** of this page.

학생들은 이 페이지의 사진 복사본을 가지고 있다.

photo(사진) +copy(복사본)

0345 **magazine** [mæ̀gəzíːn] maga ▢▢

명 **잡지**

There are **magazines** in the waiting room.

대기실에 잡지들이 있다.

Voca Coach

0346 **message**

[mésidʒ]

me ge

명 **메시지, 전갈, 전언**

Can I leave a **message** for him?

그에게 메시지를 남길 수 있을까요?

text message
문자 메시지

0347 **area**

[ɛ́əriə]

ar

명 **지역, 구역; 분야, 영역**

This is a nonsmoking **area**.

여기는 금연 구역입니다.

History is not my area.
역사는 내 분야가 아니다.

0348 **opinion**

[əpínjən]

opi

명 **의견, 견해**

What's your **opinion** of this agenda?

이 안건에 대한 당신의 의견은 무엇인가요?

0349 **career**

[kəríər]

ca

명 **경력, 직업**

She wants to have a **career** as a teacher.

그녀는 교사로서의 경력을 갖고 싶어 한다.

0350 **staff**

[stæf]

sta

명 **직원, 스태프**

Every **staff** member is at a meeting.

모든 직원이 회의 중이다.

0351 **training**

[tréiniŋ]

ing

명 **훈련, 교육**

All employees should take the **training** program.

모든 직원들은 교육 프로그램을 받아야 한다.

동 train 훈련시키다

0352 **staple**

[stéipl]

ple

동 **스테이플러로 고정하다[박다]**

He **stapled** many sheets of paper together.

그는 많은 장의 종이를 스테이플러로 고정했다.

명 stapler 스테이플러 (서류를 철하는 도구)

0353 **manage**

[mǽnidʒ]

ge

동 **관리하다, 운영하다; 감당하다**

My father **manages** my family's bakery.

나의 아버지는 가족 빵집을 운영하신다.

명 management 관리, 운영

0354 seal [siːl] s l

동 봉인하다, 밀봉하다

He **sealed** the envelope with glue.

그는 풀로 봉투를 밀봉했다.

## Advanced

0355 appointment [əpɔ́intmənt] ment

명 약속, 예약; 임명

I have an **appointment** for an interview next week.

나는 다음 주에 면접 약속이 있다.

0356 fellow [félou] fe

명 동료, 친구 형 동료의, 친구의

The new worker gets along well with the **fellows**.

새로 온 직원은 동료들과 잘 지낸다.

명 fellowship 동료애, 유대감

0357 employee [implɔ́iiː] employ

명 직원, 근로자

There are about 200 **employees** in the factory.

그 공장에는 약 200명의 직원이 있다.

동 employ 고용하다 + -ee(-을 받는[당하는] 사람)
↔ employer 고용주, 사장

0358 client [kláiənt] c t

명 고객, 의뢰인

He explained the problem to his **client**.

그는 그의 고객에게 그 문제를 설명했다.

≒ customer 고객

0359 calculator [kǽlkjəlèitər] cal or

명 계산기

I need a **calculator** to add all these numbers.

나는 이 숫자를 다 더하려면 계산기가 필요하다.

동 calculate 계산하다 + -er(-하는 사람/도구)

0360 stationery [stéiʃənèri] nery

명 문구류

The store sells many kinds of **stationery**.

그 가게는 많은 종류의 문구류를 판매한다.

stationery store 문구점

## Daily Check

정답 p.307



**A** 영어는 우리말로, 우리말은 영어로 쓰시오.

**01** room
**02** seal
**03** pin
**04** clip
**05** magazine
**06** printer
**07** opinion
**08** handout
**09** fellow
**10** manage
**11** staple
**12** highlighter
**13** stationery
**14** punch
**15** appointment
**16** 일터, 직장
**17** 메시지, 전갈
**18** 지역; 분야
**19** 책장, 책꽂이
**20** 경력, 직업
**21** 직원, 스태프
**22** 훈련, 교육
**23** 서류, 문서
**24** 폴더
**25** 계산기
**26** 사진 복사물
**27** 포스터, 벽보
**28** 직원, 근로자
**29** 고객, 의뢰인
**30** 회의; 모임

**B** 다음 표현을 우리말로 쓰시오.

**01** the safety pin
**02** the meeting room
**03** every staff member
**04** a nonsmoking area
**05** photocopies of this page

**C** 빈칸에 알맞은 단어를 쓰시오.

**01** meet : ______________ = 만나다 : 회의, 모임

**02** place : ______________ = 장소 : 일터, 직장

**03** ______________ : calculate = 계산기 : 계산하다

**04** ______________ ↔ employer = 직원, 근로자 ↔ 고용주

**05** train : ______________ = 훈련시키다 : 훈련, 교육

**06** post : ______________ = 게시하다 : 포스터, 벽보

**D** 암기한 단어를 이용하여 다음 문장을 완성하시오.

**01** 그에게 메시지를 남길 수 있을까요?

→ Can I leave a ___________ for him?

**02** 우리는 책장을 그의 사무실로 옮겼다.

→ We moved the ___________ to his office.

**03** 그는 풀로 봉투를 밀봉했다.

→ He ___________ the envelope with glue.

'밀봉했다'이므로 -ed를 붙여 과거형으로 써요.

**04** 변호사는 나에게 그 서류를 보여 주었다.

→ The lawyer showed me the ___________.

**05** 나의 아버지는 가족 빵집을 운영하신다.

→ My father ___________ my family's bakery.

'나의 아버지'는 3인칭 단수이므로 동사에 -s를 붙여요.

**06** 이 안건에 대한 당신의 의견은 무엇인가요?

→ What's your ___________ of this agenda?

월
일
DAY 13

# Shop & Restaurant

☑ 오늘은 상점과 식당 관련 단어를 집중해서 암기할 거예요.

**PREVIEW** 아는 단어에 체크해 보세요. 아는 단어 / 30개

0361 □ total
0362 □ item
0363 □ bin
0364 □ cart
0365 □ seafood
0366 □ tip
0367 □ set
0368 □ spray
0369 □ rare
0370 □ wrap
0371 □ spill
0372 □ wipe
0373 □ leftover
0374 □ napkin
0375 □ owner
0376 □ counter
0377 □ cashier
0378 □ freezer
0379 □ straw
0380 □ grain
0381 □ pack
0382 □ piece
0383 □ pile
0384 □ bite
0385 □ deliver
0386 □ bundle
0387 □ ingredient
0388 □ grocery
0389 □ recommend
0390 □ container

## Basic

Voca Coach

0361 **total**

[tóutl]

to

명 합계, 총액 형 총, 전체의

The **total** amount was 30,000 won.

총액은 3만 원이었다.

0362 **item**

[áitəm]

i

명 항목, 물품

Many **items** are on sale.

많은 물품들이 할인 판매되고 있다.

0363 **bin**

[bin]

명 통, 쓰레기통

Put these bottles in the recycling **bin**.

이 병들을 재활용 통에 넣어라.

waste bin 쓰레기통

0364 **cart**

[kɑːrt]

명 손수레, 카트

They used a **cart** to carry heavy boxes.

그들은 무거운 상자를 운반하려고 카트를 이용했다.

shopping cart 쇼핑 카트

0365 **seafood**

[síːfùːd]

food

명 해산물

We chose **seafood** for our dinner.

우리는 저녁으로 해산물을 골랐다.

sea(바다)+food(음식)

0366 **tip**

[tip]

명 조언; 팁, 봉사료; 뾰족한 끝부분

I'll give you a **tip** for saving money.

내가 너에게 돈을 절약할 수 있는 조언을 해 줄게.

명 fingertip 손가락 끝

leave a tip 봉사료를 남기다

0367 **set**

[set]

동 놓다, 설치하다, 맞추다 명 세트

She **set** the vase on the table.

그녀는 꽃병을 식탁 위에 올려놓았다.

(과거형) set-set

## Intermediate

Voca Coach

0368 **spray** [sprei] sp

㊐ **뿌리다, 분무하다** ㊐ **스프레이**

**Spray** some water on the dry plants.

마른 식물에 물을 좀 뿌려라.

0369 **rare** [rɛər] ra

㊐ **드문, 희귀한; 살짝 익힌**

The jewels are very **rare** items.

그 보석은 매우 희귀한 품목이다.

㊐ rarely 드물게
rare steak
살짝 익힌 스테이크

0370 **wrap** [ræp] ap

㊐ **감싸다, 두르다, 포장하다**

He **wrapped** the beef and put it in the refrigerator.

그는 쇠고기를 싸서 냉장고에 넣었다.

㊐ wrapper 포장지

0371 **spill** [spil] ll

㊐ **흐르다; 흘리다, 쏟다**

Don't **spill** coffee on the table.

테이블에 커피를 흘리지 마세요.

(과거형) spilled/spilt -spilled/spilt

0372 **wipe** [waip] pe

㊐ **닦다**

The waiter **wiped** the spots from the window.

그 종업원은 창문에 있는 얼룩을 닦았다.

㊐ wiper 닦는 도구(행주, 걸레 등)

0373 **leftover** [léftòuvər] over

㊐ **남은 음식, 남은 것**

He ate **leftovers** for breakfast.

그는 아침으로 남은 음식을 먹었다.

0374 **napkin** [nǽpkin] kin

㊐ **(식탁용) 냅킨, 작은 수건**

Please hand me a **napkin**.

냅킨 좀 건네주세요.

0375 **owner** [óunər] er

㊐ **주인, 소유주**

Mr. Brown is the **owner** of this shop.

Brown 씨가 이 상점의 주인이다.

㊐ own 소유하다 + -er(-하는 사람)

0376 **counter**
[káuntər]
ter

명 **계산대, 판매대**
People are waiting in line in front of the **counter**.
사람들이 계산대 앞에 줄을 서서 기다리고 있다.

동 count 계산하다 + -er(-하는 도구)

0377 **cashier**
[kæʃíər]
ier

명 **계산원**
The **cashier** is counting the money.
계산원이 돈을 세고 있다.

명 cash 현금, 돈

0378 **freezer**
[fríːzər]
free

명 **냉동고**
There is ice cream in the **freezer**.
냉동고 안에 아이스크림이 있다.

동 freeze 얼다 + -er(-하는 도구)

0379 **straw**
[strɔː]
st

명 **빨대; 짚, 지푸라기**
You should use a big **straw** to drink a smoothie.
스무디를 마시려면 큰 빨대를 사용해야 한다.

straw man 허수아비

0380 **grain**
[grein]
gr

명 **곡물; 낟알, 알갱이**
Cereal is made of **grain**.
시리얼은 곡물로 만든다.

a grain of rice
쌀 한 톨[알]

0381 **pack**
[pæk]
pa

동 **짐을 싸다, 포장하다** 명 **배낭; 꾸러미**
Please **pack** your bag quickly.
빨리 짐을 싸세요.

명 package 소포, 포장물
a pack of gum
껌 한 통[묶음]

0382 **piece**
[piːs]
ce

명 **조각, 부분**
I will have two **pieces** of pizza.
저는 피자 두 조각을 먹겠어요.

a piece of pie
파이 한 조각
a piece of cake
식은 죽 먹기(쉽게 할 수 있는 일)

0383 **pile**
[pail]
le

명 **더미**
Look at the **pile** of dishes!
저 접시 더미를 봐!

Voca Coach

0384 **bite** [bait]

명 **한 입** 동 **물다, 깨물다**

Can I have a **bite**?

제가 한 입 먹을 수 있을까요?

The dog bit me.
그 개가 나를 물었다.
(과거형) bit-bitten

0385 **deliver** [dilívər]

동 **배달하다**

Can you **deliver** them?

그것들을 배달해 주실 수 있나요?

명 delivery 배달

## Advanced

0386 **bundle** [bʌ́ndl]

명 **다발, 뭉치, 묶음**

I tied the magazines in a **bundle**.

나는 잡지들을 한 다발로 묶었다.

a bundle of bills
지폐 한 뭉치

0387 **ingredient** [ingríːdiənt]

명 **재료, 성분, 구성 요소**

The restaurant uses fresh **ingredients**.

그 식당은 신선한 재료들을 쓴다.

0388 **grocery** [gróusəri]

명 **식료품, 잡화**

They went to the market to buy some **groceries**.

그들은 식료품을 사러 시장에 갔다.

grocery store 식료품점

0389 **recommend** [rèkəménd]

동 **추천하다, 권하다**

Can you **recommend** a good restaurant near here?

이 근처의 좋은 레스토랑을 추천해 주시겠어요?

명 recommendation 추천

0390 **container** [kəntéinər]

명 **그릇, 용기**

What's in the big **container**?

그 큰 용기 안에 뭐가 들어 있나요?

동 contain 들어 있다, 함유하다 + -er(-하는 도구)

## Daily Check

정답 p.307

**A** 영어는 우리말로, 우리말은 영어로 쓰시오.

**01** straw
**02** item
**03** bin
**04** cart
**05** cashier
**06** tip
**07** set
**08** spray
**09** pack
**10** wrap
**11** bite
**12** wipe
**13** counter
**14** recommend
**15** ingredient
**16** 주인, 소유주
**17** 합계, 총액; 전체의
**18** 냉동고
**19** 해산물
**20** 곡물; 낟알
**21** 드문; 살짝 익힌
**22** 조각, 부분
**23** 더미
**24** 흐르다; 흘리다
**25** 배달하다
**26** 다발, 묶음
**27** 남은 음식, 남은 것
**28** 식료품, 잡화
**29** 냅킨, 작은 수건
**30** 그릇, 용기

**B** 다음 표현을 우리말로 쓰시오.

**01** a big straw
**02** wipe the spots
**03** the total amount
**04** the recycling bin
**05** the pile of dishes

**C** 빈칸에 알맞은 단어를 쓰시오.

01 own : ______________ = 소유하다 : 주인, 소유주

02 cash : ______________ = 현금 : 계산원

03 ______________ : freeze = 냉동고 : 얼리다

04 count : ______________ = 계산하다 : 계산대

05 ______________ : delivery = 배달하다 : 배달

06 ______________ : wrapper = 포장하다 : 포장지



**D** 암기한 단어를 이용하여 다음 문장을 완성하시오.

01 시리얼은 곡물로 만든다.

→ Cereal is made of ___________.

02 그 큰 용기 안에 뭐가 들어 있나요?

→ What's in the big ___________?

03 저는 피자 두 조각을 먹겠어요.

→ I will have two ___________ of pizza.

앞에 'two'가 있으므로 복수형으로 써요.

04 우리는 저녁으로 해산물을 골랐다.

→ We chose ___________ for our dinner.

05 테이블에 커피를 흘리지 마세요.

→ Don't ___________ coffee on the table.

06 내가 너에게 돈을 절약할 수 있는 조언을 해 줄게.

→ I'll give you a ___________ for saving money.

월
일
DAY 14

# Shopping

☑ 오늘은 쇼핑 관련 단어를 집중해서 암기할 거예요.

**PREVIEW** 아는 단어에 체크해 보세요. 아는 단어 / 30개

0391 ☐ shop
0392 ☐ mart
0393 ☐ coin
0394 ☐ cash
0395 ☐ pair
0396 ☐ pick
0397 ☐ dollar
0398 ☐ tax
0399 ☐ business
0400 ☐ goods
0401 ☐ junk
0402 ☐ price tag
0403 ☐ receipt
0404 ☐ catalog
0405 ☐ choice
0406 ☐ quality
0407 ☐ variety
0408 ☐ display
0409 ☐ medium
0410 ☐ else
0411 ☐ flea market
0412 ☐ brand-name
0413 ☐ for free
0414 ☐ give away
0415 ☐ look around
0416 ☐ retail
0417 ☐ auction
0418 ☐ advertisement
0419 ☐ reasonable
0420 ☐ consume

## Basic

Voca Coach

0391 shop [ʃɑp]

명 가게, 상점 동 사다, 쇼핑하다

There are a lot of **shops** downtown.

시내에는 많은 가게들이 있다.

명 shopping 쇼핑
≒ store 상점

0392 mart [mɑːrt]

명 시장, 슈퍼마켓

This **mart** sells cheap vegetables.

이 시장은 싼 채소를 판다.

≒ supermarket 슈퍼마켓

0393 coin [kɔin]

명 동전, 주화

Do you have some **coins**?

동전이 좀 있니?

0394 cash [kæʃ]

명 돈, 현금, 현찰

The store only accepts **cash**.

그 가게는 현금만 받는다.

0395 pair [pɛər]

명 한 켤레, 한 쌍, 한 벌

My aunt bought me a **pair** of shoes.

이모는 나에게 신발 한 켤레를 사 주셨다.

a pair of ~ 한 켤레[쌍/벌]

0396 pick [pik]

동 고르다, 뽑다; (꽃을) 꺾다

She **picked** a blue blouse.

그녀는 파란 블라우스를 골랐다.

Do not pick the flowers.
꽃을 꺾지 마세요.

0397 dollar [dɑ́lər]

명 달러($)

These are a total of 120 **dollars**.

이것들은 총 120달러입니다.

## Intermediate

Voca Coach

0398 **tax** [tæks]

명 세금 동 세금을 부과하다

We pay income **tax** every month.

우리는 매달 소득세를 낸다.

---

0399 **business** [bíznis]

ness

명 사업, 장사, 영업; 일, 업무

The shop will be open for **business**.

그 상점은 영업을 위해 문을 열 것이다.

business hours 영업시간

---

0400 **goods** [gudz]

s

명 상품, 제품, 재화

They can deliver the **goods** within a day.

그들은 하루 안에 상품을 배달할 수 있다.

≒ product 상품

goods and services 재화 및 용역

---

0401 **junk** [dʒʌŋk]

k

명 쓸모없는 물건, 고물

I bought these at a **junk** shop.

나는 이것들을 고물가게에서 샀다.

junk food 불량식품

---

0402 **price tag** [prais tæg]

명 정가표, 가격표

He was surprised to see the **price tag**.

그는 그 가격표를 보고 놀랐다.

price(가격)+tag(꼬리표)

---

0403 **receipt** [risíːt]

re

명 영수증

Do you need a **receipt**?

영수증이 필요하세요?

---

0404 **catalog** [kǽtəlɔ̀(ː)g]

log

명 카탈로그, 목록

Please pick one from the **catalog**.

카탈로그에서 하나를 선택하세요.

---

0405 **choice** [tʃɔis]

ce

명 선택, 선택권

You should make a **choice** from among them.

너는 그것들 중에서 선택을 해야 한다.

동 choose 선택하다

Voca Coach

0406 **quality** [kwɑ́ləti] ____lity

명 품질; 우수한 질, 고급
The **quality** of their services is very poor.
그들의 서비스의 질은 매우 나쁘다.

quality goods
질 좋은 상품

0407 **variety** [vəráiəti] va____

명 다양성, 다양함
The store sells a **variety** of goods.
그 가게는 다양한 종류의 상품을 판다.

형 various 다양한
a variety of 다양한

0408 **display** [displéi] dis____

동 전시하다, 보여 주다 명 전시, 진열
She **displayed** the clothes.
그녀는 그 옷들을 전시했다.

a window display
진열장[쇼윈도]의 상품 진열

0409 **medium** [míːdiəm] me____

형 중간의 명 매체, 수단
Do you have this T-shirt in a **medium** size?
이 티셔츠의 중간 치수가 있나요?

*pl.* media
mass media 대중매체, 매스 미디어

0410 **else** [els]

부 그 외의, 그 밖의
Is there anything **else** you want?
그 밖에 원하시는 게 있나요?

0411 **flea market** [flíː mɑ̀ːrkit]

명 벼룩시장(중고품을 팔고 사는 시장)
I bought this scarf at a **flea market**.
나는 벼룩시장에서 이 스카프를 샀다.

flea(벼룩)+market(시장)

0412 **brand-name** [brǽndnèim]

형 유명 상표가 붙은, 유명한
She wants to buy some **brand-name** fashion items.
그녀는 유명 패션 아이템을 사고 싶어 한다.

brand(상표)
+name(이름, 명성)

0413 **for free**

무료로, 공짜로
Don't try to get it **for free**.
공짜로 얻으려고 하지 마.

0414 give away

선물로 주다, 공짜로 주다

They **gave away** some candy for free.

그들은 사탕을 무료로 주었다.

0415 look around

둘러보다, 찾아 돌아다니다

I'm just **looking around**.

그냥 둘러보는 거예요.

## Advanced

0416 retail

[rí:teil]

re

명 소매, 소매상

He works in the **retail** business.

그는 소매업에 종사하고 있다.

↔ wholesale 도매, 도매상

0417 auction

[ɔ́:kʃən]

tion

명 경매

She sold her jewelry by **auction**.

그녀는 그녀의 보석을 경매로 팔았다.

0418 advertisement

[ӕdvərtáizmənt]

ment

명 광고

I saw that **advertisement** on TV.

나는 그 광고를 TV에서 봤다.

(줄임말) ad
동 advertise 광고하다

0419 reasonable

[rí:zənəbl]

able

형 합리적인, 타당한; (가격이) 적정한

We bought our car at a **reasonable** price.

우리는 적정한 가격에 자동차를 샀다.

명 reason 이유, 이성 + -able(-이 가능한)

0420 consume

[kənsú:m]

con

동 소비하다, 소모하다; 먹다, 마시다

This product **consumes** less energy.

이 상품은 더 적은 에너지를 소비합니다.

명 consumer 소비자

## Daily Check

정답 p.307

**A** 영어는 우리말로, 우리말은 영어로 쓰시오.

**01** shop

**02** mart

**03** else

**04** catalog

**05** display

**06** brand-name

**07** dollar

**08** tax

**09** business

**10** advertisement

**11** pick

**12** consume

**13** reasonable

**14** give away

**15** look around

**16** 선택, 선택권

**17** 다양성, 다양함

**18** 동전, 주화

**19** 중간의; 매체

**20** 한 켤레, 한 쌍, 한 벌

**21** 벼룩시장

**22** 품질; 우수한 질

**23** 무료로, 공짜로

**24** 쓸모없는 물건, 고물

**25** 돈, 현금, 현찰

**26** 소매, 소매상

**27** 경매

**28** 영수증

**29** 상품, 제품, 재화

**30** 정가표, 가격표



**B** 다음 표현을 우리말로 쓰시오.

**01** income tax

**02** a pair of shoes

**03** a medium size

**04** at a reasonable price

**05** consume less energy

**C** 빈칸에 알맞은 단어를 쓰시오.

| | | | |
|---|---|---|---|
| 01 | various : ______________ | = | 다양한 : 다양성, 다양함 |
| 02 | advertise : ______________ | = | 광고하다 : 광고 |
| 03 | price : price ______________ | = | 가격 : 가격표 |
| 04 | ______________ ↔ wholesale | = | 소매, 소매상 ↔ 도매, 도매상 |
| 05 | choose : ______________ | = | 선택하다 : 선택 |
| 06 | g______________ ≒ produce | = | 상품 |

**D** 암기한 단어를 이용하여 다음 문장을 완성하시오.

**01** 그녀는 그 옷들을 전시했다.

→ She ___________ed the clothes.

**02** 그녀는 그녀의 보석을 경매로 팔았다.

→ She sold her jewelry by ___________.

**03** 이것들은 총 120달러입니다.

→ These are a total of 120 ___________s.

앞에 1보다 큰 수가 있으면 달러 뒤에 -s를 붙여요.

**04** 공짜로 얻으려고 하지 마.

→ Don't try to get it ___________ ___________.

**05** 그들의 서비스의 질은 매우 나쁘다.

→ The ___________ of their services is very poor.

**06** 나는 벼룩시장에서 이 스카프를 샀다.

→ I bought this scarf at a ___________ ___________.

월
일
DAY 15

# Transportation

☑ 오늘은 교통 관련 단어를 집중해서 암기할 거예요.

**PREVIEW** 아는 단어에 체크해 보세요. 아는 단어 ___ / 30개

| | | | | | |
|---|---|---|---|---|---|
| 0421 | ☐ | come | 0436 | ☐ | crash |
| 0422 | ☐ | go | 0437 | ☐ | curve |
| 0423 | ☐ | stop | 0438 | ☐ | bump |
| 0424 | ☐ | drive | 0439 | ☐ | through |
| 0425 | ☐ | subway | 0440 | ☐ | forward(s) |
| 0426 | ☐ | sign | 0441 | ☐ | backward(s) |
| 0427 | ☐ | cross | 0442 | ☐ | get on[off] |
| 0428 | ☐ | everywhere | 0443 | ☐ | slow down |
| 0429 | ☐ | fare | 0444 | ☐ | ahead of |
| 0430 | ☐ | traffic | 0445 | ☐ | on one's way (to) |
| 0431 | ☐ | track | 0446 | ☐ | convenient |
| 0432 | ☐ | wheel | 0447 | ☐ | passenger |
| 0433 | ☐ | cycle | 0448 | ☐ | license |
| 0434 | ☐ | tunnel | 0449 | ☐ | transfer |
| 0435 | ☐ | accident | 0450 | ☐ | transport |

## Basic

Voca Coach

0421 come [kʌm]

동 오다

Did she **come** from Paris, France?

그녀는 프랑스 파리에서 왔니?

(과거형) came-come

0422 go [gou]

동 가다

You can **go** there by bus.

당신은 거기에 버스로 갈 수 있어요.

(과거형) went-gone

0423 stop [stɑp]

동 멈추다, 정지하다 명 멈춤; 정류장

The bus **stopped** because of the snowstorm.

눈보라 때문에 버스가 멈췄다.

bus stop 버스 정류장

0424 drive [draiv]

ve

동 (자동차를) 운전하다, 몰다

Can you **drive** a car?

너는 차를 운전할 수 있니?

(과거형) drove-driven

명 driver 운전자

0425 subway [sʌ́bwèi]

way

명 지하철

He usually takes the **subway** to work.

그는 보통 지하철을 타고 출근한다.

sub-(-아래)+명 way 길

0426 sign [sain]

si

명 기호, 표시, 징후, 표지판 동 서명하다

Follow the **signs** on the street.

거리의 표지판을 따라가세요.

0427 cross [krɔ(:)s]

cro

동 건너다, 횡단하다 명 X표, 십자; 십자가

They **crossed** the street at the green light.

그는 녹색 신호등에서 길을 건넜다.

부 across 건너서, 가로질러

## Intermediate

Voca Coach

0428 everywhere [évrihwὲər] ____where

부 **어디든, 곳곳에, 모든 곳에**

You can travel **everywhere** in the future.

여러분은 미래에 어디든지 여행할 수 있다.

every(모든) +where(어디)

0429 fare [fεər]

명 **요금, 교통 요금**

I need some coins for the bus **fare**.

나는 버스 요금으로 동전이 좀 필요하다.

0430 traffic [trǽfik] tra____

명 **교통(량), 차량**

The city was busy with **traffic**.

그 도시는 차량으로 혼잡했다.

traffic jam 교통 체증

0431 track [træk] tra__

명 **길, 선로; 발자취**

The subway went off the **tracks**.

지하철이 선로를 벗어났다.

tire track 타이어 자국
off the tracks (열차가) 탈선하여

0432 wheel [hwi:l] __eel

명 **바퀴**

I changed one of the **wheels** on my bike.

나는 내 자전거의 바퀴 하나를 교체했다.

0433 cycle [sáikl] __cle

명 **자전거, 오토바이; 순환, 주기**

Many people ride **cycles** as a hobby.

많은 사람들이 취미로 자전거를 탄다.

명 motorcycle 오토바이
life cycle 인생 주기

0434 tunnel [tʌ́nəl] tu____

명 **터널, 굴**

The train goes through the **tunnel**.

기차는 터널을 통과해서 간다.

0435 accident [ǽksidənt] ____dent

명 **사고, 재해; 우연**

My friend had a car **accident**.

내 친구가 차 사고를 당했다.

by accident 우연히

DAY 15

0436 **crash** [kræʃ] sh

동 충돌하다 명 충돌 사고

A big truck **crashed** into the wall.

큰 트럭이 벽에 충돌했다.

0437 **curve** [kəːrv] ve

동 구부러지다 명 곡선, 커브

The road **curves** to the right.

도로는 오른쪽으로 구부러져 있다.

0438 **bump** [bʌmp] p

동 부딪치다, 찧다

The car **bumped** into a tree.

그 차는 나무에 부딪쳤다.

bump into ~와 마주치다

0439 **through** [θruː] th

전 ~을 통해, ~을 통과하여

This truck can't go **through** the tunnel.

이 트럭은 그 터널을 통과할 수 없다.

0440 **forward(s)** [fɔ́ːrwərd(z)] ward(s)

부 앞으로, 앞쪽으로 형 앞쪽의

The car moved **forward**.

그 차는 앞으로 달려갔다.

형 fore 앞쪽의 + -ward(-을 향하여)

0441 **backward(s)** [bǽkwərd(z)] ward(s)

부 뒤로, 뒤쪽으로; 반대 방향으로 형 뒤쪽의

You must not drive **backward**.

반대 방향으로 운전하면 안 된다.

형 back 뒤쪽의 + -ward(-을 향하여)

0442 **get on[off]**

~에 타다[~에서 내리다]

Please **get on** the bus quickly.

빨리 버스에 타세요.

They will get off the subway at the next station.
그들은 다음 역에서 지하철에서 내릴 것이다.

0443 **slow down**

(속도 등을) 늦추다

Would you please **slow down**?

좀 천천히 가 주시겠어요?

Voca Coach

0444 **ahead of**

~의 앞에; ~보다 앞선

The car **ahead of** us turned left.

우리 앞에 저 차는 좌회전했다.

0445 **on one's way (to)**

~으로 가는 길에[도중에]

I stopped by the store **on my way to** work.

나는 출근길에 그 가게에 들렀다.

on one's way to school 등굣길에

## Advanced

0446 **convenient**

[kənví:njənt]

con

형 편리한, 간편한

A bicycle is **convenient** in towns.

자전거는 도심지에서 편리하다.

명 convenience 편의, 편리

0447 **passenger**

[pǽsəndʒər]

pa ger

명 승객

The **passengers** on the plane waited for an hour.

비행기에 탑승한 승객들은 한 시간 동안 기다렸다.

0448 **license**

[láisəns]

li ce

명 면허증, 허가증

Do you have a driver's **license** in your wallet?

지갑에 운전면허증이 있나요?

driver's license 운전면허증

0449 **transfer**

[trænsfə́:r]

fer

동 갈아타다, 옮기다; 전학하다

We are going to **transfer** to another bus at this stop.

우리는 이 정류장에서 다른 버스로 갈아타려고 한다.

0450 **transport**

[trænspɔ́:rt]

trans

동 운송하다, 실어 나르다 명 운송, 수송

A van **transports** guests to the airport.

밴이 손님들을 공항으로 수송한다.

명 [trǽnspɔ:rt]

명 transportation 교통수단

## Daily Check

정답 p.308

**A** 영어는 우리말로, 우리말은 영어로 쓰시오.

**01** come
**02** go
**03** stop
**04** everywhere
**05** backward(s)
**06** sign
**07** cross
**08** cycle
**09** fare
**10** transport
**11** track
**12** ahead of
**13** get on[off]
**14** transfer
**15** on one's way (to)
**16** 지하철
**17** 구부러지다; 곡선
**18** 부딪치다, 찧다
**19** (자동차를) 운전하다
**20** 앞으로, 앞쪽으로
**21** ~을 통해
**22** 바퀴
**23** (속도 등을) 늦추다
**24** 충돌하다; 충돌 사고
**25** 교통(량)
**26** 사고, 재해; 우연
**27** 승객
**28** 면허증, 허가증
**29** 편리한, 간편한
**30** 터널, 굴

**B** 다음 표현을 우리말로 쓰시오.

**01** a car accident
**02** follow the signs
**03** take the subway
**04** go there by bus
**05** come from Paris

**C** 빈칸에 알맞은 단어를 쓰시오.

| | | | |
|---|---|---|---|
| 01 | ______ : driver | = | 운전하다 : 운전자 |
| 02 | ______ : across | = | 건너다 : 건너서 |
| 03 | back : ______ | = | 뒤쪽의 : 뒤로, 뒤쪽으로 |
| 04 | get on ↔ ______ | = | ~에 타다 ↔ ~에서 내리다 |
| 05 | ______ : transportation | = | 운송하다 : 교통수단 |
| 06 | where : ______ | = | 어디 : 어디든, 모든 곳에 |



**D** 암기한 단어를 이용하여 다음 문장을 완성하시오.

**01** 도로는 오른쪽으로 구부러져 있다.

→ The road ______ to the right.

주어가 3인칭 단수이므로 동사에 -s를 붙여요.

**02** 지하철이 선로를 벗어났다.

→ The subway went off the ______s.

**03** 기차는 터널을 통과해서 간다.

→ The train goes through the ______.

**04** 우리 앞에 저 차는 좌회전했다.

→ The car ______ ______ us turned left.

**05** 지갑에 운전면허증이 있나요?

→ Do you have a driver's ______ in your wallet?

**06** 우리는 이 정류장에서 다른 버스로 갈아타려고 한다.

→ We are going to ______ to another bus at this stop.

## DAY 11~15 누적 테스트

* 꼭 암기해야 하는 중요도 최상의 단어들을 확인하세요.

**A** 영어를 우리말로 쓰시오.

| | | | | | |
|---|---|---|---|---|---|
| 01 | problem | | 11 | document | |
| 02 | spray | | 12 | useful | |
| 03 | meeting | | 13 | cashier | |
| 04 | coin | | 14 | everywhere | |
| 05 | interview | | 15 | wrap | |
| 06 | subway | | 16 | goods | |
| 07 | recommend | | 17 | turn down | |
| 08 | passenger | | 18 | display | |
| 09 | reasonable | | 19 | crash | |
| 10 | appointment | | 20 | career | |

**B** 우리말을 영어로 쓰시오.

| | | | | | |
|---|---|---|---|---|---|
| 01 | 실용적인; 현실적인 | | 11 | 노력, 수고 | |
| 02 | 다양성, 다양함 | | 12 | 의견, 견해 | |
| 03 | 배달하다 | | 13 | 식료품, 잡화 | |
| 04 | 영수증 | | 14 | 소매, 소매상 | |
| 05 | 목적, 의도 | | 15 | 정보 | |
| 06 | 면허증, 허가증 | | 16 | 바퀴 | |
| 07 | 해산물 | | 17 | 잡지 | |
| 08 | 계산기 | | 18 | 선택, 선택권 | |
| 09 | 사고, 재해; 우연 | | 19 | 교통(량), 차량 | |
| 10 | 주인, 소유주 | | 20 | 봉인하다, 밀봉하다 | |

### C 다음 표현을 우리말로 쓰시오.

**01** drive a car ____________________

**02** a pair of shoes ____________________

**03** cross the street ____________________

**04** the recycling bin ____________________

**05** succeed at her job ____________________

**06** provide a nice workplace ____________________

### D 암기한 단어를 이용하여 다음 문장을 완성하시오.

**01** 테이블에 커피를 흘리지 마세요.

→ Don't __________ coffee on the table.

**02** 이 상품은 더 적은 에너지를 소비합니다.

→ This product __________s less energy.

**03** 밴이 손님들을 공항으로 수송한다.

→ A van __________s guests to the airport.

**04** 그들의 서비스의 질은 매우 나쁘다.

→ The __________ of their services is very poor.

**05** 그 공장에는 약 200명의 직원이 있다.

→ There are about 200 __________ in the factory.

동사형은 employ(고용하다)예요. '200명'이므로 명사의 복수형으로 써야 해요.

**06** 양식을 작성하고 기다려 주십시오.

→ Please __________ __________ the form and wait.

월
일

DAY 16

# Road

☑ 오늘은 도로 관련 단어를 집중해서 암기할 거예요.

**PREVIEW** 아는 단어에 체크해 보세요. 아는 단어 / 30개

0451 □ street
0452 □ tower
0453 □ building
0454 □ center
0455 □ trash
0456 □ brick
0457 □ restroom
0458 □ corner
0459 □ sidewalk
0460 □ crosswalk
0461 □ highway
0462 □ bridge
0463 □ sewer
0464 □ city hall
0465 □ drugstore
0466 □ department store
0467 □ fire station
0468 □ police station
0469 □ downtown
0470 □ countryside
0471 □ address
0472 □ zone
0473 □ distance
0474 □ line up
0475 □ migrate
0476 □ patrol
0477 □ intersection
0478 □ avenue
0479 □ landscape
0480 □ chimney

## Basic

Voca Coach

| | | | Voca Coach |
|---|---|---|---|
| 0451 | **street** [striːt] st | 명 **거리, 도로, 길**<br>My colleague lives across the **street**.<br>내 동료는 길 건너에 산다. | (줄임말) St. |
| 0452 | **tower** [táuər] to | 명 **탑, 타워**<br>What is the tallest **tower** in Seoul?<br>서울에서 가장 높은 탑은 무엇일까요? | |
| 0453 | **building** [bíldiŋ] ing | 명 **건물, 빌딩**<br>The lawyer's office is in this **building**.<br>변호사 사무실은 이 건물에 있다. | |
| 0454 | **center** [séntər] ter | 명 **중심, 중앙; 종합 시설, 센터**<br>This road goes through the **center** of the town.<br>이 도로는 그 마을의 중심을 통과한다. | 형 central 중심의, 중앙의<br>≒ middle 중앙 |
| 0455 | **trash** [træʃ] tra | 명 **쓰레기**<br>Don't throw **trash** on the road.<br>도로에 쓰레기를 버리지 마세요. | trash can 쓰레기통 |
| 0456 | **brick** [brik] ck | 명 **벽돌**<br>Watch out for the **bricks** on the road.<br>도로의 벽돌을 조심하세요. | |
| 0457 | **restroom** [réstrùm] room | 명 **(공공장소의) 화장실**<br>Where can I find the **restroom**?<br>화장실은 어디서 찾을 수 있나요? | ≒ toilet 화장실 |

DAY 16

## Intermediate

Voca Coach

0458 **corner** [kɔ́:rnər] ner
명 모서리, 모퉁이, 코너
Turn left at the **corner** of the street.
길모퉁이에서 왼쪽으로 도세요.
in the corner
궁지에 빠져서, 코너에 몰려서

0459 **sidewalk** [sáidwɔ̀:k] walk
명 보도, 인도
People walking should always use the **sidewalk**.
보행자들은 항상 보도를 이용해야 한다.

0460 **crosswalk** [krɔ́(:)swɔ̀:k] walk
명 건널목, 횡단보도
People are crossing at the **crosswalk**.
사람들이 횡단보도를 건너고 있다.
동 cross 건너다

0461 **highway** [háiwèi] way
명 고속도로
The driver sped up on the **highway**.
운전자는 고속도로에서 속도를 높였다.
≒ expressway

0462 **bridge** [bridʒ] ge
명 다리, 교량
They crossed the **bridge**.
그들은 그 다리를 건넜다.

0463 **sewer** [sú:ər] se
명 하수구, 하수도
Dirty water goes into the **sewer**.
더러운 물은 하수구로 들어간다.

0464 **city hall** [sìti hɔ́:l]
명 시청
The crowd was in front of **city hall**.
군중들은 시청 앞에 있었다.

0465 **drugstore** [drʌ́gstɔ̀:r] store
명 약국
I came to the **drugstore** for a band-aid.
나는 반창고를 사러 약국에 들렀다.
drug(약) + store(가게)

Voca Coach

0466 department store [dipɑ́ːrtmənt stɔːr]

명 백화점

The clothes at the **department store** were too expensive.

백화점의 옷들은 너무 비쌌다.

0467 fire station [fáiər stèiʃən]

명 소방서

The **fire station** is right at the corner.

소방서는 바로 모퉁이에 있다.

0468 police station [pəlíːs stèiʃən]

명 경찰서

The **police station** is next to the bank.

경찰서는 은행 옆에 있다.

≒ police office 경찰서

0469 downtown [dáuntáun]

town

명 시내, 도심지 부 시내로, 도심에서

You can take the subway to go **downtown**.

시내로 가기 위해 지하철을 타면 된다.

uptown 명 주택지 부 도심 외곽에

0470 countryside [kʌ́ntrisàid]

side

명 시골, 전원

My family lives in the **countryside**.

나의 가족은 시골에 산다.

명 country 시골, 지방 + -side(-쪽)

0471 address [ədrés]

add

명 주소; 연설 동 연설하다

He still lives at the same **address**.

그는 여전히 같은 주소에서 산다.

The president gave an address on TV. 대통령은 TV에서 연설을 했다.

0472 zone [zoun]

ne

명 구역, 지대, 지역

He stopped his car in a no-parking **zone**.

그는 주차 금지 구역에서 차를 세웠다.

school zone 어린이 보호 구역

0473 distance [dístəns]

dis

명 거리, 간격; 먼 거리

What is the **distance** between Seoul and Busan?

서울과 부산 사이의 거리는 얼마나 되나요?

형 distant 거리가 먼

0474 **line up**

줄을 서다, 줄 세우다

People **lined up** to buy concert tickets.

사람들은 콘서트 티켓을 사기 위해 줄을 섰다.

line 동 한 줄로 서다 명 선, 줄

## Advanced

0475 **migrate**

[máigreit]

mi

동 이동하다, 이주하다

Many animals **migrate** across highways.

많은 동물이 고속도로를 가로질러 이동한다.

0476 **patrol**

[pətróul]

rol

동 순찰하다 명 순찰대

What time does the guard **patrol** the building?

경비원은 몇 시에 건물을 순찰하나요?

patrol car 순찰차

0477 **intersection**

[ìntərsékʃən]

section

명 교차로

There is always a lot of traffic at an **intersection**.

교차로에는 항상 교통이 혼잡하다.

inter- (~사이에) +명 section 부분, 구획

0478 **avenue**

[ǽvənjùː]

nue

명 거리, 대로, ~가

Our hotel is on Fifth **Avenue**.

우리 호텔은 5번가에 있다.

(줄임말) Ave./Av.

0479 **landscape**

[lǽndskèip]

scape

명 풍경, 경치

We were surprised by the beautiful **landscape** there.

우리는 그곳의 아름다운 풍경에 놀랐다.

≒ scenery 풍경, 경치

0480 **chimney**

[tʃímni]

ney

명 굴뚝

Smoke is coming out from the **chimney**.

굴뚝에서 연기가 나고 있다.

## Daily Check

정답 p.308

**A** 영어는 우리말로, 우리말은 영어로 쓰시오.

**01** zone
**02** street
**03** avenue
**04** center
**05** migrate
**06** drugstore
**07** restroom
**08** downtown
**09** intersection
**10** chimney
**11** highway
**12** sewer
**13** police station
**14** city hall
**15** line up
**16** 백화점
**17** 소방서
**18** 탑, 타워
**19** 모서리, 모퉁이
**20** 시골, 전원
**21** 주소; 연설; 연설하다
**22** 건물, 빌딩
**23** 거리, 간격; 먼 거리
**24** 쓰레기
**25** 벽돌
**26** 순찰하다; 순찰대
**27** 보도, 인도
**28** 다리, 교량
**29** 풍경, 경치
**30** 건널목, 횡단보도

**B** 다음 표현을 우리말로 쓰시오.

**01** the tallest tower
**02** across the street
**03** cross the bridge
**04** patrol the building
**05** throw trash on the road

**C** 빈칸에 알맞은 단어를 쓰시오.

| | | | |
|---|---|---|---|
| **01** | drug : ______________ | = | 약 : 약국 |
| **02** | cross : ______________ | = | 건너다 : 건널목 |
| **03** | ______________ : distant | = | 거리 : 거리가 먼 |
| **04** | middle ≒ c______________ | = | 중앙 |
| **05** | toilet ≒ r______________ | = | 화장실 |
| **06** | scenery ≒ l______________ | = | 풍경 |

**D** 암기한 단어를 이용하여 다음 문장을 완성하시오.

**01** 길모퉁이에서 왼쪽으로 도세요.

→ Turn left at the ___________ of the street.

**02** 굴뚝에서 연기가 나고 있다.

→ Smoke is coming out of the ___________.

**03** 도로의 벽돌을 조심하세요.

→ Watch out for the ___________s on the road.

**04** 소방서는 바로 모퉁이에 있다.

→ The ___________ ___________ is right at the corner.

**05** 군중들은 시청 앞에 있었다.

→ The crowd was in front of ___________ ___________.

**06** 사람들은 콘서트 티켓을 사기 위해 줄을 섰다.

→ People ___________ ___________ to buy concert tickets.

'줄'은 line이에요. 동사의 과거를 써야 하므로 -(e)d를 붙인 표현을 써요.

월
일
DAY 17

# Health & Safety

☑ 오늘은 건강과 안전 관련 단어를 집중해서 암기할 거예요.

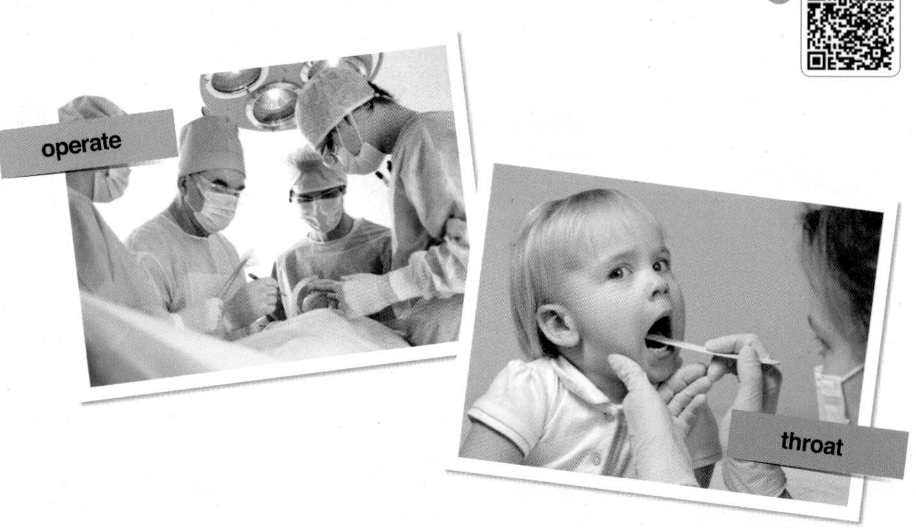


**PREVIEW** 아는 단어에 체크해 보세요. 아는 단어 / 30개

0481 ☐ safety
0482 ☐ trouble
0483 ☐ pill
0484 ☐ blood
0485 ☐ burn
0486 ☐ toothache
0487 ☐ breath
0488 ☐ medical
0489 ☐ examine
0490 ☐ digest
0491 ☐ patient
0492 ☐ disease
0493 ☐ cancer
0494 ☐ throat
0495 ☐ wound
0496 ☐ blind
0497 ☐ deaf
0498 ☐ prevent
0499 ☐ recover
0500 ☐ poison
0501 ☐ sore
0502 ☐ dizzy
0503 ☐ vomit
0504 ☐ pass away
0505 ☐ bacteria
0506 ☐ bruise
0507 ☐ stroke
0508 ☐ operate
0509 ☐ emergency
0510 ☐ symptom

## Basic

Voca coach

0481 safety [séifti] ___ty

명 **안전, 안전성**

Wear this helmet for your **safety**.

안전을 위해 이 헬멧을 쓰세요.

형 safe 안전한 + -ty(-한 성질)

0482 trouble [trʌ́bl] ___ble

명 **문제, 어려움, 골칫거리**

He had **trouble** sleeping at night.

그는 밤에 자는 데 어려움이 있었다.

형 troublesome 골칫거리의, 귀찮은

0483 pill [pil]

명 **알약**

My little sister cannot swallow **pills** well.

내 여동생은 알약을 잘 삼키지 못한다.

0484 blood [blʌd] bl___

명 **혈액, 피**

**Blood** is coming from the cut on her finger.

그녀의 손가락에 난 상처에서 피가 흘러나오고 있다.

blood type 혈액형

0485 burn [bəːrn] b___n

명 **화상** 동 **타다, 태우다; 화상을 입히다**

He had a small **burn** on his hand.

그는 손에 작은 화상을 입었다.

I burned the steak. 나는 스테이크를 태웠다.

0486 toothache [túːθèik] ___ache

명 **치통**

I need to see the dentist for my **toothache**.

나는 치통 때문에 치과의사에게 진찰을 받아야 한다.

tooth(이, 치아) + ache(통증, 아픔)

0487 breath [breθ] brea___

명 **숨, 호흡**

Take a deep **breath** and calm down.

숨을 깊이 들이쉬고 진정하세요.

동 breathe 숨 쉬다, 호흡하다

## Intermediate

Voca Coach

0488 **medical** [médikəl] ___cal

형 의학의, 의료의
He studies hard to enter **medical** school.
그는 의과 대학에 가려고 열심히 공부한다.

명 medicine 의학, 의료

0489 **examine** [igzǽmin] ___mine

동 진찰하다; 조사하다, 시험하다
The physician **examined** her health.
의사는 그녀의 건강 상태를 진찰했다.

명 examination 진찰; 조사, 시험

0490 **digest** [didʒést] di___

동 소화하다, 소화되다
Meat takes a long time to **digest**.
고기는 소화되는 데 오랜 시간이 걸린다.

명 digestion 소화

0491 **patient** [péiʃənt] pa___

명 환자 형 참을성 있는
Many **patients** are waiting to see the doctor. 많은 환자들이 의사의 진찰을 받으려고 기다리고 있다.

He is very patient.
그는 매우 참을성이 있다.

0492 **disease** [dizíːz] di___

명 질병, 질환
This can be a serious **disease**.
이것은 심각한 질병이 될 수 있다.

≒ illness 병, 질병

0493 **cancer** [kǽnsər] can___

명 암
A lot of people die of **cancer**.
많은 사람들이 암으로 사망한다.

0494 **throat** [θrout] th___

명 목구멍, 목
My **throat** hurts, so I can't talk.
목이 아파서 나는 말을 할 수 없어요.

0495 **wound** [wuːnd] ___nd

명 상처, 부상 동 상처를 입히다
Can you see the **wounds** on my back?
내 등에 난 상처가 보이나요?

DAY 17

0496 **blind**
[blaind]
b d

형 **눈먼, 시각 장애의** 명 **시각 장애인**
Guide dogs help **blind** people.
안내견은 시각 장애인들을 돕는다.

0497 **deaf**
[def]
f

형 **귀먹은, 청각 장애의** 명 **청각 장애인**
She became **deaf** due to the disease.
그녀는 그 병 때문에 청력을 잃었다.

0498 **prevent**
[privént]
vent

동 **막다, 예방하다, 방지하다**
A healthy diet can **prevent** heart disease.
건강한 식습관이 심장병을 예방한다.

명 prevention 예방
≒ stop 막다

0499 **recover**
[rikʌ́vər]
re

동 **회복하다, 되찾다**
My mom is **recovering** from cancer.
나의 엄마는 암에서 회복 중이다.

명 recovery 회복

0500 **poison**
[pɔ́izən]
son

명 **독, 독약**
Some mushrooms contain **poison**.
어떤 버섯에는 독이 들어 있다.

0501 **sore**
[sɔːr]
re

형 **아픈, 쑤시는**
My throat is very **sore**.
목이 매우 아프다.

sore throat 인후염

0502 **dizzy**
[dízi]
di

형 **어지러운, 현기증 나는**
Do you feel **dizzy**?
어지러움을 느끼나요?

0503 **vomit**
[vámit]
vo

동 **토하다, 구토하다**
The bad smell made him want to **vomit**.
그 악취가 그를 토하고 싶게 만들었다.

≒ throw up 토하다

Voca Coach

0504 pass away

돌아가시다, 사망하다

My grandfather **passed away** last year.

나의 할아버지는 작년에 돌아가셨다.

비슷한 뜻의 단어 'die 죽다'의 완곡한 표현이에요.

## Advanced

0505 **bacteria**

[bæktí(:)əriə]

bac

명 박테리아, 세균

There are good **bacteria** for humans.

인간에게 좋은 박테리아가 있다.

0506 **bruise**

[bru:z]

se

명 멍, 타박상 동 멍이 생기다

He got a **bruise** on his face.

그는 얼굴에 멍이 들었다.

0507 **stroke**

[strouk]

st

명 뇌졸중; 치기, 때리기, 타격

My uncle had a **stroke** last winter.

나의 삼촌은 지난겨울에 뇌졸중을 앓으셨다.

≒ hit 타격

0508 **operate**

[ápərèit]

ope

동 수술하다; 작동하다; 운영하다

The doctor is **operating** on a patient.

의사가 환자를 수술하고 있다.

She operates her own business.

그녀는 자기 사업을 운영한다.

명 operation 수술

0509 **emergency**

[imə́:rdʒənsi]

gency

명 비상 상황, 비상사태

Call the fire station in case of an **emergency**.

비상시에는 소방서에 전화하세요.

in case of (an) emergency 비상시에는

0510 **symptom**

[símptəm]

tom

명 증상, 징후

What are the **symptoms** of a cold?

감기의 증상은 무엇인가요?

## Daily Check

정답 p.308

**A** 영어는 우리말로, 우리말은 영어로 쓰시오.

| | | | |
|---|---|---|---|
| 01 | wound | 16 | 목구멍, 목 |
| 02 | trouble | 17 | 혈액, 피 |
| 03 | poison | 18 | 환자; 참을성 있는 |
| 04 | deaf | 19 | 회복하다, 되찾다 |
| 05 | burn | 20 | 안전, 안전성 |
| 06 | toothache | 21 | 소화하다, 소화되다 |
| 07 | blind | 22 | 어지러운 |
| 08 | stroke | 23 | 토하다 |
| 09 | examine | 24 | 알약 |
| 10 | bruise | 25 | 아픈, 쑤시는 |
| 11 | prevent | 26 | 질병, 질환 |
| 12 | bacteria | 27 | 의학의, 의료의 |
| 13 | cancer | 28 | 비상 상황 |
| 14 | operate | 29 | 숨, 호흡 |
| 15 | pass away | 30 | 증상, 징후 |

**B** 다음 표현을 우리말로 쓰시오.

01 a small burn

02 swallow pills

03 blind people

04 medical school

05 prevent heart disease

**C** 빈칸에 알맞은 단어를 쓰시오.

**01** safe : ______________ = 안전한 : 안전

**02** breathe : ______________ = 숨 쉬다 : 숨, 호흡

**03** ______________ : digestion = 소화하다 : 소화

**04** d______________ ≒ illness = 병, 질병

**05** ______________ : recovery = 회복하다 : 회복

**06** tooth : ______________ = 치아 : 치통

**D** 암기한 단어를 이용하여 다음 문장을 완성하시오.

**01** 많은 사람들이 암으로 사망한다.

→ A lot of people die of ___________.

**02** 감기의 증상은 무엇인가요?

→ What are the ___________s of a cold?

**03** 그는 밤에 자는 데 어려움이 있었다.

→ He had ___________ sleeping at night.

**04** 어떤 버섯에는 독이 들어 있다.

→ Some mushrooms contain ___________.

**05** 그녀는 그 병 때문에 청력을 잃었다.

→ She became ___________ due to the disease.

**06** 많은 환자들이 의사의 진찰을 받으려고 기다리고 있다.

→ Many ___________ are waiting to see the doctor.

앞에 many가 있으므로 복수형으로 써요. '참을성 있는'이란 뜻도 가지고 있어요.

DAY 17

월
일

DAY 18

# Describing Things & Condition

☑ 오늘은 사물과 상태 묘사 관련 단어를 집중해서 암기할 거예요.

**PREVIEW** 아는 단어에 체크해 보세요. 아는 단어 / 30개

| | | | | | |
|---|---|---|---|---|---|
| 0511 | ☐ | full | 0526 | ☐ | plastic |
| 0512 | ☐ | helpful | 0527 | ☐ | object |
| 0513 | ☐ | hopeful | 0528 | ☐ | silence |
| 0514 | ☐ | tiny | 0529 | ☐ | situation |
| 0515 | ☐ | boring | 0530 | ☐ | especially |
| 0516 | ☐ | unlike | 0531 | ☐ | suddenly |
| 0517 | ☐ | type | 0532 | ☐ | exist |
| 0518 | ☐ | usual | 0533 | ☐ | be filled with |
| 0519 | ☐ | empty | 0534 | ☐ | such as |
| 0520 | ☐ | valuable | 0535 | ☐ | feature |
| 0521 | ☐ | similar | 0536 | ☐ | precious |
| 0522 | ☐ | awful | 0537 | ☐ | familiar |
| 0523 | ☐ | excellent | 0538 | ☐ | ordinary |
| 0524 | ☐ | shocking | 0539 | ☐ | unbelievable |
| 0525 | ☐ | metal | 0540 | ☐ | unfortunately |

## Basic

Voca Coach

0511 full [ful] fu

형 가득 찬; 배부른

His closet is **full** of clothes.

그의 옷장은 옷으로 가득 차 있다.

No dessert for me. I'm full.

디저트는 괜찮아요. 배가 불러요.

↔ empty 텅 빈

0512 helpful [hélpfəl] ful

형 유용한, 도움이 되는

The book gave us some **helpful** information.

그 책은 우리에게 도움이 되는 정보를 주었다.

≒ useful 유용한

0513 hopeful [hóupfəl] ful

형 희망적인, 희망찬, 기대하는

He gave us a **hopeful** message.

그는 우리에게 희망적인 메시지를 주었다.

명 hope 희망 + -ful(-으로 가득한)

↔ hopeless 희망 없는

0514 tiny [táini] ny

형 조그마한, 아주 작은

There is a **tiny** bug on my hand.

내 손에 아주 작은 벌레가 있다.

↔ huge 거대한

0515 boring [bɔ́:riŋ] bo

형 지루한, 따분한

History class is **boring** to me.

역사 수업은 나에게 지루하다.

형 bored 지루해하는

I got bored soon.

나는 금방 지루해졌다.

0516 unlike [ʌnláik] un

전 ~와 달리, ~와 다른

She is short, **unlike** her tall brother.

그녀는 키가 큰 오빠와는 달리 키가 작다.

↔ like ~와 같이, ~같은

0517 type [taip] pe

명 종류, 유형

What **type** of food do you like?

너는 어떤 종류의 음식을 좋아하니?

≒ kind 종류

Voca Coach

0518 usual [júːʒuəl] al

형 보통의, 평소의
These aren't the **usual** clothes she wears.
이것들은 그녀가 평소에 입는 옷이 아니다.

부 usually 보통, 대개

## Intermediate

0519 empty [émpti] ty

형 텅 빈, 비어 있는
They went into the **empty** house.
그들은 그 빈집에 들어갔다.

↔ full 가득 찬

0520 valuable [vǽljuəbl] able

형 귀중한, 소중한; 값비싼
This book taught me a **valuable** lesson.
이 책은 나에게 귀중한 교훈을 가르쳐 주었다.

명 value 가치 + -able(-이 가능한)
↔ valueless 가치 없는

0521 similar [símələr] lar

형 비슷한, 닮은
You and your sister look **similar**.
너와 네 여동생은 비슷해 보인다.

↔ different 다른

0522 awful [ɔ́ːfəl] ful

형 끔찍한, 지독한, 심한
The weather was so **awful** yesterday.
어제 날씨는 정말 끔찍했다.

↔ awesome 엄청나게 좋은

0523 excellent [éksələnt] lent

형 훌륭한, 탁월한, 우수한
We watched an **excellent** movie.
우리는 훌륭한 영화를 보았다.

0524 shocking [ʃákiŋ] ing

형 충격적인
Did you hear the **shocking** news?
그 충격적인 소식 들었니?

동 shock 충격을 주다

0525 metal [métəl]

명 금속
The doors are made of **metal**.
그 문들은 금속으로 만들어졌다.

Voca Coach

0526 plastic [plǽstik] pla

명 플라스틱
The factory makes containers with **plastic**.
그 공장은 플라스틱으로 용기를 만든다.

plastic bag 비닐봉지

0527 object [ábdʒikt] ject

명 물체, 물건; 목적 동 반대하다
What is the round **object**?
그 둥근 물체는 무엇이니?

동 [əbdʒékt]
He objected to my plan.
그는 내 계획에 반대했다.

0528 silence [sáiləns] si

명 침묵, 정적, 고요
Suddenly, there was **silence** for a moment.
갑자기 잠시 침묵이 흘렀다.

형 silent 조용한, 침묵하는
↔ noise 소음, 소란

0529 situation [sìtʃuéiʃən] tion

명 상황, 처지, 입장
The farmers are in a difficult **situation**.
농부들은 어려운 상황에 처해 있다.

0530 especially [ispéʃəli] espe

부 특히, 유난히
I feel **especially** tired in the morning.
나는 특히 아침에 피곤하다.

0531 suddenly [sʌ́dnli] ly

부 갑자기
The man **suddenly** shouted at me.
그 남자가 갑자기 나에게 소리쳤다.

형 sudden 갑작스러운
+ -ly(-하게)

0532 exist [igzíst] st

동 존재하다, 실재하다
Do you think ghosts **exist**?
유령이 존재한다고 생각하니?

0533 be filled with

~으로 가득 차다
Balloons **are filled with** air.
풍선은 공기로 가득 차 있다.

DAY 18

Voca Coach

0534 such as

~와 같은, 예를 들어

Some birds **such as** penguins and turkeys can't fly.

펭귄과 칠면조 같은 몇몇 새들은 날 수 없다.

≒ like ~와 같은

## Advanced

0535 **feature**

[fíːtʃər]

fea

명 특징, 특색 동 특징을 이루다

An important **feature** of this area is the mountain.

이 지역의 중요한 특징은 산이다.

0536 **precious**

[préʃəs]

pre

형 귀중한, 값진

Time is **precious** for everyone.

시간은 모두에게 귀중하다.

precious metals 귀금속

0537 **familiar**

[fəmíljər]

fami

형 친숙한, 익숙한, 잘 알고 있는

Are you **familiar** with this town?

이 마을에 대해 잘 알고 있나요?

↔ unfamiliar 낯선, 익숙지 않은

0538 **ordinary**

[ɔ́ːrdənèri]

nary

형 보통의, 평범한

They are just **ordinary** people.

그들은 그냥 평범한 사람들이다.

↔ extraordinary 특별한

≒ normal 보통의

0539 **unbelievable**

[ʌ̀nbilíːvəbl]

un vable

형 믿을 수 없는, 믿기 어려운, 놀라운

She told us an **unbelievable** story.

그녀는 우리에게 믿기 어려운 이야기를 해 주었다.

un-(-이 아닌)
+동 believe 믿다
+-able(-이 가능한)

0540 **unfortunately**

[ʌnfɔ́ːrtʃənitli]

un nately

부 불행하게도, 유감스럽게도

**Unfortunately**, he couldn't pass the test.

불행하게도, 그는 시험에 합격하지 못했다.

un-(-이 아닌)
+형 fortunate 행운의
+-ly(-하게)

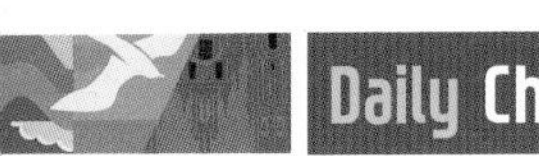

## Daily Check

정답 p.308

**A** 영어는 우리말로, 우리말은 영어로 쓰시오.

| | | | |
|---|---|---|---|
| **01** | hopeful | **16** | 플라스틱 |
| **02** | helpful | **17** | 가득 찬; 배부른 |
| **03** | especially | **18** | 침묵, 정적, 고요 |
| **04** | tiny | **19** | 금속 |
| **05** | precious | **20** | 지루한, 따분한 |
| **06** | unlike | **21** | 갑자기 |
| **07** | type | **22** | 존재하다, 실재하다 |
| **08** | object | **23** | 상황, 처지, 입장 |
| **09** | feature | **24** | ~와 같은, 예를 들어 |
| **10** | valuable | **25** | 텅 빈, 비어 있는 |
| **11** | unfortunately | **26** | 끔찍한, 지독한 |
| **12** | usual | **27** | 훌륭한, 탁월한 |
| **13** | familiar | **28** | 보통의, 평범한 |
| **14** | unbelievable | **29** | 비슷한, 닮은 |
| **15** | be filled with | **30** | 충격적인 |

**B** 다음 표현을 우리말로 쓰시오.

**01** a tiny bug

**02** full of clothes

**03** the empty house

**04** a valuable lesson

**05** some helpful information

**C** 빈칸에 알맞은 단어를 쓰시오.

| | | | |
|---|---|---|---|
| 01 | ______________ : usually | = | 보통의 : 보통, 대개 |
| 02 | ______________ ↔ hopeless | = | 희망적인 ↔ 희망 없는 |
| 03 | ______________ : bored | = | 지루한 : 지루해하는 |
| 04 | like ↔ ______________ | = | ~와 같이 ↔ ~와 달리 |
| 05 | shock : ______________ | = | 충격을 주다 : 충격적인 |
| 06 | o______________ ≒ normal | = | 보통의 |

**D** 암기한 단어를 이용하여 다음 문장을 완성하시오.

**01** 이 마을에 대해 잘 알고 있나요?

→ Are you ___________ with this town?

**02** 그 남자가 갑자기 나에게 소리쳤다.

→ The man ___________ shouted at me.

**03** 너와 네 여동생은 비슷해 보인다.

→ You and your sister look ___________.

**04** 너는 어떤 종류의 음식을 좋아하니?

→ What ___________ of food do you like?

**05** 농부들은 어려운 상황에 처해 있다.

→ The farmers are in a difficult ___________.

**06** 풍선은 공기로 가득 차 있다.

→ Balloons ___________ ___________ ___________ air.

be로 시작하는 표현이에요. 주어가 복수임을 유의하세요.

월
일
DAY 19

# Travel

☑ 오늘은 여행 관련 단어를 집중해서 암기할 거예요.

**PREVIEW** 아는 단어에 체크해 보세요. 아는 단어 / 30개

0541 ☐ tourist
0542 ☐ visitor
0543 ☐ site
0544 ☐ check
0545 ☐ schedule
0546 ☐ flight
0547 ☐ refresh
0548 ☐ passport
0549 ☐ visa
0550 ☐ sightseeing
0551 ☐ route
0552 ☐ landmark
0553 ☐ hot spring
0554 ☐ airline
0555 ☐ baggage
0556 ☐ experience
0557 ☐ cancel
0558 ☐ apply
0559 ☐ depart
0560 ☐ delay
0561 ☐ abroad
0562 ☐ reserve
0563 ☐ journey
0564 ☐ get to
0565 ☐ hang out (with)
0566 ☐ available
0567 ☐ insurance
0568 ☐ souvenir
0569 ☐ attendant
0570 ☐ destination

## Basic

Voca Coach

0541 **tourist** [tú(:)ərist]

ist

명 **여행자, 관광객**

This village has a lot of **tourists**.

이 마을은 관광객이 많다.

명 tour 여행, 관광 + -ist(-하는 사람)

0542 **visitor** [vízitər]

or

명 **방문객, 손님**

The museum has **visitors** from all over the world.

그 박물관에는 전 세계에서 온 방문객들이 있다.

동 visit 방문하다 + -or(-하는 사람)

0543 **site** [sait]

명 **위치, 현장; 유적**

The bakery was moved to a new **site**.

그 빵집은 새로운 위치로 옮겨졌다.

0544 **check** [tʃek]

ck

동 **확인하다, 점검하다** 명 **확인, 점검**

The guard **checked** my passport.

경비원이 내 여권을 확인했다.

check은 '수표'라는 뜻으로도 쓰여요.
a 100,000-won check 10만 원권 수표

0545 **schedule** [skédʒuːl]

sche

명 **일정, 계획** 동 **일정을 잡다**

The pilot has a full **schedule** today.

조종사는 오늘 일정이 꽉 차 있다.

0546 **flight** [flait]

f t

명 **비행, 항공편**

He usually falls a sleep during **flights**.

그는 보통 비행 중에 잠을 잔다.

flight ticket 항공권

0547 **refresh** [rifréʃ]

fresh

동 **기운 나게 하다, 상쾌하게 하다**

A cup of tea **refreshed** my mind.

차 한 잔이 내 마음을 상쾌하게 했다.

re-(다시-) + 형 fresh 상쾌한, 신선한

## Intermediate

Voca Coach

0548 **passport** [pǽspɔːrt]
(port)

명 **여권**
I lost my **passport** at the airport.
나는 공항에서 여권을 잃어버렸다.

0549 **visa** [víːzə]

명 **비자**
People need a **visa** to enter some countries.
일부 국가에 입국하려면 비자가 필요하다.

0550 **sightseeing** [sáitsìːiŋ]
(seeing)

명 **관광**
We are planning to go **sightseeing**.
우리는 관광을 갈 계획이다.

sight(경치) +seeing(보는 것)

0551 **route** [ruːt]
(te)

명 **노선, 경로, 길**
Are you taking the right **route** now?
지금 올바른 길을 가고 있는 건가요?

0552 **landmark** [lǽndmàːrk]
(land)

명 **명소, 랜드마크**
Gyeongbok Palace is a **landmark** in Seoul.
경복궁은 서울의 명소이다.

land(땅) +mark(표시, 표기)

0553 **hot spring** [hát spríŋ]

명 **온천**
My family often goes to **hot springs**.
나의 가족은 종종 온천에 간다.

hot(뜨거운)+spring(샘)

0554 **airline** [ɛ́ərlàin]
(air)

명 **항공사**
The **airline** provides excellent service.
그 항공사는 훌륭한 서비스를 제공한다.

0555 **baggage** [bǽgidʒ]
(bag)

명 **짐, 수화물**
She is packing her **baggage** for the trip.
그녀는 여행을 위한 짐을 꾸리고 있다.

≒ luggage

Voca Coach

0556 experience
[ikspí(:)əriəns]
expe ce

명 경험 동 경험하다
Do you have **experience** at this job?
이 일에 경험이 있으신가요?

0557 cancel
[kǽnsəl]
can

동 취소하다
He **canceled** his appointment with the doctor.
그는 의사에게 검진할 예약을 취소했다.

0558 apply
[əplái]
ly

동 신청하다, 지원하다; 적용하다
Did you **apply** for the student exchange program?
너는 교환 학생 프로그램을 신청했니?

This rule doesn't apply to all.
이 규칙은 모두에게 적용되지 않는다.

0559 depart
[dipɑ́ːrt]
part

동 출발하다, 떠나다
Our flight **departs** at 6 p.m.
우리 비행기는 저녁 6시에 출발한다.

명 departure 출발
↔ arrive 도착하다

0560 delay
[diléi]
de

동 지연시키다, 미루다 명 지연, 지체
They **delayed** their plans because of the storm.
그들은 태풍 때문에 계획을 미뤘다.

≒ put off 미루다, 연기하다

0561 abroad
[əbrɔ́ːd]
a

부 해외에서, 해외로
Have you traveled **abroad**?
너는 해외로 여행을 간 적 있니?

0562 reserve
[rizə́ːrv]
ve

동 예약하다, (자리 등을) 맡아 두다
I **reserved** a seat for you.
내가 당신을 위해 자리를 예약해 뒀어요.

명 reservation 예약

0563 journey
[dʒə́ːrni]
ney

명 (멀리 가는) 여행, 여정
It's going to be a long **journey**.
긴 여정이 될 것이다.

≒ travel 여행

Voca Coach

0564 get to

~에 도착하다, ~에 이르다

When does the train **get to** the station?

기차는 언제 역에 도착하나요?

≒ arrive at ~에 도착하다

0565 hang out (with)

(~와) 시간을 보내다, (~와) 어울리다

I **hung out with** some tourists.

나는 몇몇 여행자들과 어울렸다.

## Advanced

0566 available

[əvéiləbl]

____ able

형 이용 가능한, 시간이 있는

There were no flights **available**.

이용 가능한 비행편이 없었다.

명 availability 유효성, 유용성

0567 insurance

[inʃú(:)ərəns]

insu ____

명 보험

You should have travel **insurance** in case.

너는 만일을 대비해 여행 보험이 있어야 한다.

health insurance 건강 보험

life insurance 생명 보험

0568 souvenir

[sù:vəníər]

sou ____

명 기념품

I stopped by the **souvenir** shop.

나는 기념품 가게에 들렀다.

0569 attendant

[əténdənt]

____ ant

명 안내원, 종업원

The **attendant** guided us to the table.

안내원이 우리를 테이블로 안내했다.

flight attendant 승무원

0570 destination

[dèstənéiʃən]

____ nation

명 목적지, 도착지

Where is your final **destination** on this trip?

이번 여행의 최종 목적지는 어디인가요?

## Daily Check

정답 p.308

**A** 영어는 우리말로, 우리말은 영어로 쓰시오.

**01** landmark
**02** refresh
**03** apply
**04** check
**05** delay
**06** abroad
**07** reserve
**08** experience
**09** visa
**10** sightseeing
**11** available
**12** get to
**13** airline
**14** attendant
**15** hang out (with)
**16** 짐, 수화물
**17** 취소하다
**18** 위치, 현장; 유적
**19** 출발하다, 떠나다
**20** 보험
**21** 방문객, 손님
**22** 기념품
**23** (멀리 가는) 여행
**24** 비행, 항공편
**25** 온천
**26** 여행자, 관광객
**27** 노선, 경로, 길
**28** 여권
**29** 일정; 일정을 잡다
**30** 목적지, 도착지

**B** 다음 표현을 우리말로 쓰시오.

**01** a new site
**02** during flights
**03** travel abroad
**04** the right route
**05** a long journey

**C** 빈칸에 알맞은 단어를 쓰시오.

| | | | |
|---|---|---|---|
| 01 | visit : __________ | = | 방문하다 : 방문객 |
| 02 | __________ ↔ arrive | = | 출발하다 ↔ 도착하다 |
| 03 | tour : __________ | = | 여행 : 여행자 |
| 04 | land : __________ | = | 땅 : 명소, 랜드마크 |
| 05 | __________ : reservation | = | 예약하다 : 예약 |
| 06 | b__________ ≒ luggage | = | 짐, 수화물 |

**D** 암기한 단어를 이용하여 다음 문장을 완성하시오.

**01** 이용 가능한 비행편이 없었다.

→ There were no flights __________.

**02** 나는 공항에서 여권을 잃어버렸다.

→ I lost my __________ at the airport.

**03** 조종사는 오늘 일정이 꽉 차 있다.

→ The pilot has a full __________ today.

**04** 그 항공사는 훌륭한 서비스를 제공한다.

→ The __________ provides excellent service.

**05** 그들은 태풍 때문에 계획을 미뤘다.

→ They __________ their plans because of the storm.

동사의 과거형은 -(e)d를 붙여 써요.

**06** 기차는 언제 역에 도착하나요?

→ When does the train __________ __________ the station?

DAY 19

월
일
DAY 20

# Hobbies

☑ 오늘은 취미 관련 단어를 집중해서 암기할 거예요.

**PREVIEW** 아는 단어에 체크해 보세요. 아는 단어 / 30개

0571 ☐ jog
0572 ☐ hike
0573 ☐ chat
0574 ☐ tent
0575 ☐ camp
0576 ☐ stamp
0577 ☐ fix
0578 ☐ puzzle
0579 ☐ chess
0580 ☐ circus
0581 ☐ photograph
0582 ☐ mania
0583 ☐ skateboard
0584 ☐ cinema
0585 ☐ scuba diving
0586 ☐ invention
0587 ☐ pen pal
0588 ☐ comic
0589 ☐ wooden
0590 ☐ indoor
0591 ☐ knit
0592 ☐ gather
0593 ☐ sign up (for)
0594 ☐ instead of
0595 ☐ dynamic
0596 ☐ leisure
0597 ☐ volunteer
0598 ☐ snorkel
0599 ☐ ability
0600 ☐ curiosity

## Basic

Voca Coach

0571 **jog** [dʒɑg]

동 **조깅하다**

How often do you **jog** each week?

매주 얼마나 자주 조깅하니?

명 jogging 조깅

0572 **hike** [haik]

ke

동 **하이킹하다, 등산하다**

She **hiked** 10 km in hot weather.

그녀는 더운 날씨에 10km를 하이킹했다.

명 hiking 하이킹, 등산

0573 **chat** [tʃæt]

t

동 **수다 떨다, 잡담하다; 채팅하다**

The children **chatted** about their plans for the summer.

아이들은 여름 계획에 대해 수다를 떨었다.

(과거형) chat-chat

명 chatting 수다, 채팅

0574 **tent** [tent]

명 **텐트, 천막**

Let's set up the **tent** here.

여기에 텐트를 치자.

0575 **camp** [kæmp]

명 **캠프, 야영지** 동 **야영하다**

They spent a week at the **camp**.

그들은 캠프에서 일주일을 보냈다.

go camping 캠핑 가다

0576 **stamp** [stæmp]

p

명 **우표; 도장**

I used to collect **stamps**.

나는 우표를 수집하곤 했다.

date stamp 날짜 도장

0577 **fix** [fiks]

동 **고치다, 수리하다; 고정하다**

My hobby is **fixing** electronic devices.

나의 취미는 전자 기기를 고치는 것이다.

≒ repair 수리하다

## Intermediate

Voca Coach

0578 puzzle [pʌ́zl]
pu

명 **퍼즐, 수수께끼**
Can you solve this **puzzle**?
너는 이 퍼즐을 풀 수 있니?

0579 chess [tʃes]
ss

명 **체스**
The **chess** player is really smart.
그 체스 선수는 정말 똑똑하다.

0580 circus [sə́ːrkəs]
cus

명 **서커스, 곡예, 서커스단**
I enjoy watching the **circus** on television.
나는 텔레비전에서 서커스를 보는 걸 즐긴다.

0581 photograph [fóutəgræ̀f]
graph

명 **사진** 동 **사진을 찍다**
He took many **photographs** during his trip.
그는 여행 동안 많은 사진을 찍었다.

명 photo 사진

0582 mania [méiniə]
ma

명 **열광**
My uncle has a **mania** for soccer.
나의 삼촌은 축구에 열광한다.

명 maniac ~광, 광적인 애호가

0583 skateboard [skéitbɔ̀ːrd]
skate

명 **스케이트보드**
A girl is riding a **skateboard**.
한 소녀가 스케이트보드를 타고 있다.

0584 cinema [sínəmə]
ma

명 **영화; 극장, 영화관**
She likes music and **cinema**.
그녀는 음악과 영화를 좋아한다.

≒ movie 영화

0585 scuba diving [skjúːbə dáiviŋ]

명 **스쿠버 다이빙**
I went **scuba diving** for the first time.
나는 생전 처음 스쿠버 다이빙을 하러 갔다.

명 scuba 스쿠버(잠수용 수중 호흡 장치)

Voca Coach

0586 **invention** [invénʃən] ____tion

명 **발명, 발명품**

What is the greatest **invention** in the world?

세상에서 가장 위대한 발명품은 무엇일까?

동 invent 발명하다

0587 **pen pal** [pén pæ̀l]

명 **펜팔, 편지 친구**

I have **pen pals** all across the world.

나는 전 세계에 펜팔 친구가 있다.

pen(펜)+pal(친구)

0588 **comic** [kámik]

형 **웃기는, 재미있는; 희극의**

What's your favorite **comic** show?

가장 좋아하는 희극 쇼는 무엇인가요?

comic book 만화책

0589 **wooden** [wúdən] ____den

형 **나무로 만든, 목재의**

He makes **wooden** toys in his free time.

그는 한가할 때 나무 장난감을 만든다.

명 wood 목재, 나무 +-en(-으로 만들어진)

0590 **indoor** [índɔ̀ːr] ____door

형 **실내의, 내부의**

Table tennis is a good **indoor** sport.

탁구는 좋은 실내 스포츠이다.

↔ outdoor 야외의, 외부의

0591 **knit** [nit] ____it

동 **실로 뜨다, 뜨개질하다** 명 **니트**

My friend **knitted** a sweater for me.

내 친구는 나를 위해 스웨터를 떠 주었다.

(과거형) knitted -knitted

0592 **gather** [gǽðər] ga____

동 **모이다, 모으다**

The coach **gathered** her players together.

코치는 그녀의 선수들을 한데 모았다.

0593 **sign up (for)**

**(~을) 신청하다, (~에) 가입하다**

Did you **sign up for** the training program?

너는 훈련 프로그램에 등록했니?

DAY 20

0594 instead of

~ 대신에

He makes things himself **instead of** buying them.

그는 물건들을 사는 대신 그것들을 직접 만든다.

## Advanced

0595 dynamic

[dainǽmik]

mic

형 역동적인, 활동적인, 활발한

She always wants something **dynamic**.

그녀는 항상 뭔가 활동적인 것을 원한다.

0596 leisure

[líːʒər]

sure

명 여가, 여가 생활 형 한가한

He plays the violin in his **leisure** time.

그는 여가 시간에 바이올린을 연주한다.

leisure sport 여가 스포츠

0597 volunteer

[vàləntíər]

teer

명 자원봉사자, 지원자 동 자원봉사하다

This event needs many **volunteers** to help.

이 행사는 도와줄 많은 자원봉사자가 필요하다.

0598 snorkel

[snɔ́ːrkəl]

kel

동 스노클을 쓰고 잠수하다 명 스노클

We **snorkeled** in the East Sea on our vacation.

우리는 휴가 때 동해에서 스노클링을 했다.

명 snorkeling 스노클링 (스노클은 관이 물 밖으로 연결되어 잠수할 때 숨을 쉴 수 있게 해 주는 관을 말해요.)

0599 ability

[əbíləti]

ity

명 능력, 역량, 재능

The woman has a great musical **ability**.

그 여자는 훌륭한 음악적 능력을 가지고 있다.

형 able 할 수 있는 + -ity(-한 것, -함)

0600 curiosity

[kjùəriásəti]

sity

명 호기심

The student asked him out of **curiosity**.

그 학생은 호기심으로 그에게 물었다.

형 curious 호기심이 많은 + -ity(-한 것, -함)

## Daily Check

정답 p.308

**A** 영어는 우리말로, 우리말은 영어로 쓰시오.

| | | | |
|---|---|---|---|
| 01 | fix | 16 | 우표; 도장 |
| 02 | comic | 17 | 조깅하다 |
| 03 | dynamic | 18 | 하이킹하다 |
| 04 | tent | 19 | 나무로 만든 |
| 05 | camp | 20 | 실내의, 내부의 |
| 06 | chat | 21 | 호기심 |
| 07 | scuba diving | 22 | 모이다, 모으다 |
| 08 | invention | 23 | 사진; 사진을 찍다 |
| 09 | chess | 24 | ~ 대신에 |
| 10 | circus | 25 | 퍼즐, 수수께끼 |
| 11 | snorkel | 26 | 여가; 한가한 |
| 12 | volunteer | 27 | 펜팔, 편지 친구 |
| 13 | skateboard | 28 | 열광 |
| 14 | knit | 29 | 능력, 역량, 재능 |
| 15 | sign up (for) | 30 | 영화; 극장 |



**B** 다음 표현을 우리말로 쓰시오.

01 wooden toys

02 set up the tent

03 solve this puzzle

04 the chess player

05 have a mania for soccer

**C** 빈칸에 알맞은 단어를 쓰시오.

**01** able : ____________ = 할 수 있는 : 능력

**02** ____________ ↔ outdoor = 실내의 ↔ 야외의

**03** invent : ____________ = 발명하다 : 발명, 발명품

**04** movie ≒ c____________ = 영화

**05** curious : ____________ = 호기심이 많은 : 호기심

**06** f____________ ≒ repair = 고치다, 수리하다

**D** 암기한 단어를 이용하여 다음 문장을 완성하시오.

**01** 한 소녀가 스케이트보드를 타고 있다.

→ A girl is riding a ____________.

**02** 내 친구는 나를 위해 스웨터를 짜 주었다.

→ My friend ____________ a sweater for me.

〈단모음+단자음〉으로 끝나는 동사의 과거형은 마지막 자음을 한 번 더 쓰고 -ed를 붙여요.

**03** 매주 얼마나 자주 조깅하니?

→ How often do you ____________ each week?

**04** 그는 여가 시간에 바이올린을 연주한다.

→ He plays the violin in his ____________ time.

**05** 이 행사는 도와줄 많은 자원봉사자가 필요하다.

→ This event needs many ____________s to help.

**06** 그는 물건들을 사는 대신 그것들을 직접 만든다.

→ He makes things himself ____________ ____________ buying them.

# DAY 16~20 누적 테스트

* 꼭 암기해야 하는 중요도 최상의 단어들을 확인하세요.

**A** 영어를 우리말로 쓰시오.

01 trash
02 hopeful
03 fix
04 crosswalk
05 dynamic
06 digest
07 schedule
08 recover
09 gather
10 excellent
11 safety
12 familiar
13 boring
14 tourist
15 fire station
16 cinema
17 dizzy
18 reserve
19 landmark
20 migrate

**B** 우리말을 영어로 쓰시오.

01 비슷한, 닮은
02 굴뚝
03 호기심
04 독, 독약
05 기념품
06 고속도로
07 갑자기
08 나무로 만든
09 항공사
10 숨, 호흡
11 존재하다, 실재하다
12 실내의, 내부의
13 주소; 연설; 연설하다
14 우표; 도장
15 혈액, 피
16 텅 빈, 비어 있는
17 약국
18 취소하다
19 목구멍, 목
20 여권

정답 p.308

**C** 다음 표현을 우리말로 쓰시오.

**01** refresh my mind ____________

**02** get to the station ____________

**03** a valuable lesson ____________

**04** a serious disease ____________

**05** the tallest tower in Seoul ____________

**06** have a great musical ability ____________

**D** 암기한 단어를 이용하여 다음 문장을 완성하시오.

**01** 그녀는 우리에게 믿기 어려운 이야기를 해 주었다.

→ She told us an __________ story.

반의어는 believable이에요.

**02** 그는 얼굴에 멍이 들었다.

→ He got a __________ on his face.

**03** 이용 가능한 비행편이 없었다.

→ There were no flights __________.

**04** 이 행사는 도와줄 많은 자원봉사자가 필요하다.

→ This event needs many __________s to help.

**05** 경비원은 몇 시에 건물을 순찰하나요?

→ What time does the guard __________ the building?

**06** 풍선은 공기로 가득 차 있다.

→ Balloons __________ __________ __________ air.

주어가 복수이므로, be동사 are로 시작해요.

월
일
DAY 21

# Sports

☑ 오늘은 운동 관련 단어를 집중해서 암기할 거예요.

**PREVIEW** 아는 단어에 체크해 보세요. 아는 단어 ___ / 30개

| | | | |
|---|---|---|---|
| 0601 | □ bike | 0616 | □ chance |
| 0602 | □ tennis | 0617 | □ batter |
| 0603 | □ soccer | 0618 | □ racket |
| 0604 | □ goal | 0619 | □ victory |
| 0605 | □ medal | 0620 | □ surf |
| 0606 | □ prize | 0621 | □ stretch |
| 0607 | □ winner | 0622 | □ shoot |
| 0608 | □ base | 0623 | □ sail |
| 0609 | □ coach | 0624 | □ bet |
| 0610 | □ sweat | 0625 | □ amazing |
| 0611 | □ basketball | 0626 | □ muscle |
| 0612 | □ baseball | 0627 | □ competition |
| 0613 | □ football | 0628 | □ athlete |
| 0614 | □ bowling | 0629 | □ challenge |
| 0615 | □ relay | 0630 | □ participate |

## Basic

Voca Coach

0601 **bike**

[baik]

명 **자전거**

My grandfather bought me a new **bike**.

나의 할아버지가 나에게 새 자전거를 사 주셨다.

≒ bicycle, cycle

0602 **tennis**

[ténis]

te ____

명 **테니스**

Who do you play **tennis** with?

너는 누구와 테니스를 치니?

0603 **soccer**

[sákər]

so ____

명 **축구**

Boys often play **soccer** after lunch.

소년들은 종종 점심을 먹고 축구를 한다.

0604 **goal**

[goul]

g __ l

명 **골, 득점; 목표**

She scored the winning **goal** in the game.

그녀는 경기에서 결승 골을 넣었다.

What's your goal? 너의 목표는 뭐니?

score a goal 골을 넣다, 득점하다

0605 **medal**

[médəl]

me ____

명 **메달, 훈장**

They hoped to win the gold **medal**.

그들은 금메달을 따기를 희망했다.

silver medal 은메달

bronze medal 동메달

0606 **prize**

[praiz]

____ ze

명 **상, 상품, 상금**

He won the first **prize** in the game.

그는 그 경기에서 1등 상을 받았다.

0607 **winner**

[wínər]

win ____

명 **우승자, 수상자**

Who is the **winner** of the match?

그 시합의 승자는 누구인가요?

동 win 이기다 + -er(-하는 사람)

## Intermediate

Voca Coach

0608 **base** [beis]
명 기초, 토대, 근거; 야구의 베이스
This event will build the **base** of soccer fans.
이 행사는 축구 팬의 기초를 세울 것이다.
≒ basis 기초, 토대

0609 **coach** [koutʃ]
ch
명 코치 동 지도하다
Thanks to his **coach**, he won the game.
그는 그의 코치 덕분에 그 경기에서 이겼다.

0610 **sweat** [swet]
s t
명 땀 동 땀을 흘리다
She **sweated** a lot after running.
그녀는 뛰고 나서 땀을 많이 흘렸다.
형 sweaty 땀이 많이 난, 땀에 젖은

0611 **basketball** [bǽskitbɔ̀:l]
ball
명 농구
My brother likes to watch **basketball** games.
우리 형은 농구 경기를 보는 것을 좋아한다.
basket(바구니)+ball(공)

0612 **baseball** [béisbɔ̀:l]
ball
명 야구
We played **baseball** at a small stadium.
우리는 작은 경기장에서 야구를 했다.
base(베이스)+ball(공)

0613 **football** [fútbɔ̀:l]
ball
명 축구; 미식축구
American **football** is different from soccer.
미식축구는 축구와 다르다.
foot(발)+ball(공)

0614 **bowling** [bóuliŋ]
ing
명 볼링
Are you good at **bowling**?
너는 볼링을 잘하니?

0615 relay
[rí:lei]
re

명 계주, 릴레이 경주
Our team will win the **relay**.
우리 팀은 계주에서 이길 것이다.

0616 chance
[tʃæns]
ce

명 기회; 가능성; 운, 행운
Will you give me one more **chance**?
저에게 기회를 한 번 더 주시겠어요?

0617 batter
[bǽtər]
ba

명 타자; 반죽, 튀김옷 동 세게 두드리다
The **batter** hit a home-run.
그 타자는 홈런을 쳤다.

Mix the batter well.
반죽을 잘 섞어라.
명 bat 야구방망이, 곤봉

0618 racket
[rǽkit]
rac

명 (테니스 등의) 라켓; 시끄러운 소리
I forgot to bring my badminton **racket**.
나는 내 배드민턴 라켓 가져오는 걸 깜빡했다.

Please, stop that racket!
그 시끄러운 소리를 멈추세요!

0619 victory
[víktəri]
tory

명 승리
The players tried their best for **victory**.
선수들은 승리를 위해 최선을 다했다.

≒ win

0620 surf
[səːrf]

동 서핑하다 명 큰 파도
I learned how to **surf** this summer.
나는 이번 여름에 서핑하는 법을 배웠다.

surf the Internet
인터넷을 서핑하다

0621 stretch
[stretʃ]
ch

동 늘이다, 쭉 뻗다; 늘어나다
Can you fully **stretch** your legs?
다리를 완전히 뻗을 수 있나요?

0622 shoot
[ʃu:t]
t

동 쏘다, 발사하다 명 발사, 사격
The player **shot** a target very well.
그 선수는 과녁을 매우 잘 쏘았다.

(과거형) shot-shot

0623 sail [seil]
동 (요트를) 타다, 조종하다; 항해하다
My uncle can **sail** a yacht.
나의 삼촌은 요트를 조종할 수 있다.

0624 bet [bet]
동 내기하다, (돈을) 걸다 명 내기
We shouldn't **bet** on sports games.
스포츠 경기에 돈을 걸어서는 안 된다.
(과거형) bet/betted-bet/betted

0625 amazing [əméiziŋ]
amaz
형 굉장한, 놀라운
It was an **amazing** game.
놀라운 경기였다.
동 amaze 놀라게 하다

## Advanced

0626 muscle [mʌ́sl]
mu
명 근육, 근력
She started working out to build **muscle**.
그녀는 근육을 기르려고 운동을 시작했다.

0627 competition [kàmpitíʃən]
tition
명 대회, 시합; 경쟁
She won a medal in a swimming **competition**.
그녀는 수영 대회에서 메달을 땄다.
동 compete 경쟁하다 + -tion(-하는 것)

0628 athlete [ǽθliːt]
ath
명 운동선수
**Athletes** from around the world will be at the Olympics.
전 세계의 운동선수들이 올림픽에 올 것이다.
형 athletic 운동선수다운, 운동 경기의

0629 challenge [tʃǽlindʒ]
cha ge
명 도전; 도전 과제, 난제 동 도전하다
The champion accepted the **challenge**.
그 챔피언은 도전을 받아들였다.

0630 participate [pɑːrtísəpèit]
cipate
동 참여하다, 참가하다
Some countries don't **participate** in the Olympics.
몇몇 나라들은 올림픽에 참가하지 않는다.
명 participation 참여, 참가
≒ join 참여하다

## Daily Check

정답 p.309

**A** 영어는 우리말로, 우리말은 영어로 쓰시오.

| | | | |
|---|---|---|---|
| **01** | batter | **16** | 기회; 가능성; 운 |
| **02** | tennis | **17** | 메달, 훈장 |
| **03** | sail | **18** | 우승자, 수상자 |
| **04** | racket | **19** | 승리 |
| **05** | soccer | **20** | 서핑하다; 큰 파도 |
| **06** | prize | **21** | 골, 득점; 목표 |
| **07** | bike | **22** | 쏘다; 발사 |
| **08** | base | **23** | 농구 |
| **09** | coach | **24** | 내기하다; 내기 |
| **10** | baseball | **25** | 굉장한, 놀라운 |
| **11** | stretch | **26** | 근육, 근력 |
| **12** | challenge | **27** | 볼링 |
| **13** | football | **28** | 운동선수 |
| **14** | competition | **29** | 계주, 릴레이 경주 |
| **15** | participate | **30** | 땀; 땀을 흘리다 |

**B** 다음 표현을 우리말로 쓰시오.

**01** win the relay

**02** the gold medal

**03** the winning goal

**04** stretch your legs

**05** my badminton racket

**C** 빈칸에 알맞은 단어를 쓰시오.

| | | | |
|---|---|---|---|
| 01 | win : ______________ | = | 이기다 : 우승자 |
| 02 | ______________ : athletic | = | 운동선수 : 운동선수다운 |
| 03 | ______________ : sweaty | = | 땀; 땀을 흘리다 : 땀에 젖은 |
| 04 | amaze : ______________ | = | 놀라게 하다 : 놀라운 |
| 05 | basket : ______________ | = | 바구니 : 농구 |
| 06 | ______________ : compete | = | 대회; 경쟁 : 경쟁하다 |

**D** 암기한 단어를 이용하여 다음 문장을 완성하시오.

**01** 너는 볼링을 잘하니?

→ Are you good at ___________?

**02** 너는 누구와 테니스를 치니?

→ Who do you play ___________ with?

**03** 그 선수는 과녁을 매우 잘 쏘았다.

→ The player ___________ a target very well.

'쏘다(shoot)'의 불규칙 과거형을 써야 해요.

**04** 그 챔피언은 도전을 받아들였다.

→ The champion accepted the ___________.

**05** 선수들은 승리를 위해 최선을 다했다.

→ The players tried their best for ___________.

**06** 그녀는 근육을 기르려고 운동을 시작했다.

→ She started working out to build ___________.

월
일

DAY 22

# Outdoor Activities

☑ 오늘은 실외 활동 관련 단어를 집중해서 암기할 거예요.

**PREVIEW** 아는 단어에 체크해 보세요. 아는 단어 / 30개

0631 ☐ boat
0632 ☐ bench
0633 ☐ speed
0634 ☐ shell
0635 ☐ wave
0636 ☐ shade
0637 ☐ rope
0638 ☐ yacht
0639 ☐ slide
0640 ☐ swing
0641 ☐ blanket
0642 ☐ float
0643 ☐ swimsuit
0644 ☐ seesaw
0645 ☐ fountain
0646 ☐ parasol
0647 ☐ pebble
0648 ☐ sleeping bag
0649 ☐ campfire
0650 ☐ sunblock
0651 ☐ lifeguard
0652 ☐ raft
0653 ☐ sunbath
0654 ☐ merry-go-round
0655 ☐ give it a try
0656 ☐ whistle
0657 ☐ thrill
0658 ☐ aquarium
0659 ☐ amusement
0660 ☐ botanical garden

## Basic

Voca Coach

0631 boat

[bout]

b t

명 보트, 배

We're going there by **boat** tomorrow.

우리는 내일 보트로 거기 갈 것이다.

보트는 보통 크기가 작은 배를 말해요. 큰 배는 ship을 써요.

0632 bench

[bentʃ]

ch

명 벤치, 긴 의자

There is a big **bench** in the park.

공원에 큰 벤치가 있다.

0633 speed

[spiːd]

sp

명 속도, 속력 동 빨리 가다, 질주하다

The **speed** of the zip line is quite fast.

집라인의 속도는 꽤 빠르다.

≒ race 질주하다

0634 shell

[ʃel]

ll

명 조개껍데기

They collected **shells** on the beach.

그들은 해변에서 조개껍데기를 모았다.

0635 wave

[weiv]

wa

명 파도

The **waves** are higher than yesterday.

파도가 어제보다 높다.

0636 shade

[ʃeid]

de

명 그늘

The trees provide **shade** in the summer.

나무는 여름에 그늘을 제공한다.

형 shady 그늘이 드리워진

0637 rope

[roup]

명 밧줄, 로프

He cut the **rope** with his knife.

그는 칼로 밧줄을 잘랐다.

jump rope 줄넘기; 줄넘기하다

0638 yacht

[jɑt]

ya

명 요트

Let's go on the **yacht** in the afternoon.

오후에 요트를 타러 가자.

## Intermediate

Voca Coach

0639 **slide** [slaid] ______de

명 미끄럼틀 동 미끄러지다
This **slide** is very long and fast.
이 미끄럼틀은 매우 길고 빠르다.

(과거형)
slid-slid/slidden

0640 **swing** [swiŋ] s______

명 그네 동 흔들리다, 흔들다
There are slides and **swings** in the playground.
놀이터에 미끄럼틀과 그네가 있다.

(과거형)
swung-swung

0641 **blanket** [blǽŋkit] ______ket

명 담요
Can I get an extra **blanket**, please?
담요 하나 더 받을 수 있을까요?

0642 **float** [flout] fl______

동 (물에) 뜨다
It is so light that it can **float** in the water.
그것은 아주 가벼워서 물에 뜰 수 있다.

↔ sink 가라앉다

0643 **swimsuit** [swímsjùːt] swim______

명 수영복
We changed into our **swimsuits**.
우리는 수영복으로 갈아입었다.

bathing suit라고도 해요.

0644 **seesaw** [síːsɔ̀ː] see______

명 시소
Two children are on a **seesaw**.
아이 두 명이 시소를 타고 있다.

0645 **fountain** [fáuntən] ______tain

명 분수
Throw coins in the **fountain** with wish.
소원을 담아 분수에 동전을 던져 보세요.

Voca Coach

0646 **parasol**
[pǽrəsɔ̀(:)l]
sol

명 **파라솔, 양산**
We sat under the big red **parasol**.
우리는 큰 빨간 파라솔 아래 앉았다.

≒ sunshade 햇빛 가리개, 양산

---

0647 **pebble**
[pébl]
pe

명 **조약돌**
The girl is looking for pretty **pebbles** or shells. 그 소녀는 예쁜 조약돌이나 조개껍데기를 찾고 있다.

---

0648 **sleeping bag**
[slíːpiŋ bæg]

명 **침낭**
This **sleeping bag** is very warm.
이 침낭은 매우 따뜻하다.

---

0649 **campfire**
[kǽmpfàiər]
fire

명 **모닥불, 캠프파이어**
We all gathered around the **campfire**.
우리는 모두 캠프파이어 주변으로 모였다.

---

0650 **sunblock**
[sʌ́nblɑk]
sun

명 **자외선 차단제**
We should wear **sunblock** every day.
우리는 매일 자외선 차단제를 발라야 한다.

≒ sunscreen

---

0651 **lifeguard**
[láifgɑ̀ːrd]
life

명 **안전 요원, 인명 구조원**
Ask a **lifeguard** for help when you're in danger.
위험할 때는 안전 요원에게 도움을 요청해라.

---

0652 **raft**
[ræft]

명 **뗏목, 고무보트**
He floated the **raft** on the river.
그는 강에 뗏목을 띄웠다.

명 rafting 래프팅, 뗏목 타기

---

0653 **sunbath**
[sʌ́nbæθ]
sun

명 **일광욕**
Some people took **sunbaths** on the beach.
몇몇 사람들은 해변에서 일광욕을 했다.

동 sunbathe 일광욕을 하다

DAY 22

0654
merry-go-round
[mérigouràund]

명 회전목마
I can't even ride a **merry-go-round**.
나는 회전목마도 못 탄다.

0655
give it a try

한번 해 보다, 시도하다
It won't be easy, but I will **give it a try**.
쉽진 않겠지만, 나는 한번 해 볼 것이다.

명 try 시도, 노력

## Advanced

0656
whistle
[*h*wísl]
whi ____

명 휘슬, 호루라기, 호각
The man blew his **whistle** loudly.
그 남자는 호루라기를 크게 불었다.

동사로 '휘파람을 불다'라는 뜻도 있어요.

0657
thrill
[θril]
th ____

명 전율, 스릴; 떨림
This is the greatest **thrill** of my life!
이것은 내 인생의 가장 큰 전율이야!

형 thrilling 오싹하게 하는, 스릴 만점의

0658
aquarium
[əkwɛ́(:)əriəm]
____ rium

명 수족관
We saw various fish at the **aquarium**.
우리는 수족관에서 다양한 어류를 보았다.

0659
amusement
[əmjú:zmənt]
____ ment

명 놀이, 재미
I want to go to an **amusement** park.
나는 놀이공원에 가고 싶다.

동 amuse 즐겁게 하다
amusement park 놀이공원

0660
botanical garden
[bətǽnikəl gɑ́:*r*dən]

명 식물원
There is a **botanical garden** next to the zoo.
동물원 옆에 식물원이 있다.

botanical(식물의) + garden(정원)

## Daily Check

정답 p.309



**A** 영어는 우리말로, 우리말은 영어로 쓰시오.

**01** boat

**02** bench

**03** speed

**04** sunbath

**05** wave

**06** sunblock

**07** give it a try

**08** parasol

**09** slide

**10** swing

**11** aquarium

**12** amusement

**13** swimsuit

**14** seesaw

**15** campfire

**16** 조개껍데기

**17** 조약돌

**18** 침낭

**19** 분수

**20** 그늘

**21** 안전 요원

**22** 뗏목, 고무보트

**23** 요트

**24** 회전목마

**25** (물에) 뜨다

**26** 휘슬, 호루라기

**27** 전율, 스릴

**28** 담요

**29** 밧줄, 로프

**30** 식물원

**B** 다음 표현을 우리말로 쓰시오.

**01** cut the rope

**02** take sunbaths

**03** slides and swings

**04** ride a merry-go-round

**05** pretty pebbles or shells

**C** 빈칸에 알맞은 단어를 쓰시오.

**01** sun ______________ ≒ sunscreen = 자외선 차단제

**02** sink ↔ ______________ = 가라앉다 ↔ (물에) 뜨다

**03** amuse : ______________ = 즐겁게 하다 : 놀이, 재미

**04** ______________ : rafting = 뗏목 : 래프팅, 뗏목 타기

**05** ______________ : thrilling = 전율 : 오싹하게 하는

**06** ship ≒ b______________ = (큰) 배 ≒ (작은) 배

**D** 암기한 단어를 이용하여 다음 문장을 완성하시오.

**01** 우리는 수영복으로 갈아입었다.

→ We changed into our __________s.

**02** 그 남자는 호루라기를 크게 불었다.

→ The man blew his __________ loudly.

**03** 소원을 담아 분수에 동전을 던져 보세요.

→ Throw coins in the __________ with wish.

**04** 이 침낭은 매우 따뜻하다.

→ This __________ __________ is very warm.

침낭은 야외에서 sleep할 때 써요.

**05** 동물원 옆에 식물원이 있다.

→ There is a __________ __________ next to the zoo.

**06** 쉽진 않겠지만, 나는 한번 해 볼 것이다.

→ It won't be easy, but I will __________ __________ __________ __________.

give로 시작하는 네 단어의 표현이에요.

월
일
DAY 23

# Special Days

☑ 오늘은 특별한 날 관련 단어를 집중해서 암기할 거예요.

**PREVIEW** 아는 단어에 체크해 보세요. 아는 단어 / 30개

| | | | |
|---|---|---|---|
| 0661 | □ card | 0676 | □ turkey |
| 0662 | □ host | 0677 | □ Halloween |
| 0663 | □ guest | 0678 | □ trick |
| 0664 | □ mask | 0679 | □ witch |
| 0665 | □ hide | 0680 | □ lantern |
| 0666 | □ hurry | 0681 | □ thankful |
| 0667 | □ Christmas | 0682 | □ Easter |
| 0668 | □ prepare | 0683 | □ honeymoon |
| 0669 | □ invitation | 0684 | □ congratulation |
| 0670 | □ decorate | 0685 | □ at last |
| 0671 | □ costume | 0686 | □ fall in love (with) |
| 0672 | □ crowded | 0687 | □ arrange |
| 0673 | □ riddle | 0688 | □ launch |
| 0674 | □ Valentine's Day | 0689 | □ be about to V |
| 0675 | □ Thanksgiving | 0690 | □ look forward to |

## Basic

Voca Coach

0661 card [kɑːrd]

명 (종이 · 플라스틱) 카드

I wrote a **card** to my mom with love.

나는 엄마에게 사랑을 담아 카드를 썼다.

0662 host [houst]

명 주인, 주최자 동 주최하다, 열다

He is the **host** of this big party.

그는 이 성대한 파티의 주최자이다.

↔ guest 손님

0663 guest [gest]

st

명 손님, 하객, 투숙객, 게스트

She was the first **guest** to arrive.

그녀는 첫 번째로 도착한 손님이었다.

↔ host 주인

Be my guest.는 '얼마든지., 좋을 대로.'라는 뜻으로 일상생활에서 상대방의 부탁을 들어 줄 때 많이 쓰는 표현이에요.

0664 mask [mæsk]

명 가면, 마스크, 복면

I want to go to the **mask** festival in Venice.

나는 베니스의 가면 축제에 가고 싶다.

0665 hide [haid]

de

동 숨기다, 감추다

It was my idea to **hide** the present under the table.

선물을 탁자 밑에 숨겨 두는 것은 내 생각이었다.

≒ conceal

0666 hurry [hə́ːri]

hu

동 서두르다, 급히 하다

**Hurry** up, or you will be late for the event.

서둘러, 안 그러면 너는 그 행사에 늦을 거야.

≒ rush 급히 서두르다 (약간 압박을 받는 느낌으로, 긍정 명령문으로는 잘 안 써요.)

0667 Christmas [krísməs]

mas

명 크리스마스, 성탄절

What did you do for **Christmas**?

크리스마스에 뭐 했니?

눈 내리는 크리스마스는 White Christmas라고 해요.

## Intermediate

Voca Coach

0668 prepare
[pripɛ́ər]
pre ____

동 **준비하다, 대비하다**
We are **preparing** foods for dinner.
우리는 저녁 식사를 위한 음식을 준비하고 있다.

명 preparation 준비

0669 invitation
[ìnvitéiʃən]
____ tation

명 **초대, 초대장**
I got an **invitation** to the party.
나는 파티 초대장을 받았다.

동 invite 초대하다

0670 decorate
[dékərèit]
____ rate

동 **장식하다, 꾸미다**
She **decorated** the wall beautifully.
그녀는 벽을 아름답게 장식했다.

명 decoration 장식

0671 costume
[kɑ́stjuːm]
cos ____

명 **복장, 의상**
His **costume** was very unique and colorful.
그의 의상은 매우 독특하고 화려했다.

0672 crowded
[kráudid]
____ ed

형 **붐비는, 복잡한**
This place is **crowded** with many people.
이 장소는 많은 사람들로 붐빈다.

명 crowd 군중, 무리

0673 riddle
[rídl]
____ le

명 **수수께끼**
Can you solve this **riddle** in 10 minutes?
이 수수께끼를 10분 안에 풀 수 있니?

≒ puzzle 퍼즐, 수수께끼

0674 Valentine's Day
[vǽləntainz dèi]

명 **밸런타인데이**
I prepared chocolates for **Valentine's Day**.
나는 밸런타인데이를 위해 초콜릿을 준비했다.

2월 14일인 이날은 성(聖) 밸런타인 축일로, 연인 간에 선물[카드]을 교환해요.

0675 Thanksgiving
[θæ̀ŋksgíviŋ]
Thanks ____

명 **추수 감사절**
**Thanksgiving** is the forth Thursday of November.
추수 감사절은 11월 네 번째 목요일이다.

Voca Coach

0676 **turkey** [tə́ːrki]
tur ______

명 **칠면조**
They eat **turkey** on Thanksgiving Day.
그들은 추수 감사절에 칠면조를 먹는다.

0677 **Halloween** [hæ̀ləwíːn]
Hallo ______

명 **핼러윈**
I bought a costume for **Halloween**.
나는 핼러윈을 위해 의상을 샀다.

핼러윈은 미국에서 10월 31일에 유령이나 괴물 분장을 하고 즐기는 축제예요.

0678 **trick** [trik]
______ ck

명 **속임수, 장난** 동 **속이다**
"**Trick** or treat" is a Halloween greeting. "사탕을 안 주면 장난칠 거예요"는 핼러윈 인사말이다.

0679 **witch** [witʃ]
______ ch

명 **마녀**
She dressed up as a **witch** this Halloween.
그녀는 이번 핼러윈에 마녀로 차려입었다.

0680 **lantern** [lǽntərn]
lan ______

명 **랜턴, 등, 손전등**
We decorate our house with many **lanterns**.
우리는 많은 등으로 우리 집을 장식한다.

≒ flashlight 손전등

0681 **thankful** [θǽŋkfəl]
______ ful

형 **감사하는, 고맙게 여기는**
I'm really **thankful** to you for today.
오늘 정말 고맙습니다.

동 thank 감사하다, 고마워하다
≒ grateful 고마워하는, 감사하는

0682 **Easter** [íːstər]
______ ter

명 **부활절**
I'm excited that **Easter** is coming up.
부활절이 다가온다니 정말 기대돼요.

부활절은 기독교에서 그리스도의 부활을 기념하는 축일이에요.

0683 **honeymoon** [hʌ́nimùːn]
______ moon

명 **신혼여행**
My uncle went to Jeju for his **honeymoon**.
나의 삼촌은 제주로 신혼여행을 갔다.

Voca Coach

0684 congratulation
[kəngrӕtʃəléiʃən]
____tulation

명 축하, 축하 인사

**Congratulations** on your graduation!

졸업을 축하해!

동 congratulate 축하하다
항상 s를 붙여 축하 인사를 건네는 거 잊지 마세요.

0685 at last

드디어, 마침내

**At last**, the day has come to marry her.

드디어 그녀와 결혼하는 날이 왔다.

last 명 최후의 것[사람] 형 마지막의 부 마지막에
≒ finally 드디어, 마침내

0686 fall in love (with)

(~에게) 반하다, (~와) 사랑에 빠지다

I think you **fall in love with** him.

나는 네가 그와 사랑에 빠진 것 같아.

## Advanced

0687 arrange
[əréindʒ]
____ge

동 배열하다, 정리하다; 마련하다

I **arranged** the tables for the party.

나는 파티를 위해 테이블을 배열했다.

명 arrangement 배열

0688 launch
[lɔːntʃ]
____ch

동 출시하다, 시작하다 명 출시, 개시

Today is the day to **launch** a new model.

오늘은 새로운 모델을 출시하는 날이다.

0689 be about to V

막 ~하려고 하다, ~하려는 참이다

The film festival **is about to** begin.

그 영화 축제는 막 시작하려고 한다.

0690 look forward to

~을 기대하다, ~을 고대하다

I **look forward to** seeing you again.

나는 너를 다시 만나기를 기대한다.

look forward to 뒤에는 항상 명사가 와요. 그래서 동사를 쓰고 싶으면 <동사-ing> 형태(동명사)로 써야 해요.

## Daily Check

정답 p.309

**A** 영어는 우리말로, 우리말은 영어로 쓰시오.

| | | | |
|---|---|---|---|
| **01** | witch | **16** | 칠면조 |
| **02** | host | **17** | 추수 감사절 |
| **03** | thankful | **18** | 속임수; 속이다 |
| **04** | mask | **19** | 준비하다, 대비하다 |
| **05** | Valentine's Day | **20** | 랜턴, 등 |
| **06** | Halloween | **21** | 서두르다 |
| **07** | Christmas | **22** | 부활절 |
| **08** | card | **23** | 숨기다, 감추다 |
| **09** | invitation | **24** | 손님, 투숙객 |
| **10** | decorate | **25** | 붐비는, 복잡한 |
| **11** | costume | **26** | (~에게) 반하다 |
| **12** | arrange | **27** | 수수께끼 |
| **13** | at last | **28** | 출시하다; 출시 |
| **14** | congratulation | **29** | 막 ~하려고 하다 |
| **15** | honeymoon | **30** | ~을 기대하다 |

**B** 다음 표현을 우리말로 쓰시오.

**01** solve this riddle

**02** hide the present

**03** arrange the table

**04** launch a new model

**05** the host of this big party

**C** 빈칸에 알맞은 단어를 쓰시오.

01 host ↔ ______________ = 주인, 주최자 ↔ 손님, 하객

02 h______________ ≒ rush = 서두르다

03 invite : ______________ = 초대하다 : 초대, 초대장

04 ______________ : crowd = 붐비는 : 군중, 무리

05 decorate : ______________ = 장식하다 : 장식

06 t______________ ≒ grateful = 감사하는



**D** 암기한 단어를 이용하여 다음 문장을 완성하시오.

01 우리는 저녁 식사를 위한 음식을 준비하고 있다.

→ We are ___________ foods for dinner.

진행형이므로 -ing를 붙여서 써요.

02 나의 삼촌은 제주로 신혼여행을 갔다.

→ My uncle went to Jeju for his ___________.

03 그들은 추수 감사절에 칠면조를 먹는다.

→ They eat ___________ on Thanksgiving Day.

04 그의 의상은 매우 독특하고 화려했다.

→ His ___________ was very unique and colorful.

05 그 영화 축제는 막 시작하려고 한다.

→ The film festival ___________ ___________ to begin.

be동사를 3인칭 단수 현재형으로 써야 해요.

06 나는 네가 그와 사랑에 빠진 것 같아.

→ I think you ___________ ___________ ___________ with him.

월
일
DAY 24

# Art & Culture

☑ 오늘은 예술과 문화 관련 단어를 집중해서 암기할 거예요.

**PREVIEW** 아는 단어에 체크해 보세요. 아는 단어 ☐ / 30개

0691 ☐ pop
0692 ☐ violin
0693 ☐ drum
0694 ☐ drama
0695 ☐ opera
0696 ☐ create
0697 ☐ newspaper
0698 ☐ article
0699 ☐ poem
0700 ☐ classic
0701 ☐ artwork
0702 ☐ well-known
0703 ☐ series
0704 ☐ statue
0705 ☐ parade
0706 ☐ performance
0707 ☐ publish
0708 ☐ exhibit
0709 ☐ portfolio
0710 ☐ portrait
0711 ☐ chorus
0712 ☐ reveal
0713 ☐ trumpet
0714 ☐ rhythm
0715 ☐ laugh at
0716 ☐ audience
0717 ☐ instrument
0718 ☐ artificial
0719 ☐ admire
0720 ☐ architecture

## Basic

Voca Coach

0691 pop [pɑp]

명 팝, 팝 뮤직 동 펑 하고 터지다

The Beatles are one of the greatest **pop** bands of all time.

비틀스는 역사상 가장 위대한 팝 밴드 중 하나이다.

0692 violin [vàiəlín]

lin

명 바이올린

My son has a gift for playing the **violin**.

나의 아들은 바이올린 연주에 재능이 있다.

명 violinist 바이올린 연주자

0693 drum [drʌm]

명 드럼, 북

The street musicians played the **drums**.

거리 음악가들은 드럼을 연주했다.

명 drummer 드럼 연주자

0694 drama [drɑ́:mə]

명 드라마, 극

Who's the actor of the TV **drama**?

그 TV 드라마의 배우는 누구니?

형 dramatic 극적인, 드라마틱한

0695 opera [ɑ́pərə]

ra

명 오페라, 가극

Do you like **opera** or any other music?

오페라나 다른 음악을 좋아하세요?

0696 create [kriéit]

te

동 창작하다, 창조하다, 만들다

It is not easy to **create** something new.

새로운 무언가를 창작하는 것은 쉽지 않다.

형 creative 창조적인, 창의적인

0697 newspaper [njú:zpèipər]

paper

명 신문, 신문지

I read about it in the **newspaper**.

나는 그것에 관해 신문에서 읽었다.

DAY 24

## Intermediate

Voca Coach

0698 article
[ɑ́:rtikl]
cle

명 **기사, 글**
I read an English **article** every morning.
나는 매일 아침 한 개의 영어 기사를 읽는다.

0699 poem
[póuəm]
p m

명 **시, 운문**
She memorized the **poem** in that book.
그녀는 그 책에 있는 시를 외웠다.

명 poet 시인

0700 classic
[klǽsik]
cla

명 **고전, 명작, 클래식** 형 **고전적인**
I like to read **classic** novels in the library.
나는 도서관에서 고전 소설 읽는 것을 좋아한다.

형 classical 고전주의의, 고전적인, 클래식한

0701 artwork
[ɑ́:rtwə̀:rk]
art

명 **예술품, 삽화**
It is a wonderful **artwork** with decoration.
그것은 장식이 있는 멋진 예술품이다.

0702 well-known
[wèlnóun]
well-

형 **유명한, 잘 알려진**
He is **well-known** as the master in art.
그는 미술계에서 거장으로 잘 알려져 있다.

well(잘)
+known(알려진)
≒ famous 유명한

0703 series
[sí(:)əri:z]
se

명 **시리즈, 연속물; 연속, 일련**
Did you see his new movie **series**?
그의 새 영화 시리즈를 봤니?

(복수형) series
(단수와 형태가 같아요.)

0704 statue
[stǽtʃu:]
sta

명 **조각상, 상**
The artist made the **statue** to display.
그 예술가는 전시하기 위해 그 조각상을 만들었다.

뉴욕에 있는 자유의 여신상은 the Statue of Liberty 라고 해요.

0705 **parade** [pəréid]
de

명 **행진, 퍼레이드**
The last **parade** begins after this show.
이 쇼가 끝나고 마지막 퍼레이드가 시작된다.

0706 **performance** [pərfɔ́ːrməns]
mance

명 **공연, 수행, 연기, 연주**
That **performance** was pretty impressive.
그 공연은 매우 인상적이었다.

동 perform 행하다, 공연하다

0707 **publish** [pʌ́bliʃ]
pu

동 **출판하다, 발행하다**
The book is ready to **publish** soon.
그 책은 곧 출판할 준비가 되었다.

명 publication 출판, 발행

0708 **exhibit** [igzíbit]
bit

동 **전시하다** 명 **전시**
We would love to **exhibit** our work here someday. 언젠가 이곳에서 우리의 작품을 전시하고 싶습니다.

명 exhibition 전시, 전시회

0709 **portfolio** [pɔːrtfóuliòu]
port

명 **(그림 · 사진 등의) 작품집, 포트폴리오**
I submitted my design **portfolio**.
나는 디자인 포트폴리오를 제출했다.

0710 **portrait** [pɔ́ːrtrit]
por

명 **초상화, 인물 사진**
It is not easy to draw a **portrait**.
초상화를 그리는 것은 쉽지 않다.

'풍경화'는 landscape라고 해요.

0711 **chorus** [kɔ́ːrəs]
rus

명 **후렴, 합창곡**
Everyone joined in the **chorus** of the song.
모두가 그 노래의 후렴을 함께 했다.

0712 **reveal** [rivíːl]
re

동 **드러내다, 밝히다**
This is a work that **reveals** our dark side.
이것은 우리의 어두운 면을 드러내는 작품이다.

≒ disclose

Voca Coach

0713 trumpet [trʌ́mpit] pet

명 트럼펫
She is a **trumpet** player in an orchestra.
그녀는 오케스트라에서 트럼펫 연주자이다.

0714 rhythm [ríðəm] thm

명 리듬, 박자
She danced to the exciting **rhythm**.
그녀는 신나는 리듬에 맞춰 춤을 췄다.

0715 laugh at

~을 비웃다, ~을 놀리다
Never **laugh at** another person's work.
다른 사람의 작품을 절대 비웃지 마라.

laugh 동 웃다 명 웃음

## Advanced

0716 audience [ɔ́:diəns] au ce

명 청중, 관객
The **audience** was so quiet during the show.
청중들은 그 쇼 동안 매우 조용했다.

0717 instrument [ínstrəmənt] ment

명 악기, 도구, 기구
Are you learning an **instrument**?
너는 악기를 배우고 있니?

'악기'는 musical instrument라고도 해요.

0718 artificial [à:rtəfíʃəl] arti

형 인공의, 인조의
AI stands for "**artificial** intelligence".
AI는 '인공 지능'을 의미한다.

↔ natural 자연의, 천연의

0719 admire [ədmáiər] ad

동 감탄하다, 존경하다
The audience **admired** your voice.
청중들은 너의 목소리에 감탄했다.

≒ respect 존경하다 (respect는 보통 본보기 삼고 싶은 존경을 의미해요.)

0720 architecture [á:rkitèktʃər] tec

명 건축학, 건축 양식
I studied **architecture** in university.
나는 대학에서 건축학을 공부했다.

명 architect 건축가

## Daily Check

정답 p.309

**A** 영어는 우리말로, 우리말은 영어로 쓰시오.

| | | | | | |
|---|---|---|---|---|---|
| 01 | pop | | 16 | 출판하다 | |
| 02 | violin | | 17 | 시, 운문 | |
| 03 | drum | | 18 | 전시하다; 전시 | |
| 04 | drama | | 19 | 창작하다, 창조하다 | |
| 05 | opera | | 20 | 초상화, 인물 사진 | |
| 06 | architecture | | 21 | 후렴, 합창곡 | |
| 07 | artificial | | 22 | 신문 | |
| 08 | instrument | | 23 | 트럼펫 | |
| 09 | laugh at | | 24 | 리듬, 박자 | |
| 10 | classic | | 25 | 기사, 글 | |
| 11 | artwork | | 26 | 청중, 관객 | |
| 12 | reveal | | 27 | 조각상, 상 | |
| 13 | series | | 28 | 공연, 수행 | |
| 14 | portfolio | | 29 | 감탄하다, 존경하다 | |
| 15 | well-known | | 30 | 행진, 퍼레이드 | |

**B** 다음 표현을 우리말로 쓰시오.

01 the last parade

02 the exciting rhythm

03 learn an instrument

04 a wonderful artwork

05 read an English article

**C** 빈칸에 알맞은 단어를 쓰시오.

**01** ______________ : poet = 시, 운문 : 시인

**02** natural ↔ ______________ = 자연의 ↔ 인공의

**03** perform : ______________ = 행하다, 공연하다 : 공연, 수행

**04** ______________ : creative = 창작하다 : 창조적인

**05** ______________ : classical = 고전, 명작 : 고전주의의

**06** famous ≒ well-______________ = 유명한, 잘 알려진

**D** 암기한 단어를 이용하여 다음 문장을 완성하시오.

**01** 나는 그것에 관해 신문에서 읽었다.

→ I read about it in the __________.

**02** 초상화를 그리는 것은 쉽지 않다.

→ It is not easy to draw a __________.

**03** 그 예술가는 전시하기 위해 그 조각상을 만들었다.

→ The artist made the __________ to display.

**04** 이것은 우리의 어두운 면을 드러내는 작품이다.

→ This is a work that __________ our dark side.

a work를 설명하고 있으므로, 3인칭 단수형을 써요.

**05** 청중들은 그 쇼 동안 매우 조용했다.

→ The __________ was so quiet during the show.

**06** 다른 사람의 작품을 절대 비웃지 마라.

→ Never __________ __________ another person's work.

월
일
DAY 25

# Plants

☑ 오늘은 식물 관련 단어를 집중해서 암기할 거예요.

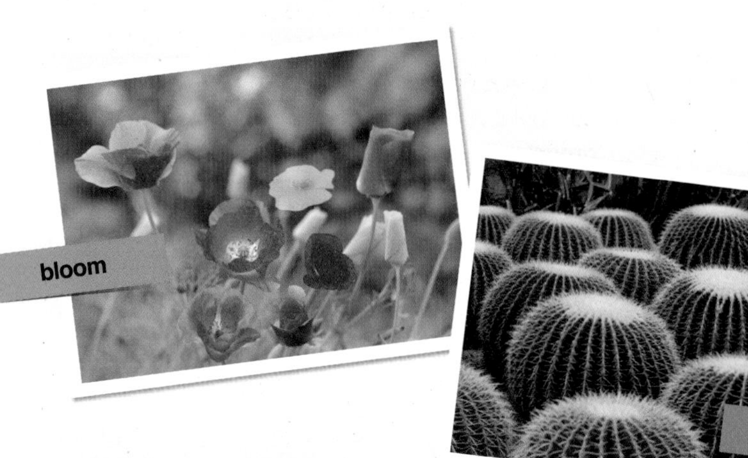


**PREVIEW** 아는 단어에 체크해 보세요. 아는 단어 ____ / 30개

| | | | |
|---|---|---|---|
| 0721 | ☐ rose | 0736 | ☐ pine |
| 0722 | ☐ growth | 0737 | ☐ ripe |
| 0723 | ☐ root | 0738 | ☐ species |
| 0724 | ☐ carrot | 0739 | ☐ crop |
| 0725 | ☐ seed | 0740 | ☐ palm |
| 0726 | ☐ bloom | 0741 | ☐ trunk |
| 0727 | ☐ rapidly | 0742 | ☐ lettuce |
| 0728 | ☐ stem | 0743 | ☐ spinach |
| 0729 | ☐ maple | 0744 | ☐ needle |
| 0730 | ☐ bamboo | 0745 | ☐ cherry tree |
| 0731 | ☐ bud | 0746 | ☐ sprout |
| 0732 | ☐ cactus | 0747 | ☐ eggplant |
| 0733 | ☐ bush | 0748 | ☐ bark |
| 0734 | ☐ poisonous | 0749 | ☐ thorn |
| 0735 | ☐ survive | 0750 | ☐ weed |

## Basic

Voca Coach

0721 **rose** [rouz]

명 **장미**

The **rose** is the prettiest flower in my garden.

나의 정원에서 장미가 가장 예쁜 꽃이다.

0722 **growth** [grouθ]

______ th

명 **성장, 발전**

Sunlight is needed for plant **growth**.

식물 성장에는 햇빛이 필요하다.

동 grow 성장하다, 자라다, 발전하다
(과거형) grew-grown

0723 **root** [ru(:)t]

r ___ t

명 **뿌리, 근원**

Plants grow well when their **roots** are healthy.

뿌리가 건강하면 식물이 잘 자란다.

0724 **carrot** [kǽrət]

ca ______

명 **당근**

The rabbit is eating the **carrot** on the grass.

토끼는 풀밭에서 당근을 먹고 있다.

'(무엇을 하게 하기 위한) 보상'이라는 뜻도 함께 알아두세요. (당근과 채찍 (the) carrot and (the) stick)

0725 **seed** [si:d]

s ___ d

명 **씨앗**

The farmer sows the **seeds** and waits for the fruit.

농부가 씨를 뿌리고 열매를 기다린다.

0726 **bloom** [blu:m]

bl ______

동 **꽃이 피다** 명 **꽃**

Most roses began to **bloom** in May.

5월에 대부분의 장미가 피기 시작했다.

≒ flower 꽃

0727 **rapidly** [rǽpidli]

______ ly

부 **급속히, 빨리**

The fire **rapidly** spread to the mountains.

불이 산으로 빠르게 퍼져 나갔다.

형 rapid 빠른
+ -ly(부사를 만드는 접미사)

## Intermediate

Voca Coach

0728 **stem** [stem] s

명 줄기 동 유래하다
**Stems** store a lot of water inside.
줄기는 안에 많은 물을 저장한다.

stem from ~에서 기인[유래]하다

0729 **maple** [méipl] ma

명 단풍나무
The Canadian flag has a **maple** leaf on it.
캐나다 국기에는 단풍잎이 있다.

0730 **bamboo** [bæmbúː] boo

명 대나무
The pandas eating **bamboo** are so cute.
대나무를 먹고 있는 판다가 너무 귀엽다.

0731 **bud** [bʌd]

명 봉오리, 싹
The flowers in the garden are still in **bud**.
정원에 있는 꽃들은 아직 봉오리 상태이다.

≒ sprout 싹, 새싹

0732 **cactus** [kǽktəs] tus

명 선인장
There are many **cactuses** in the desert.
사막에 선인장이 많이 있다.

0733 **bush** [buʃ] bu

명 덤불, 관목
The garden is full of rose **bushes**.
정원은 장미 덤불로 가득 차 있다.

0734 **poisonous** [pɔ́izənəs] ous

형 유독한, 독이 있는
Some mushrooms are very **poisonous**.
어떤 버섯들은 매우 독성이 있다.

명 poison 독, 독약

0735 **survive** [sərváiv] vive

동 생존하다, 살아남다
The plant won't **survive** in this shower.
이 소나기에 그 식물은 살아남지 못할 것이다.

명 survival 생존

DAY 25

0736 **pine** [pain]

명 **소나무**
There is a **pine** tree on the hill.
언덕에 소나무 한 그루가 있다.

0737 **ripe** [raip]
pe

형 **익은, 여문**
I think the apples are **ripe** enough.
사과가 충분히 익은 것 같다.

↔ unripe 익지 않은, 덜 익은

0738 **species** [spíːʃiːz]
spe

명 **종, 종류**
This **species** grows well in cold climates.
이 종은 추운 기후에서 잘 자란다.

(복수형) species로 단수와 형태가 같아요.

0739 **crop** [krɑp]
c

명 **농작물, 수확물**
Sugar was a very important **crop** in old days.
설탕은 예전에 매우 중요한 농작물이었다.

0740 **palm** [pɑːm]
m

명 **야자수; 손바닥**
He climbed a **palm** tree to get a coconut.
그는 코코넛을 얻기 위해 야자수에 올라갔다.

palm의 l은 묵음(소리 나지 않는 음)임에 유의하세요.

0741 **trunk** [trʌŋk]
t

명 **나무의 몸통; 트렁크**
The **trunk** of that tree is very thick.
저 나무의 몸통은 매우 두껍다.

'코끼리의 코'도 trunk라고 해요.

0742 **lettuce** [létis]
le ce

명 **상추**
I bought a bacon and **lettuce** sandwich.
나는 베이컨 상추 샌드위치를 샀다.

0743 **spinach** [spínitʃ]
spi

명 **시금치**
Lots of children don't like **spinach**.
많은 아이들이 시금치를 좋아하지 않는다.

Voca Coach

0744 needle [ní:dl]
dle

명 바늘, 바늘처럼 뾰족한 잎
Pines have longer **needles** than other trees.
소나무는 다른 나무보다 더 긴 뾰족한 잎을 가지고 있다.

a needle and thread
바늘과 실(실을 꿴 바늘)

0745 cherry tree [tʃéri trì:]

명 벚나무
The **cherry trees** are in blossom.
벚나무는 꽃이 피었다.

cherry blossom 벚꽃

## Advanced

0746 sprout [spraut]
sp

동 싹이 나다, 발아하다 명 새싹
The seed will **sprout** in a few days.
씨앗은 며칠 후에 싹을 틔울 것이다.

0747 eggplant [égplæ̀nt]
egg

명 가지
Add the **eggplant** and zucchini.
가지와 애호박을 추가해 주세요.

egg(달걀)+plant(식물)
서양에서 주로 달걀 모양의 가지가 이용되어 이름이 유래되었어요.

0748 bark [bɑːrk]
k

명 나무껍질
They peeled **bark** from the big trees.
그들은 큰 나무에서 껍질을 벗겨 냈다.

bark가 동사로 쓰이면 '(개 등이) 짖다'라는 뜻이에요.
The dog started to bark. 개가 짖기 시작했다.

0749 thorn [θɔːrn]
rn

명 가시
Watch out for the **thorns** of roses.
장미 가시를 조심하세요.

0750 weed [wi:d]
d

명 잡초
She pulled the **weeds** out in the garden.
그녀는 정원에서 잡초를 뽑았다.

## Daily Check

정답 p.309

**A** 영어는 우리말로, 우리말은 영어로 쓰시오.

**01** rose
**02** needle
**03** trunk
**04** carrot
**05** pine
**06** bloom
**07** rapidly
**08** thorn
**09** maple
**10** bamboo
**11** bud
**12** cactus
**13** cherry tree
**14** poisonous
**15** eggplant
**16** 농작물, 수확물
**17** 익은, 여문
**18** 종, 종류
**19** 성장, 발전
**20** 야자수; 손바닥
**21** 뿌리, 근원
**22** 상추
**23** 시금치
**24** 씨앗
**25** 줄기; 유래하다
**26** 싹이 나다; 새싹
**27** 덤불, 관목
**28** 나무껍질
**29** 생존하다, 살아남다
**30** 잡초

**B** 다음 표현을 우리말로 쓰시오.

**01** rose bushes
**02** a maple leaf
**03** sow the seeds
**04** pull the weeds out
**05** a very important crop

**C** 빈칸에 알맞은 단어를 쓰시오.

| | | | |
|---|---|---|---|
| 01 | grow : ______ | = | 성장하다 : 성장, 발전 |
| 02 | ripe ↔ ______ | = | 익은 ↔ 익지 않은 |
| 03 | rapid : ______ | = | 빠른 : 급속히, 빨리 |
| 04 | ______ : survival | = | 생존하다 : 생존 |
| 05 | poison : ______ | = | 독, 독약 : 유독한, 독이 있는 |
| 06 | bloom ≒ f______ | = | 꽃이 피다; 꽃 |

DAY 25

**D** 암기한 단어를 이용하여 다음 문장을 완성하시오.

**01** 줄기는 안에 많은 물을 저장한다.

→ ______s store a lot of water inside.

**02** 씨앗은 며칠 후에 싹을 틔울 것이다.

→ The seed will ______ in a few days.

**03** 장미 가시를 조심하세요.

→ Watch out for the ______s of roses.

**04** 저 나무의 몸통은 매우 두껍다.

→ The ______ of that tree is very thick.

**05** 사막에 선인장이 많이 있다.

→ There are many ______ in the desert.

앞에 many가 있으므로 -(e)s를 붙여 복수형으로 표현해요.

**06** 그는 코코넛을 얻기 위해 야자수에 올라갔다.

→ He climbed a ______ tree to get a coconut.

# 누적 테스트

* 꼭 암기해야 하는 중요도 최상의 단어들을 확인하세요.

**A** 영어를 우리말로 쓰시오.

| | | | | | |
|---|---|---|---|---|---|
| 01 | wave | | 11 | blanket | |
| 02 | medal | | 12 | classic | |
| 03 | host | | 13 | sweat | |
| 04 | slide | | 14 | needle | |
| 05 | growth | | 15 | crowded | |
| 06 | chance | | 16 | bloom | |
| 07 | exhibit | | 17 | athlete | |
| 08 | trick | | 18 | lifeguard | |
| 09 | sprout | | 19 | eggplant | |
| 10 | whistle | | 20 | at last | |

**B** 우리말을 영어로 쓰시오.

| | | | | | |
|---|---|---|---|---|---|
| 01 | 승리 | | 11 | 초대, 초대장 | |
| 02 | 서두르다, 급히 하다 | | 12 | 볼링 | |
| 03 | 수족관 | | 13 | 시, 운문 | |
| 04 | 초상화, 인물 사진 | | 14 | 그늘 | |
| 05 | 늘이다, 쭉 뻗다 | | 15 | 장식하다, 꾸미다 | |
| 06 | 뿌리, 근원 | | 16 | 우승자, 수상자 | |
| 07 | 창작하다, 창조하다 | | 17 | 씨앗 | |
| 08 | 준비하다, 대비하다 | | 18 | 회전목마 | |
| 09 | 기사, 글 | | 19 | 청중, 관객 | |
| 10 | 생존하다, 살아남다 | | 20 | 조각상, 상 | |

## C 다음 표현을 우리말로 쓰시오.

**01** solve this riddle ______________

**02** be about to begin ______________

**03** thanks to his coach ______________

**04** throw coins in the fountain ______________

**05** peel bark from the big tree ______________

**06** well-known as the master in art ______________

## D 암기한 단어를 이용하여 다음 문장을 완성하시오.

**01** 장미 가시를 조심하세요.

→ Watch out for the __________s of roses.

**02** 그 챔피언은 도전을 받아들였다.

→ The champion accepted the __________.

**03** 동물원 옆에 식물원이 있다.

→ There is a __________ __________ next to the zoo.

**04** 다른 사람의 작품을 절대 비웃지 마라.

→ Never __________ __________ another person's work.

**05** 나는 너를 다시 만나기를 기대한다.

→ I __________ __________ __________ seeing you again.

**06** 쉽진 않겠지만, 나는 한번 해 볼 것이다.

→ It won't be easy, but I will __________ __________ __________ __________.

give로 시작하는 네 단어의 표현이에요.

월
일
DAY 26

# Animals & Insects

☑ 오늘은 동물과 곤충 관련 단어를 집중해서 암기할 거예요.

**PREVIEW** 아는 단어에 체크해 보세요. 아는 단어 ___ / 30개

0751 ☐ snake
0752 ☐ frog
0753 ☐ wing
0754 ☐ nest
0755 ☐ bug
0756 ☐ donkey
0757 ☐ hen
0758 ☐ kangaroo
0759 ☐ dinosaur
0760 ☐ whale
0761 ☐ dolphin
0762 ☐ octopus
0763 ☐ hippo
0764 ☐ swan
0765 ☐ eagle
0766 ☐ owl
0767 ☐ spider
0768 ☐ web
0769 ☐ moth
0770 ☐ wildlife
0771 ☐ beetle
0772 ☐ beast
0773 ☐ peacock
0774 ☐ crow
0775 ☐ parrot
0776 ☐ mosquito
0777 ☐ swallow
0778 ☐ hatch
0779 ☐ rhino
0780 ☐ leopard

## Basic

Voca Coach

0751 snake [sneik] ke

명 뱀

The **snake** went into the bush.

뱀은 덤불 속으로 들어갔다.

형 snaky 뱀 같은, 꾸불꾸불한

---

0752 frog [frɔːg]

명 개구리

A **frog** jumped out from the pond.

개구리 한 마리가 연못에서 튀어나왔다.

---

0753 wing [wiŋ] w

명 날개

The bird folded its **wings** for a moment.

그 새는 잠시 날개를 접었다.

---

0754 nest [nest]

명 둥지

The mother bird came back to her **nest**.

어미 새는 둥지로 돌아왔다.

---

0755 bug [bʌg]

명 벌레, 작은 곤충

You can easily find a **bug** in the country.

시골에서는 벌레를 쉽게 찾을 수 있다.

컴퓨터 오류를 나타낼 때도 bug라고 써요.
≒ insect 곤충

---

0756 donkey [dɑ́ŋki] don

명 당나귀

He rides a **donkey** through the woods.

그는 당나귀를 타고 숲길을 간다.

---

0757 hen [hen]

명 암탉

The farmer has a hundred **hens**.

농부는 암탉 백 마리를 가지고 있다.

수탉은 cock라고 해요.

---

0758 kangaroo [kæ̀ŋgərúː] kanga

명 캥거루

The **kangaroo** is Australia's famous animal.

캥거루는 오스트레일리아의 유명한 동물이다.

## Intermediate

Voca Coach

0759 dinosaur

[dáinəsɔ̀ːr]

dino

명 공룡

**Dinosaurs** lived in the earth a million years ago.

공룡은 백만 년 전에 지구에 살았다.

0760 whale

[hweil]

le

명 고래

A **whale** is the largest animal in the world.

고래는 세상에서 가장 큰 동물이다.

0761 dolphin

[dálfin]

dol

명 돌고래

**Dolphins** use sound to communicate with each other.

돌고래는 서로 의사소통하기 위해 소리를 이용한다.

0762 octopus

[áktəpəs]

pus

명 문어

**Octopuses** have eight large and long legs.

문어는 크고 긴 8개의 다리를 가지고 있다.

octo-는 8을 뜻해요. 문어가 8개의 다리를 가지고 있어 그 이름이 유래되었어요.

0763 hippo

[hípou]

hi

명 하마

A **hippo** looks very fat and dull.

하마는 매우 뚱뚱하고 둔해 보인다.

'하마'는 원래 hippopotamus인데, 너무 길어서 hippo라고 줄여서 써요.

0764 swan

[swɑn]

s

명 백조

A group of **swans** are floating on the water.

백조 한 무리가 물에 떠 있다.

Swan Lake 백조의 호수

0765 eagle

[íːgl]

ea

명 독수리

The **eagle** expanded its wings.

독수리가 날개를 펼쳤다.

Voca Coach

0766 **owl**
[aul]
l

명 **올빼미, 부엉이**
I want to have an **owl** as a pet.
나는 올빼미를 반려동물로 기르고 싶다.

'나는 야행성이다.'라고 할 때, I'm a night owl.이라고 표현해요.

0767 **spider**
[spáidər]
der

명 **거미**
I hate **spiders** the most in the world.
나는 세상에서 거미가 제일 싫다.

0768 **web**
[web]
b

명 **거미줄, 거미집, 망**
The spider is making a **web** over there.
거미가 저쪽에 거미집을 만들고 있다.

인터넷 주소의 www는 world wide web으로, 인터넷이 전 세계에 거미줄처럼 엮여 있어서 이렇게 불러요.

0769 **moth**
[mɔ(:)θ]
mo

명 **나방**
Do you know if that is a butterfly or a **moth**?
저것이 나비인지 나방인지 아니?

명 butterfly 나비

0770 **wildlife**
[wáildlàif]
life

명 **야생 생물**
I'm interested in protecting **wildlife**.
나는 야생 생물을 보호하는 것에 관심이 있다.

wild(야생의, 자연 그대로의)+life(생물)

0771 **beetle**
[bí:tl]
tle

명 **딱정벌레**
**Beetles** are moving slowly on the ground.
딱정벌레들이 땅에서 느리게 움직이고 있다.

'무당벌레'는 ladybug라고 해요.

0772 **beast**
[bi:st]
st

명 **짐승, 야수**
He hunted a **beast** in the forest.
그는 숲에서 짐승을 사냥했다.

0773 **peacock**
[pí:kɑ̀k]
pea

명 **공작새**
**Peacocks** have colorful wings.
공작새는 화려한 날개를 가지고 있다.

DAY 26

Voca Coach

0774 crow
[krou]
c

명 까마귀
He saw many **crows** in the sky.
그는 하늘에서 많은 까마귀들을 보았다.

0775 parrot
[pǽrət]
pa

명 앵무새
**Parrots** are good at mimicking.
앵무새는 흉내를 잘 낸다.

'뜻도 모르고 흉내 내는 사람'을 말할 때도 parrot을 써요.

## Advanced

0776 mosquito
[məskíːtou]
mos

명 모기
**Mosquitoes** bit my leg yesterday.
어제 모기가 내 다리를 물었다.

mosquito net 모기장

0777 swallow
[swálou]
swa

명 제비 동 삼키다
The kind man treated the **swallow**'s leg.
그 친절한 남자는 제비의 다리를 치료해 주었다.

This pill is easy to swallow.
이 알약은 삼키기 쉽다.

0778 hatch
[hætʃ]
ch

동 부화시키다, 부화하다
The hen **hatched** three eggs this week.
그 암탉은 이번 주에 알 세 개를 부화시켰다.

0779 rhino
[ráinou]
no

명 코뿔소
There are **rhinos** which have two horns.
뿔이 두 개 달린 코뿔소들이 있다.

'코뿔소'의 원래 이름은 rhinoceros예요.

0780 leopard
[lépərd]
leo

명 표범
A **leopard** can jump very high.
표범은 매우 높이 뛰어오를 수 있다.

정답 p.310

**A** 영어는 우리말로, 우리말은 영어로 쓰시오.

01 owl
02 frog
03 web
04 nest
05 bug
06 rhino
07 hen
08 kangaroo
09 hippo
10 swan
11 dolphin
12 mosquito
13 peacock
14 beetle
15 swallow
16 당나귀
17 거미
18 뱀
19 나방
20 야생 생물
21 공룡
22 짐승, 야수
23 고래
24 까마귀
25 앵무새
26 날개
27 문어
28 부화시키다
29 독수리
30 표범

**B** 다음 표현을 우리말로 쓰시오.

01 many crows
02 fold its wings
03 hatch three eggs
04 a group of swans
05 come back to her nest

**C** 빈칸에 알맞은 단어를 쓰시오.

01 ________ : cock = 암탉 : 수탉

02 wild : ________ = 야생의 : 야생 생물

03 ________ : spider = 거미줄 : 거미

04 butterfly : ________ = 나비 : 나방

05 whale : ________ = 고래 : 돌고래

06 b________ ≒ insect = 곤충

**D** 암기한 단어를 이용하여 다음 문장을 완성하시오.

01 표범은 매우 높이 뛰어오를 수 있다.

→ A ________ can jump very high.

02 뱀은 덤불 속으로 들어갔다.

→ The ________ went into the bush.

03 개구리 한 마리가 연못에서 튀어나왔다.

→ A ________ jumped out from the pond.

04 뿔이 두 개 달린 코뿔소들이 있다.

→ There are ________s which have two horns.

rhinoceros를 줄여서 쓰는 말이에요.

05 문어는 크고 긴 8개의 다리를 가지고 있다.

→ ________es have eight large and long legs.

06 공룡은 백만 년 전에 지구에 살았다.

→ ________s lived in the earth a million years ago.

월
일

DAY 27

# Weather

☑ 오늘은 날씨 관련 단어를 집중해서 암기할 거예요.

**PREVIEW** 아는 단어에 체크해 보세요. 아는 단어 / 30개

0781 ☐ rainbow
0782 ☐ sunshine
0783 ☐ fog
0784 ☐ snowy
0785 ☐ icy
0786 ☐ raindrop
0787 ☐ still
0788 ☐ condition
0789 ☐ expect
0790 ☐ storm
0791 ☐ forecast
0792 ☐ climate
0793 ☐ sticky
0794 ☐ freeze
0795 ☐ flood
0796 ☐ moist
0797 ☐ moonlight
0798 ☐ flow
0799 ☐ snowstorm
0800 ☐ rainfall
0801 ☐ mist
0802 ☐ dew
0803 ☐ breeze
0804 ☐ these days
0805 ☐ temperature
0806 ☐ degree
0807 ☐ drought
0808 ☐ hail
0809 ☐ dawn
0810 ☐ damp

## Basic

Voca Coach

0781 rainbow [réinbòu] rain ______

명 **무지개**

Look at the **rainbow** in the sky.

하늘에 무지개를 봐.

무지개의 일곱 색깔도 같이 외워 보세요. red(빨), orange(주), yellow(노), green(초), blue(파), indigo(남), violet(보)

0782 sunshine [sʌ́nʃàin] sun ______

명 **햇빛, 햇살**

Let's enjoy the spring **sunshine**.

봄 햇살을 즐기자.

sun(해, 태양) + shine(빛)

0783 fog [fɔ(:)g]

명 **안개**

I can't see anything because of the **fog**.

나는 안개 때문에 아무것도 볼 수 없다.

형 foggy 안개가 낀

0784 snowy [snóui] ______ y

형 **눈에 덮인, 눈이 많이 내리는**

He climbed the **snowy** mountain.

그는 눈 덮인 산을 올라갔다.

snow 명 눈 동 눈이 오다

0785 icy [áisi]

형 **얼음같이 찬, 얼음에 뒤덮인**

Watch out for **icy** roads which are very slippery.

몹시 미끄러운 빙판길을 조심하세요.

명 ice 얼음

0786 raindrop [réindràp] rain ______

명 **빗방울**

**Raindrops** kept falling on my head.

빗방울이 내 머리에 계속 떨어졌다.

rain(비) + drop(방울)

0787 still [stil] s ______

부 **여전히, 아직**

There is **still** a strong wind outside.

밖에는 아직도 거센 바람이 분다.

## Intermediate

Voca Coach

0788 condition [kəndíʃən]
tion

명 **조건, 상태**
It is perfect weather **condition** for flying.
비행하기에 완벽한 기상 상태이다.

0789 expect [ikspékt]
ex

동 **예상하다, 기대하다**
I **expect** good weather for a picnic tomorrow.
나는 내일 피크닉 하기 좋은 날씨를 예상한다.

0790 storm [stɔːrm]
s m

명 **폭풍, 폭풍우**
A strong **storm** is coming over the weekend.
주말에 강한 폭풍이 올 것이다.

형 stormy 폭풍우가 몰아치는

0791 forecast [fɔ́ːrkæ̀st]
cast

명 **예측, 예보** 동 **예보하다**
The **forecast** said it would be sunny.
예보에서 맑을 것이라고 말했다.

weather forecast 일기 예보

0792 climate [kláimit]
mate

명 **기후**
The **climate** is getting warmer and warmer.
기후가 점점 더 따뜻해지고 있다.

≒ weather 날씨, 일기, 기상

0793 sticky [stíki]
s y

형 **끈적끈적한**
It was hot, humid, and **sticky** yesterday.
어제는 덥고, 습하고, 끈적거렸다.

명 sticker 스티커

0794 freeze [friːz]
ze

동 **얼다, 얼리다**
Water **freezes** at temperature zero.
물은 0도에서 언다.

'꼼짝 마!'라고 말할 때, Freeze!라고 해요.

0795 flood [flʌd]
f d

명 **홍수** 동 **물에 잠기다**
There was a big **flood** after heavy rain.
폭우가 내린 후에 큰 홍수가 발생했다.

DAY 27

0796 moist
[mɔist]
st

명 촉촉한
The ground is **moist** with the rain.
땅이 비로 촉촉해져 있다.

명 moisture 수분, 습기

0797 moonlight
[mú:nlàit]
moon

명 달빛
We walked together in the **moonlight**.
우리는 달빛 아래 같이 걸었다.

moon(달)+light(빛)

0798 flow
[flou]
f

명 (액체 등의) 흐름 동 흐르다
We can tell the weather by the **flow** of the sea.
바다의 흐름을 보면 날씨를 알 수 있다.

0799 snowstorm
[snóustɔ̀:rm]
snow

명 눈보라
All airports were closed due to the **snowstorm**.
모든 공항이 눈보라 때문에 폐쇄되었다.

snow(눈)+storm(폭풍)
≒ blizzard

0800 rainfall
[réinfɔ̀:l]
fall

명 강우(량)
The average **rainfall** here is about 20 mm.
여기 평균 강우량은 약 20mm이다.

rain(비)+fall(떨어짐)

0801 mist
[mist]

명 엷은 안개, 스프레이, 분무
The **mist** will clear in the afternoon.
엷은 안개는 오후에 맑아지겠습니다.

형 misty (엷은) 안개가 낀, 흐릿한

0802 dew
[dju:]
d

명 이슬
The grass is covered with **dew**.
풀이 이슬로 덮여 있다.

0803 breeze
[bri:z]
ze

명 산들바람, 미풍
A light **breeze** is blowing gently.
가벼운 산들바람이 부드럽게 불고 있다.

0804 these days

요즘에는

The weather is getting cooler **these days**.

요즘 날씨가 점점 서늘해진다.

≒ nowadays

## Advanced

0805 temperature [témpərətʃər]

tempe

명 온도, 기온

The **temperature** is rising in summer.

여름에 기온이 올라가고 있다.

body temperature 체온

0806 degree [digríː]

de

명 (온도 · 각도 등의) 도

The temperature dropped to minus 10 **degrees**.

온도가 영하 10도까지 떨어졌다.

0807 drought [draut]

drou

명 가뭄

The **drought** continued for 6 months.

가뭄이 6개월 동안 계속되었다.

↔ flood 홍수

0808 hail [heil]

h

명 우박

The sound of **hail** falling on the roof is loud.

지붕 위에 떨어지는 우박 소리가 크다.

0809 dawn [dɔːn]

d

명 새벽, 동틀 녘

**Dawn** is usually very quiet and still dark.

새벽은 보통 매우 조용하고 아직 어둡다.

↔ dusk 황혼, 땅거미, 해 질 녘

0810 damp [dæmp]

p

형 축축한, 습기 찬

These plants grow well in **damp** conditions.

이 식물은 습기 있는 상태에서 잘 자란다.

## Daily Check

정답 p.310

**A** 영어는 우리말로, 우리말은 영어로 쓰시오.

**01** degree
**02** sunshine
**03** moonlight
**04** snowy
**05** icy
**06** raindrop
**07** still
**08** rainfall
**09** expect
**10** storm
**11** damp
**12** climate
**13** temperature
**14** freeze
**15** drought
**16** 촉촉한
**17** 무지개
**18** 흐름; 흐르다
**19** 눈보라
**20** 조건, 상태
**21** 엷은 안개
**22** 이슬
**23** 산들바람, 미풍
**24** 요즘에는
**25** 안개
**26** 예측, 예보; 예보하다
**27** 홍수; 물에 잠기다
**28** 우박
**29** 새벽, 동틀 녘
**30** 끈적끈적한

**B** 다음 표현을 우리말로 쓰시오.

**01** a strong storm
**02** weather condition
**03** the flow of the sea
**04** the average rainfall
**05** the snowy mountain

## C 빈칸에 알맞은 단어를 쓰시오.

**01** sun : ______________ = 해 : 햇빛

**02** ice : ______________ = 얼음 : 얼음같이 찬

**03** ______________ : foggy = 안개 : 안개가 낀

**04** ______________ : moisture = 촉촉한 : 수분, 습기

**05** storm : ______________ = 폭풍 : 눈보라

**06** ______________ days ≒ nowadays = 요즘에는

## D 암기한 단어를 이용하여 다음 문장을 완성하시오.

**01** 물은 0도에서 언다.

→ Water ___________ at temperature zero.

water가 주어이고, 변하지 않은 사실이므로 3인칭 단수 현재형을 써요.

**02** 예보에서 맑을 것이라고 말했다.

→ The ___________ said it would be sunny.

**03** 가뭄이 6개월 동안 계속되었다.

→ The ___________ continued for 6 months.

**04** 폭우가 내린 후에 큰 홍수가 발생했다.

→ There was a big ___________ after heavy rain.

**05** 기후가 점점 더 따뜻해지고 있다.

→ The ___________ is getting warmer and warmer.

**06** 온도가 영하 10도까지 떨어졌다.

→ The temperature dropped to minus 10 ___________.

앞에 10이라는 숫자가 있으므로 복수형으로 써요.

월
일

DAY 28

# Nature

오늘은 자연 관련 단어를 집중해서 암기할 거예요.

**PREVIEW** 아는 단어에 체크해 보세요. 아는 단어 / 30개

- 0811 ☐ sunrise
- 0812 ☐ shadow
- 0813 ☐ newborn
- 0814 ☐ living
- 0815 ☐ mud
- 0816 ☐ remain
- 0817 ☐ appear
- 0818 ☐ source
- 0819 ☐ disaster
- 0820 ☐ thunder
- 0821 ☐ volcano
- 0822 ☐ explore
- 0823 ☐ hurricane
- 0824 ☐ creature
- 0825 ☐ clay
- 0826 ☐ vary
- 0827 ☐ pollute
- 0828 ☐ cliff
- 0829 ☐ bay
- 0830 ☐ tide
- 0831 ☐ landslide
- 0832 ☐ rainforest
- 0833 ☐ food chain
- 0834 ☐ care for
- 0835 ☐ watch out (for)
- 0836 ☐ earthquake
- 0837 ☐ glacier
- 0838 ☐ element
- 0839 ☐ evolve
- 0840 ☐ run out of

## Basic

Voca Coach

0811 **sunrise** [sʌ́nràiz]
sun

명 **일출, 해돋이**
**Sunrise** will be at 5:30 a.m. tomorrow.
내일 일출은 5시 30분입니다.

명 sunset 일몰, 해넘이

---

0812 **shadow** [ʃǽdou]
sha

명 **그림자, 그늘**
The **shadow** is the shortest at noon.
그림자는 정오에 가장 짧다.

---

0813 **newborn** [njúːbɔ̀ːrn]
new

형 **갓 태어난**
**Newborn** babies are very small.
갓 태어난 아기들은 매우 작다.

new(새로운) +born(태어난)

---

0814 **living** [líviŋ]
li

형 **살아 있는** 명 **생계**
We should have respect for all **living** creatures.
우리는 모든 생명체를 존중해야 한다.

동 live 살다

---

0815 **mud** [mʌd]

명 **진흙**
There is **mud** at the bottom of the pond.
연못 바닥에는 진흙이 있다.

---

0816 **remain** [riméin]
re

동 **남아 있다, 여전히 ~하다**
The natural beauty here **remains** the same.
이곳의 자연의 아름다움은 그대로 남아 있다.

형 remaining 남아 있는

---

0817 **appear** [əpíər]
ap

동 **나타나다, 보이기 시작하다**
Finally, the top of the mountain **appeared**.
마침내 산 정상이 나타났다.

↔ disappear 사라지다

## Intermediate

Voca Coach

0818 □□□ **source** [sɔːrs] ____ce

명 원천, 출처 동 얻다, 공급자를 찾다

The sun or wind is a natural energy **source**.

태양이나 바람은 천연 에너지원이다.

0819 □□□ **disaster** [dizǽstər] di____

명 재난, 참사, 재앙

Snowstorms brought **disaster** to the town.

눈보라가 그 마을에 참사를 가져왔다.

natural disaster 자연재해

0820 □□□ **thunder** [θʌ́ndər] ____der

명 천둥

I was surprised by the sudden **thunder**.

나는 갑작스러운 천둥에 놀랐다.

명 lightning 번개

0821 □□□ **volcano** [valkéinou] vol____

명 화산

The **volcano** in the island is still active.

그 섬의 화산은 아직 활동 중이다.

0822 □□□ **explore** [iksplɔ́ːr] ex____

동 탐험하다, 탐구하다

It is fun to **explore** nature.

자연을 탐구하는 것은 재미있다.

0823 □□□ **hurricane** [hə́ːrəkèin] ____cane

명 폭풍

The **hurricane** is approaching the East coast.

허리케인이 동쪽 해안으로 접근하고 있다.

허리케인은 주로 북미 쪽으로 진행되는 기상 현상을 말하고, 동아시아 쪽으로 진행되는 기상 현상은 태풍(typhoon)이라고 해요.

0824 □□□ **creature** [kríːtʃər] ____ture

명 생명체, 창조물

What was that weird **creature** that I saw?

내가 본 저 이상한 생명체는 무엇이었을까?

동 create 창조하다
명 creation 창조, 창조물

0825 □□□ **clay** [klei] c____

명 진흙, 점토, 찰흙

Half the ground was **clay** and the other half was grass.

땅의 반은 진흙이었고 나머지 반은 잔디였다.

Voca Coach

0826 **vary** [vέ(:)əri] ry

동 **다양하다, 다르다**
The shape of the moon **varies** from crescent to full moon.
달의 모양은 초승달부터 보름달까지 다양하다.

형 various 다양한

0827 **pollute** [pəljúːt] po

동 **오염시키다**
They can **pollute** the environment.
그것들은 환경을 오염시킬 수 있다.

명 pollution 오염

0828 **cliff** [klif] cli

명 **절벽**
She can climb to the top of the **cliff**.
그녀는 그 절벽 꼭대기까지 오를 수 있다.

cliff hanging
손에 땀을 쥐게 하는

0829 **bay** [bei]

명 **(바다 · 호수의) 만**
San Francisco **Bay** is a well-known region.
샌프란시스코만은 잘 알려진 지역이다.

0830 **tide** [taid]

명 **조수, 밀물/썰물, 물결**
The **tide** comes in in the morning.
아침에 밀물이 들어온다.

형 tidal 조수의

0831 **landslide** [lǽndslàid] land

명 **산사태**
Floods and **landslides** are huge disasters.
홍수와 산사태는 큰 재난이다.

0832 **rainforest** [réinfɔ̀(ː)rist] rain

명 **(열대) 우림**
There are various species in the **rainforest**.
열대 우림에는 다양한 종들이 있다.

rain(비)+forest(숲)

0833 **food chain** [fúːd tʃèin]

명 **먹이 사슬**
Tyrannosaurs were at the top of the **food chain**.
티라노사우루스는 먹이 사슬의 가장 위에 있었다.

0834 care for

~을 돌보다, ~을 좋아하다

We have to **care for** the wild plants in nature.

우리는 자연의 야생 식물을 돌봐야 한다.

0835 watch out (for)

(~을) 주의하다, (~을) 조심하다

**Watch out for** the cliff next to you.

옆에 있는 절벽을 조심하세요.

## Advanced

0836 earthquake [ə́ːrθkwèik]

earth

명 지진

This region has many **earthquakes**.

이 지역은 지진이 많이 일어난다.

earth(땅, 지면) + quake(흔들리다, 진동하다)

0837 glacier [gléiʃər]

gla

명 빙하

Many polar **glaciers** are melting.

많은 극지방 빙하들이 녹고 있다.

0838 element [éləmənt]

ele

명 요소, 성분

What are the five **elements** of nature?

자연의 5대 요소는 무엇인가요?

형 elementary 기본이 되는, 초보의

0839 evolve [iválv]

ve

동 진화하다, (서서히) 발전하다

Life adapts and **evolves** in the environment.

생물은 환경에 적응하고 진화한다.

명 evolution 진화

0840 run out of

~이 바닥나다, ~을 다 써 버리다

We may **run out of** natural resources soon.

우리는 곧 천연자원이 바닥날지도 모른다.

## Daily Check

정답 p.310

**A** 영어는 우리말로, 우리말은 영어로 쓰시오.

**01** sunrise
**02** living
**03** cliff
**04** element
**05** mud
**06** remain
**07** appear
**08** rainforest
**09** food chain
**10** thunder
**11** evolve
**12** explore
**13** hurricane
**14** care for
**15** clay
**16** 다양하다, 다르다
**17** 오염시키다
**18** 갓 태어난
**19** (바다 · 호수의) 만
**20** 조수, 밀물/썰물
**21** 산사태
**22** 원천, 출처; 얻다
**23** 생명체, 창조물
**24** 그림자, 그늘
**25** (~을) 주의하다
**26** 지진
**27** 빙하
**28** 재난, 참사
**29** 화산
**30** ~이 바닥나다

**B** 다음 표현을 우리말로 쓰시오.

**01** newborn babies
**02** the top of the cliff
**03** all living creatures
**04** many polar glaciers
**05** the sudden thunder

**C** 빈칸에 알맞은 단어를 쓰시오.

01 create : __________ = 창조하다 : 생명체, 창조물

02 __________ ↔ disappear = 나타나다 ↔ 사라지다

03 __________ : various = 다양하다 : 다양한

04 __________ : evolution = 진화하다 : 진화

05 forest : __________ = 숲 : (열대) 우림

06 __________ : pollution = 오염시키다 : 오염

**D** 암기한 단어를 이용하여 다음 문장을 완성하시오.

01 아침에 밀물이 들어온다.

→ The __________ comes in in the morning.

02 홍수와 산사태는 큰 재난이다.

→ Floods and __________s are huge disasters.

03 눈보라가 그 마을에 참사를 가져왔다.

→ Snowstorms brought __________ to the town.

04 태양이나 바람은 천연 에너지원이다.

→ The sun or wind is a natural energy __________.

05 옆에 있는 절벽을 조심하세요.

→ __________ __________ __________ the cliff next to you.

'보다'라는 뜻의 단어로 시작하는 표현이에요.

06 우리는 자연의 야생 식물을 돌봐야 한다.

→ We have to __________ __________ the wild plants in nature.

월
일

DAY 29

# Environment

☑ 오늘은 환경 관련 단어를 집중해서 암기할 거예요.

**PREVIEW** 아는 단어에 체크해 보세요. 아는 단어 ___ / 30개

0841 □ protect
0842 □ cause
0843 □ effect
0844 □ pure
0845 □ reduce
0846 □ fuel
0847 □ pollution
0848 □ separate
0849 □ damage
0850 □ shortage
0851 □ environmental
0852 □ campaign
0853 □ smog
0854 □ greenhouse
0855 □ spoil
0856 □ resource
0857 □ ruin
0858 □ leak
0859 □ overuse
0860 □ worldwide
0861 □ threat
0862 □ continuous
0863 □ acid
0864 □ watch over
0865 □ fossil
0866 □ toxic
0867 □ extinct
0868 □ carbon dioxide
0869 □ exhaust
0870 □ endangered

## Basic

Voca Coach

0841 **protect** [prətékt]
pro ______

동 **보호하다, 지키다**
We should **protect** the environment.
우리는 환경을 보호해야 한다.

명 protection 보호

0842 **cause** [kɔːz]
______ se

동 **야기하다** 명 **원인, 이유**
Small actions can **cause** environmental problems.
작은 행동이 환경 문제를 야기할 수 있다.

cause and effect 원인과 결과

0843 **effect** [ifékt]
______ ct

명 **영향, 효과, 결과**
The news had a positive **effect** on us.
그 뉴스는 우리에게 긍정적인 영향을 미쳤다.

side effect 부작용

0844 **pure** [pjuər]
pu ______

형 **깨끗한, 순수한, 섞이지 않은**
The water in the lake is really **pure**.
호수의 물은 정말 맑다.

0845 **reduce** [ridjúːs]
re ______

동 **줄이다, 축소하다, 낮추다**
Please **reduce** the use of plastic for the environment.
환경을 위해서 플라스틱 사용을 줄여 주세요.

≒ decrease 줄이다, 감소하다

0846 **fuel** [fjú(ː)əl]
f ______

명 **연료**
We've been developing different energy sources to replace fossil **fuels**. 우리는 화석 연료를 대체할 다양한 에너지원을 개발해 왔다.

0847 **pollution** [pəljúːʃən]
______ tion

명 **오염, 공해**
Air **pollution** is a big issue these days.
공기 오염은 요즘 큰 쟁점이다.

동 pollute 오염시키다

## Intermediate

Voca Coach

0848 separate [sépərèit] rate
동 분리하다 형 분리된, 별개의
**Separate** cans and bottles when you recycle.
재활용할 때 캔과 병을 분리하세요.
형 [sépərət]
Even separate seats will do.
떨어져 있는 좌석도 괜찮아요.

0849 damage [dǽmidʒ] da
명 손상, 피해
I had a lot of **damages** from the earthquake.
나는 지진으로 많은 피해를 입었다.

0850 shortage [ʃɔ́ːrtidʒ] tage
명 부족
There is a **shortage** of water all over the world.
전 세계적으로 물이 부족하다.
≒ lack 부족 (lack은 충분하지 않다는 뉘앙스이고, shortage는 일정 기준에 못 미친다는 뉘앙스예요.)

0851 environmental [invàiərənméntəl] mental
형 환경의
I'm interested in **environmental** issues.
나는 환경 문제에 관심이 있다.
명 environment 환경

0852 campaign [kæmpéin] cam
명 캠페인, (사회 · 정치적) 운동
The new **campaign** is going well.
새로운 캠페인은 잘되고 있다.

0853 smog [smɑg] s
명 스모그
The sky in Seoul is gray with **smog**.
서울 하늘은 스모그로 회색빛이다.
smog(스모그)는 smoke(연기)와 fog(안개)가 합쳐져서 생긴 말이에요.

0854 greenhouse [gríːnhàus] house
명 온실
**Greenhouse** gases are bad for the environment.
온실가스는 환경에 나쁘다.
greenhouse effect 온실 효과

0855 spoil [spɔil] sp
동 망치다, 손상하다; 버릇없게 만들다
Greenhouse gases **spoiled** the environment.
온실가스가 환경을 망쳤다.

DAY 29

Voca Coach

0856 resource [ríːsɔːrs]

re ______ ce

명 **자원, 재원**

We must know that **resources** are limited.

우리는 자원이 한정되어 있다는 것을 알아야 한다.

natural resources 천연자원
human resources 인적 자원

0857 ruin [rú(ː)in]

r ______ n

동 **파괴하다** 명 **파괴; 유적**

The volcano will **ruin** the city when it erupts. 화산이 분출할 때 그것은 그 도시를 파괴할 것이다.

0858 leak [liːk]

l ______ k

명 **누출** 동 **새다, 새게 하다**

A gas **leak** is very dangerous.

가스 누출은 매우 위험하다.

0859 overuse [òuvərjúːz]

______ use

동 **남용하다** 명 **남용**

We **overuse** plastic products for convenience.

우리는 편리를 위해 플라스틱 제품을 남용한다.

명 [óuvərjùːs]
다양한 접두사가 use와 결합하여 뜻을 확장해요.
동 abuse 악용하다
동 misuse 오용하다

0860 worldwide [wə́ːrldwáid]

______ wide

형 **전 세계적인** 부 **전 세계에**

Climate change is a **worldwide** problem.

기후 변화는 전 세계적인 문제이다.

0861 threat [θret]

______ reat

명 **위협, 협박**

The nuclear **threat** still remains.

핵 위협은 여전히 남아 있다.

0862 continuous [kəntínjuəs]

conti ______

형 **끊임없는, 계속되는**

**Continuous** efforts are needed to protect the environment.

환경을 지키기 위해 끊임없는 노력이 필요하다.

동 continue 계속하다, 계속되다

0863 acid [ǽsid]

a ______

명 **산, 산성**

**Acid** rain is a result of pollution.

산성비는 오염의 결과이다.

↔ alkali 알칼리, 염기성

Voca Coach

0864 watch over

~을 지키다, ~을 지켜보다

Forest rangers **watch over** forests.

산림 감시원은 숲을 지킨다.

## Advanced

0865 **fossil** [fásl]

fo

명 화석

The use of **fossil** fuels caused many problems.

화석 연료의 사용은 많은 문제를 야기했다.

0866 **toxic** [táksik]

ic

형 유독성의, 유독한

**Toxic** ash is harmful to the environment.

유독성 재는 환경에 해롭다.

≒ poisonous 유독한

0867 **extinct** [ikstíŋkt]

ex

형 멸종된, 사라진

Dinosaurs became **extinct** a long time ago.

공룡은 오래전에 멸종되었다.

명 extinction 멸종, 소멸

0868 **carbon dioxide** [kɑ́ːrbən daiɑ́ksaid]

명 이산화탄소

Humans breathe out **carbon dioxide**.

인간은 이산화탄소를 내뿜는다.

명 oxygen 산소

0869 **exhaust** [igzɔ́ːst]

ex

명 배기가스 동 다 써 버리다

**Exhaust** from cars pollutes the air.

자동차 배기가스는 공기를 오염시킨다.

0870 **endangered** [indéindʒərd]

en ed

형 멸종 위기의

The sea turtle is an **endangered** species.

바다거북은 멸종 위기의 종이다.

동 endanger 위험에 빠뜨리다

DAY 29

## Daily Check

정답 p.310

**A** 영어는 우리말로, 우리말은 영어로 쓰시오.

01 worldwide
02 leak
03 effect
04 pure
05 reduce
06 watch over
07 pollution
08 separate
09 endangered
10 extinct
11 environmental
12 campaign
13 smog
14 continuous
15 spoil
16 자원, 재원
17 파괴하다; 파괴
18 보호하다, 지키다
19 남용하다; 남용
20 야기하다; 원인, 이유
21 위협, 협박
22 연료
23 산, 산성
24 손상, 피해
25 화석
26 유독성의
27 온실
28 이산화탄소
29 배기가스
30 부족

**B** 다음 표현을 우리말로 쓰시오.

01 a gas leak
02 the new campaign
03 watch over forests
04 the use of fossil fuels
05 an endangered species

**C** 빈칸에 알맞은 단어를 쓰시오.

01 environment : ____________ = 환경 : 환경의

02 ____________ ↔ alkali = 산, 산성 ↔ 알칼리, 염기성

03 ____________ ↔ effect = 원인 ↔ 결과

04 lack ≒ s____________ = 부족

05 continue : ____________ = 계속하다 : 끊임없는

06 ____________ : protection = 보호하다 : 보호

**D** 암기한 단어를 이용하여 다음 문장을 완성하시오.

01 서울 하늘은 스모그로 회색빛이다.

→ The sky in Seoul is gray with ____________.

smoke와 fog가 합쳐져서 만들어진 단어예요.

02 호수의 물은 정말 맑다.

→ The water in the lake is really ____________.

03 기후 변화는 전 세계적인 문제이다.

→ Climate change is a ____________ problem.

04 우리는 자원이 한정되어 있다는 것을 알아야 한다.

→ We must know that ____________s are limited.

05 공룡은 오래전에 멸종되었다.

→ Dinosaurs became ____________ a long time ago.

06 환경을 위해서 플라스틱 사용을 줄여 주세요.

→ Please ____________ the use of plastic for the environment.

월 일

DAY 30

# Space

☑ 오늘은 우주 관련 단어를 집중해서 암기할 거예요.

**PREVIEW** 아는 단어에 체크해 보세요. 아는 단어 ___ / 30개

| | | | |
|---|---|---|---|
| 0871 | □ universe | 0886 | □ alien |
| 0872 | □ rocket | 0887 | □ Mercury |
| 0873 | □ flash | 0888 | □ Mars |
| 0874 | □ footprint | 0889 | □ Jupiter |
| 0875 | □ ring | 0890 | □ Venus |
| 0876 | □ spaceship | 0891 | □ Saturn |
| 0877 | □ get out of | 0892 | □ Big Bang |
| 0878 | □ crew | 0893 | □ light year |
| 0879 | □ consist | 0894 | □ circulate |
| 0880 | □ lunar | 0895 | □ vacuum |
| 0881 | □ comet | 0896 | □ eclipse |
| 0882 | □ telescope | 0897 | □ satellite |
| 0883 | □ galaxy | 0898 | □ orbit |
| 0884 | □ Milky Way | 0899 | □ astronomy |
| 0885 | □ space station | 0900 | □ asteroid |

## Basic

Voca Coach

0871 universe [jú:nəvə̀:rs]
uni

명 우주
Our world is a very small part of the **universe**.
우리 세계는 우주의 아주 작은 일부분이다.

형 universal 보편적인, 전 세계의

0872 rocket [rάkit]
ket

명 로켓
The **rocket** will be launched in September.
로켓은 9월에 발사될 예정이다.

0873 flash [flæʃ]
sh

명 번쩍임, 섬광 동 번쩍이다
They detected a **flash** of light in space.
그들은 우주에서 섬광을 감지했다.

카메라의 플래시도 flash를 써요.

0874 footprint [fútprìnt]
print

명 발자국
Armstrong left **footprints** on the moon.
암스트롱은 달에 발자국을 남겼다.

foot(발) + print(자국)

0875 ring [riŋ]
r

명 고리, 링
A **ring** of light appears around a black hole.
블랙홀 주위에는 빛의 고리가 나타난다.

0876 spaceship [spéisʃìp]
ship

명 우주선
Someday we will travel by **spaceship**.
우리는 언젠가 우주선을 타고 여행을 갈 것이다.

space(우주) + ship(배)

0877 get out of

~에서 나오다, ~에서 도망치다
Can we **get out of** the moon if we fall on it?
우리가 달에 떨어진다면 빠져나올 수 있을까?

## Intermediate

Voca Coach

0878 crew

[kru:]

c

명 승무원

He became the **crew** of the first spaceship.

그는 최초 우주선의 승무원이 되었다.

cabin crew
항공기[여객선] 승무원

0879 consist

[kənsíst]

con

동 (부분 · 요소로) 이루어지다, 구성되다

The solar system **consists** of eight planets.

태양계는 8개의 행성으로 구성되어 있다.

consist of ~으로 구성되다

0880 lunar

[lú:nər]

lu

형 달의, 음력의

We're developing a **lunar** lander.

우리는 달 착륙선을 개발하고 있다.

Lunar New Year
음력 설날
형 solar 태양의

0881 comet

[kámit]

co

명 혜성

You can see the **comet** tonight.

너는 오늘 밤에 혜성을 볼 수 있다.

0882 telescope

[téləskòup]

tele

명 망원경

We looked at the stars through a **telescope**.

우리는 망원경으로 별을 보았다.

명 microscope 현미경

0883 galaxy

[gǽləksi]

ga

명 은하

There are billions of **galaxies** in the universe.

우주에는 수십억 개의 은하가 있다.

0884 Milky Way

[mílki wéi]

명 은하수

Astronomers found the **Milky Way**.

천문학자들은 은하수를 발견했다.

밤하늘에 우유를 뿌려 놓은 것 같다고 해서 은하수를 Milky Way라고 해요.

Voca Coach

0885 **space station** [spéis stèiʃən]

명 **우주 정거장**

They arrived at the **space station**.

그들은 우주 정거장에 도착했다.

space(우주) +station(역, 정거장)

0886 **alien** [éiljən]

a ______

명 **외계인, 외국인** 형 **외계의, 외국의**

I think E.T. is a cute **alien** in the movie. 나는 영화 속 E.T.가 귀여운 외계인이라고 생각한다.

alien은 '색다른, 생경한'이란 뜻으로도 쓰여요.
an alien environment 색다른 환경

0887 **Mercury** [mə́ːrkjuri]

______ cury

명 **수성**

**Mercury** is the closest planet to the Sun.

수성은 태양에 가장 가까운 행성이다.

0888 **Mars** [mɑːrz]

______ s

명 **화성**

We may be able to go to **Mars** in the future.

우리는 미래에 화성에 갈 수 있을지도 모른다.

형 Martian 화성의, 화성에서 온

0889 **Jupiter** [dʒúːpitər]

______ ter

명 **목성**

**Jupiter** is the largest planet in the solar system.

목성은 태양계에서 가장 큰 행성이다.

0890 **Venus** [víːnəs]

Ve ______

명 **금성**

**Venus** is shining brightly in the sky.

금성이 하늘에서 밝게 빛나고 있다.

0891 **Saturn** [sǽtərn]

Sa ______

명 **토성**

**Saturn** is famous for its rings.

토성은 고리들로 유명하다.

0892 **Big Bang** [big bæŋ]

명 **빅뱅**

Do you know the **Big Bang** Theory?

너는 빅뱅 이론을 알고 있니?

빅뱅은 태초에 우주가 만들어진 원인으로 여겨지는 대폭발을 말해요.

Voca Coach

0893 **light year** [láit jiər]

명 광년

A **light year** is the distance that light travels in one year.

광년은 빛이 1년에 이동하는 거리이다.

light(빛)+year(해, 년)

0894 **circulate** [sə́ːrkjəlèit]

late

동 순환하다, 순환시키다, 돌다, 돌리다

The atoms **circulate** through space.

원자들은 우주를 순환한다.

명 circle 원형, 동그라미

0895 **vacuum** [vǽkjuəm]

va

명 진공

Why is the universe in a **vacuum**?

우주가 진공 상태인 이유는 무엇일까?

vacuum cleaner 진공청소기

## Advanced

0896 **eclipse** [iklíps]

e se

명 (일식 · 월식의) 식

There will be a solar **eclipse** today.

오늘 일식이 있을 것이다.

월식은 lunar eclipse 라고 해요.

0897 **satellite** [sǽtəlàit]

sate

명 (인공)위성

We launched a **satellite** this year.

우리는 올해 위성을 발사했다.

0898 **orbit** [ɔ́ːrbit]

or

명 궤도

The satellite entered **orbit** successfully.

그 위성은 성공적으로 궤도에 진입했다.

0899 **astronomy** [əstrɑ́nəmi]

nomy

명 천문학

He studied **astronomy** in the university.

그는 대학에서 천문학을 공부했다.

명 astronomer 천문학자

0900 **asteroid** [ǽstərɔ̀id]

aste

명 소행성

Many **asteroids** pass by the earth every year.

매년 많은 소행성들이 지구를 스쳐 지나간다.

## Daily Check

정답 p.310

**A** 영어는 우리말로, 우리말은 영어로 쓰시오.

| | | | |
|---|---|---|---|
| 01 | light year | 16 | 외계인; 외계의 |
| 02 | rocket | 17 | 우주 |
| 03 | flash | 18 | 화성 |
| 04 | Jupiter | 19 | 발자국 |
| 05 | ring | 20 | 금성 |
| 06 | spaceship | 21 | 토성 |
| 07 | get out of | 22 | (인공)위성 |
| 08 | eclipse | 23 | 승무원 |
| 09 | consist | 24 | 순환하다 |
| 10 | lunar | 25 | 진공 |
| 11 | Big Bang | 26 | 은하수 |
| 12 | telescope | 27 | 우주 정거장 |
| 13 | galaxy | 28 | 궤도 |
| 14 | Mercury | 29 | 천문학 |
| 15 | asteroid | 30 | 혜성 |

**B** 다음 표현을 우리말로 쓰시오.

01 a ring of light
02 a solar eclipse
03 Big Bang Theory
04 find the Milky Way
05 the crew of the first spaceship

**C** 빈칸에 알맞은 단어를 쓰시오.

**01** space : __________ = 우주 : 우주선

**02** solar : __________ = 태양의 : 달의

**03** foot : __________ = 발 : 발자국

**04** __________ : astronomer = 천문학 : 천문학자

**05** circle : __________ = 원형 : 순환하다, 돌다

**06** light : __________ = 빛 : 광년

**D** 암기한 단어를 이용하여 다음 문장을 완성하시오.

**01** 너는 오늘 밤에 혜성을 볼 수 있다.

→ You can see the __________ tonight.

**02** 그들은 우주 정거장에 도착했다.

→ They arrived at the __________ __________.

**03** 우리는 망원경으로 별을 보았다.

→ We looked at the stars through a __________.

**04** 그 위성은 성공적으로 궤도에 진입했다.

→ The satellite entered __________ successfully.

**05** 태양계는 8개의 행성으로 구성되어 있다.

→ The solar system __________s of eight planets.

**06** 우주에는 수십억 개의 은하가 있다.

→ There are billions of __________ in the universe.

〈자음+y〉로 끝나는 명사의 복수형은 y를 i로 고치고 -es를 붙여요.

# DAY 26~30 누적 테스트

* 꼭 암기해야 하는 중요도 최상의 단어들을 확인하세요.

**A** 영어를 우리말로 쓰시오.

01 sunshine
02 newborn
03 shortage
04 snake
05 footprint
06 resource
07 wildlife
08 telescope
09 orbit
10 mist
11 octopus
12 remain
13 expect
14 hatch
15 protect
16 pollute
17 overuse
18 evolve
19 Jupiter
20 temperature

**B** 우리말을 영어로 쓰시오.

01 그림자, 그늘
02 둥지
03 빗방울
04 손상, 피해
05 거미줄, 거미집, 망
06 빙하
07 진공
08 가뭄
09 은하
10 우주
11 고래
12 천둥
13 누출; 새다
14 예측, 예보; 예보하다
15 화성
16 모기
17 오염, 공해
18 탐험하다, 탐구하다
19 촉촉한
20 멸종된, 사라진

정답 p.310

**C** 다음 표현을 우리말로 쓰시오.

01 fold its wings ______________

02 continuous efforts ______________

03 the top of the cliff ______________

04 the five elements of nature ______________

05 grow well in damp conditions ______________

06 the crew of the first spaceship ______________

**D** 암기한 단어를 이용하여 다음 문장을 완성하시오.

01 나는 환경 문제에 관심이 있다.

→ I'm interested in ___________ issues.

명사형은 environment예요.

02 열대 우림에는 다양한 종들이 있다.

→ There are various species in the ___________.

03 태양계는 8개의 행성으로 구성되어 있다.

→ The solar system ___________ of eight planets.

주어가 단수이므로 동사에 -s를 붙여요.

04 기후가 점점 더 따뜻해지고 있다.

→ The ___________ is getting warmer and warmer.

05 저것이 나비인지 나방인지 아니?

→ Do you know if that is a butterfly or a ___________?

06 바다의 흐름을 보면 날씨를 알 수 있다.

→ We can tell the weather by the ___________ of the sea.

월
일

DAY 31

# Energy

☑ 오늘은 에너지 관련 단어를 집중해서 암기할 거예요.

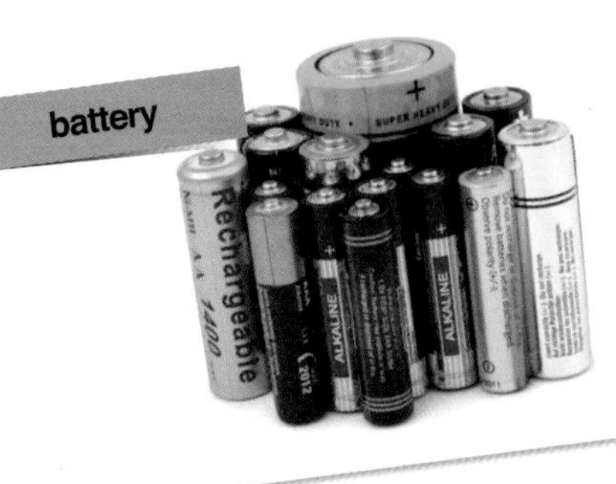

**PREVIEW** 아는 단어에 체크해 보세요. 아는 단어 ___ / 30개

0901 ☐ power
0902 ☐ factory
0903 ☐ dam
0904 ☐ battery
0905 ☐ pedal
0906 ☐ engine
0907 ☐ produce
0908 ☐ coal
0909 ☐ mine
0910 ☐ crisis
0911 ☐ expand
0912 ☐ generate
0913 ☐ nuclear
0914 ☐ windmill
0915 ☐ failure
0916 ☐ natural gas
0917 ☐ conserve
0918 ☐ entire
0919 ☐ rely
0920 ☐ electricity
0921 ☐ transform
0922 ☐ generation
0923 ☐ foundation
0924 ☐ solar collector
0925 ☐ use up
0926 ☐ turn A into B
0927 ☐ efficient
0928 ☐ sufficient
0929 ☐ abundant
0930 ☐ radioactive

## Basic

Voca Coach

0901 power [páuər] po
명 힘, 세력, 권력
They switched off the **power**.
그들이 전기 스위치를 내렸다.
형 powerful 힘이 있는, 영향력 있는

0902 factory [fǽktəri] fac
명 공장
The **factory** uses too much energy.
그 공장은 너무 많은 에너지를 사용한다.
물건을 만들어 내는 곳은 factory라고 하고 전력, 에너지 등을 만들어 내는 곳은 plant라고 해요.
nuclear plant 원자력 발전소

0903 dam [dæm] d
명 댐
They built a **dam** near the village.
그들은 마을 근처에 댐을 건설했다.

0904 battery [bǽtəri] ba
명 배터리, 건전지
I think the **battery** is already dead.
배터리가 벌써 나간 것 같아요.
charge a battery 배터리를 충전하다
야구에서 짝을 이루어 경기를 하는 투수와 포수를 배터리라고 해요.

0905 pedal [pédl] pe
명 페달, 발판
She pressed down hard on the **pedal**.
그녀는 페달을 세게 눌렀다.
work a pedal 페달을 밟다

0906 engine [éndʒən] en
명 엔진, 기관
The train has a big **engine**.
기차는 큰 엔진을 가지고 있다.

0907 produce [prədjúːs] pro
동 생산하다
This place **produces** energy from sunlight.
이곳은 태양광으로 에너지를 생산한다.
명 production 생산

## Intermediate

Voca Coach

0908 **coal** [koul] c

명 석탄
**Coal** is used as fuel.
석탄은 연료로 쓰인다.

coal mine 탄광

0909 **mine** [main] ne

명 광산
Gold came out of the **mine**.
광산에서 금이 나왔다.

mine은 대명사로 '나의 것'이라는 뜻으로도 쓰여요.

0910 **crisis** [kráisis] sis

명 위기
The energy **crisis** is getting worse.
에너지 위기는 악화되고 있다.

0911 **expand** [ikspǽnd] pand

동 확대하다, 확장하다, 팽창시키다
They plan to **expand** renewable energy.
그들은 재생 에너지를 확대할 계획이다.

명 expansion 확장

0912 **generate** [dʒénərèit] rate

동 생성하다, 발생시키다
This machine **generates** heat.
이 기계는 열을 발생시킨다.

명 generation (전기 등의) 발생
≒ make 만들다

0913 **nuclear** [njúːkliər] nu

형 원자력의, 핵의
**Nuclear** energy has a risk of accidents.
원자력 에너지는 사고에 대한 위험성을 가지고 있다.

0914 **windmill** [wíndmìl] mill

명 풍차
The machines get their energy from a **windmill**.
그 기계는 풍차로부터 에너지를 얻는다.

wind(바람) + mill(방앗간, 제분소)
풍차는 전력을 생산하거나 곡물을 부수는 데 사용돼요.

0915 **failure** [féiljər]
____ure

명 **실패**
The new energy plan ended in **failure**.
그 새로운 에너지 계획은 실패로 끝났다.

↔ success 성공

---

0916 **natural gas** [nǽtʃərəl gæs]

명 **천연가스**
Some buses run on **natural gas**.
어떤 버스들은 천연가스로 달린다.

---

0917 **conserve** [kənsə́ːrv]
____ve

동 **아끼다, 아껴 쓰다, 보호하다**
It is important to **conserve** energy.
에너지를 아끼는 것은 중요하다.

≒ preserve 보호하다, 보존하다

---

0918 **entire** [intáiər]
en____

형 **전체의, 완전한**
The **entire** nation should try to save the energy. 나라 전체가 에너지를 절약하기 위해 노력해야 한다.

부 entirely 전적으로, 완전히
≒ whole 전체의

---

0919 **rely** [rilái]
____ly

동 **의존하다, 의지하다, 믿다, 신뢰하다**
The country heavily **relies** on fossil fuel.
그 나라는 화석 연료에 크게 의존한다.

rely on ~에 의존[의지]하다

---

0920 **electricity** [ilektrísəti]
____tri____

명 **전기**
The car runs on **electricity**.
그 차는 전기로 간다.

형 electric 전기의
≒ power (공급되는) 전기

---

0921 **transform** [trænsfɔ́ːrm]
____form

동 **바꾸다, 변형시키다**
It **transforms** the energy into electricity.
그것은 에너지를 전기로 바꾼다.

≒ change 바꾸다

---

0922 **generation** [dʒènəréiʃən]
____ration

명 **(전기 등의) 발생; 세대**
There is a facility for energy **generation**.
에너지 발생 시설이 있다.

동 generate 발생시키다, 만들어 내다
Z세대는 Generation Z (줄여서 Gen Z)라고 하면 돼요.

Voca Coach

0923 foundation [faundéiʃən] ___ation

명 기반, 토대; 재단

The building has a solid **foundation**.

그 빌딩은 튼튼한 기반을 가지고 있다.

0924 solar collector [sóulər kəléktər]

명 태양열 집열기

A **solar collector** collects heat by absorbing sunlight.

태양열 집열기는 햇빛을 흡수해서 열을 모은다.

solar(태양의) +collector(수집기)

0925 use up

다 써 버리다

We worry that we will **use up** the fuel.

우리는 연료를 다 써 버릴까 걱정한다.

0926 turn A into B

A를 B로 바꾸다

They **turn** wind **into** energy.

그들은 바람을 에너지로 변화시킨다.

## Advanced

0927 efficient [ifíʃənt] ___cient

형 효율적인, 능률적인

This system is very **efficient**.

이 시스템은 매우 효율적이다.

↔ inefficient 비효율적인

0928 sufficient [səfíʃənt] ___cient

형 충분한

There is **sufficient** energy to power 40,000 homes.

4만 가구에 동력을 공급할 충분한 에너지가 있다.

↔ insufficient 불충분한

0929 abundant [əbʌ́ndənt] ___dant

형 풍부한

Our country is **abundant** in natural resources.

우리나라는 천연자원이 풍부하다.

0930 radioactive [rèidiouǽktiv] ___active

형 방사능을 가진

Uranium is a **radioactive** element.

우라늄은 방사성 물질이다.

명 radiation 방사선

## Daily Check

정답 p.310

**A** 영어는 우리말로, 우리말은 영어로 쓰시오.

| | | | |
|---|---|---|---|
| **01** | rely | **16** | 공장 |
| **02** | power | **17** | 아끼다, 보호하다 |
| **03** | dam | **18** | 전체의, 완전한 |
| **04** | battery | **19** | 생산하다 |
| **05** | pedal | **20** | 엔진, 기관 |
| **06** | abundant | **21** | 바꾸다, 변형시키다 |
| **07** | generation | **22** | 천연가스 |
| **08** | coal | **23** | 기반, 토대; 재단 |
| **09** | mine | **24** | 태양열 집열기 |
| **10** | sufficient | **25** | 위기 |
| **11** | expand | **26** | A를 B로 바꾸다 |
| **12** | generate | **27** | 효율적인, 능률적인 |
| **13** | electricity | **28** | 원자력의, 핵의 |
| **14** | windmill | **29** | 실패 |
| **15** | use up | **30** | 방사능을 가진 |

**B** 다음 표현을 우리말로 쓰시오.

**01** build a dam

**02** a big engine

**03** generate heat

**04** nuclear energy

**05** a solid foundation

**C** 빈칸에 알맞은 단어를 쓰시오.

**01** ______________ : production = 생산하다 : 생산

**02** success ↔ ______________ = 성공 ↔ 실패

**03** ______________ : powerful = 힘 : 힘이 있는

**04** e______________ ≒ whole = 전체의

**05** ______________ ↔ insufficient = 충분한 ↔ 불충분한

**06** preserve ≒ c______________ = 보호하다

**D** 암기한 단어를 이용하여 다음 문장을 완성하시오.

**01** 이 시스템은 매우 효율적이다.

→ This system is very ____________.

**02** 광산에서 금이 나왔다.

→ Gold came out of the ____________.

이 어휘는 대명사로 '나의 것'이란 의미도 있어요.

**03** 그들은 바람을 에너지로 변화시킨다.

→ They ____________ wind ____________ energy.

**04** 그들은 재생 에너지를 확대할 계획이다.

→ They plan to ____________ renewable energy.

**05** 어떤 버스들은 천연가스로 달린다.

→ Some buses run on ____________ ____________.

**06** 그 기계는 풍차로부터 에너지를 얻는다.

→ The machines get their energy from a ____________.

월
일
DAY 32

# Science & Technology

☑ 오늘은 과학과 기술 관련 단어를 집중해서 암기할 거예요.

**PREVIEW** 아는 단어에 체크해 보세요. 아는 단어 ___ / 30개

| | | | | | |
|---|---|---|---|---|---|
| 0931 | ☐ | science | 0946 | ☐ | method |
| 0932 | ☐ | fail | 0947 | ☐ | measure |
| 0933 | ☐ | result | 0948 | ☐ | cell |
| 0934 | ☐ | brain | 0949 | ☐ | prove |
| 0935 | ☐ | machine | 0950 | ☐ | magnet |
| 0936 | ☐ | important | 0951 | ☐ | inspect |
| 0937 | ☐ | technology | 0952 | ☐ | visible |
| 0938 | ☐ | research | 0953 | ☐ | charge |
| 0939 | ☐ | develop | 0954 | ☐ | device |
| 0940 | ☐ | impossible | 0955 | ☐ | come true |
| 0941 | ☐ | invent | 0956 | ☐ | formula |
| 0942 | ☐ | inform | 0957 | ☐ | virtual |
| 0943 | ☐ | imagine | 0958 | ☐ | devise |
| 0944 | ☐ | chemical | 0959 | ☐ | multiply |
| 0945 | ☐ | experiment | 0960 | ☐ | gravity |

## Basic

Voca Coach

0931 science [sáiəns] ____ce
명 과학
**Science** makes our lives better.
과학은 우리 삶을 더 낫게 만든다.
명 scientist 과학자

0932 fail [feil] f__l
동 실패하다, (시험에) 떨어지다
The scientist **failed** to prove her theory.
그 과학자는 자신의 이론을 증명하는 데 실패했다.
명 failure 실패
↔ succeed 성공하다
pass (시험에) 통과하다

0933 result [rizʌ́lt] re____
명 결과, 성과 동 (~의 결과로) 생기다
The **result** of his research was no surprise.
그의 연구 결과는 놀랍지 않았다.
as a result 그 결과로, 결과적으로

0934 brain [brein] b____
명 뇌, 두뇌
The **brain** reviews data while you sleep.
여러분이 자는 동안 뇌는 자료를 검토한다.

0935 machine [məʃíːn] ma____
명 기계
How does this **machine** work?
이 기계는 어떻게 작동되나요?

0936 important [impɔ́ːrtənt] ____ant
형 중요한
What is the most **important** part of science?
과학의 가장 중요한 부분은 무엇인가요?
명 importance 중요성

0937 technology [teknɑ́lədʒi] te____gy
명 기술
This **technology** is in its early stages.
이 기술은 초기 단계이다.
명 high-tech 하이테크, 첨단 기술

DAY 32

## Intermediate

Voca Coach

0938 research
[risə́ːrtʃ]
re ___ ch
명 연구, 조사 동 연구하다, 조사하다
They did some **research** on the machine.
그들은 그 기계에 대한 연구를 했다.
명 researcher 연구원
≒ study 연구, 조사

0939 develop
[divéləp]
de ___
동 개발하다, 발전시키다
They **developed** vaccines against the virus.
그들은 바이러스에 대한 백신을 개발했다.
명 development 발전, 개발

0940 impossible
[impɑ́səbl]
im ___ ble
형 불가능한, 있을 수 없는
It is **impossible** to travel to Mars yet.
화성을 여행하는 것은 아직 불가능하다.
↔ possible 가능한

0941 invent
[invént]
in ___
동 발명하다
Nobel is the chemist who **invented** dynamite.
노벨은 다이너마이트를 발명한 화학자이다.
명 invention 발명

0942 inform
[infɔ́ːrm]
in ___
동 알리다
I'll **inform** you if there is any change.
혹시 변동이 있으면 너에게 알려 줄게.
명 information 정보

0943 imagine
[imǽdʒin]
ima ___
동 상상하다, 생각하다
I can't **imagine** life without the Internet.
나는 인터넷이 없는 삶을 상상할 수도 없다.
명 imagination 상상력, 상상

0944 chemical
[kémikəl]
___ cal
형 화학의, 화학적인 명 화학 물질
What is the **chemical** symbol for hydrogen?
수소의 화학 기호는 무엇이니?
명 chemistry 화학, 화학 반응

0945 experiment
[ikspérəmənt]
___ ment
명 실험 동 실험하다
This is a very simple **experiment**.
이것은 아주 간단한 실험이다.
동 [ikspérəmènt]

0946 **method**
[méθəd]
me

명 방법
The scientific **method** is used worldwide.
그 과학적 방법은 전 세계적으로 쓰인다.

0947 **measure**
[méʒər]
sure

동 측정하다, 재다
Please **measure** the length of the square.
사각형의 길이를 측정해 주세요.

measure가 명사로 쓰일 때 '조치'라는 뜻이 있어요.
measures against the virus
바이러스에 대한 조치

0948 **cell**
[sel]
ce

명 세포; (큰 구조의 작은) 칸
A **cell** is the basic unit of life.
세포는 생물의 기본 구성단위이다.

0949 **prove**
[pru:v]
ve

동 증명하다, 입증하다
Can you **prove** that it is impossible?
그것이 불가능하다는 것을 증명할 수 있나요?

명 proof 증거, 증명

0950 **magnet**
[mǽgnit]
net

명 자석
A **magnet** has the power to attract metal.
자석은 금속을 끌어당기는 힘을 가지고 있다.

0951 **inspect**
[inspékt]
ins

동 조사하다, 점검하다
The team **inspected** it using scientific methods.
그 팀은 과학적인 방법을 써서 그것을 조사했다.

명 inspection 조사, 점검

0952 **visible**
[vízəbl]
ble

형 눈에 보이는, 가시적인
The star is **visible** without a telescope.
그 별은 망원경 없이도 보인다.

↔ invisible
눈에 보이지 않는

0953 **charge**
[tʃɑ:rdʒ]
ge

동 충전하다; 청구하다 명 요금, 청구; 담당
You must **charge** the battery before using it.
사용하기 전에 배터리를 충전해야 해요.

명 charger 충전기

0954 device
[diváis]
de

명 장치, 기구
This is a **device** to measure brain activity.
이것은 뇌 활동을 측정하는 장치이다.

동 devise 고안하다

0955 come true

실현되다, 이루어지다
The dream of self-driving cars **came true**.
자율 주행차의 꿈은 실현되었다.

## Advanced

0956 formula
[fɔ́ːrmjələ]
la

명 공식, 식, 제조법
Do you know the **formula** to calculate it?
그것을 계산하는 공식을 알고 있니?

0957 virtual
[və́ːrtʃuəl]
tual

형 가상의; 사실상의
They enjoy the **virtual** sports.
그들은 가상 스포츠를 즐긴다.

↔ real 실제의

0958 devise
[diváiz]
de

동 고안하다, 궁리하다
They tried to **devise** a method.
그들은 방법을 고안하기 위해 노력했다.

명 device 장치, 기구

0959 multiply
[mʌ́ltəplài]
ply

동 곱하다, 증식하다
Is it possible to **multiply** these bacteria?
이 박테리아를 증식하는 것이 가능할까요?

↔ divide 나누다
'더하다'는 add, '빼다'는 subtract를 써요.

0960 gravity
[grǽvəti]
gra

명 중력
Newton discovered the law of **gravity**.
뉴턴은 중력의 법칙을 발견했다.

## Daily Check

정답 p.310



**A** 영어는 우리말로, 우리말은 영어로 쓰시오.

**01** magnet
**02** fail
**03** result
**04** science
**05** charge
**06** important
**07** measure
**08** research
**09** develop
**10** multiply
**11** gravity
**12** inform
**13** formula
**14** chemical
**15** experiment
**16** 방법
**17** 뇌, 두뇌
**18** 세포; 칸
**19** 증명하다
**20** 기계
**21** 조사하다, 점검하다
**22** 눈에 보이는
**23** 기술
**24** 장치, 기구
**25** 실현되다
**26** 발명하다
**27** 가상의; 사실상의
**28** 고안하다, 궁리하다
**29** 상상하다, 생각하다
**30** 불가능한

**B** 다음 표현을 우리말로 쓰시오.

**01** the virtual sports
**02** the law of gravity
**03** a device to measure
**04** the scientific method
**05** a very simple experiment

**C** 빈칸에 알맞은 단어를 쓰시오.

**01** ______________ : importance = 중요한 : 중요성

**02** ______________ ↔ invisible = 눈에 보이는 ↔ 눈에 보이지 않는

**03** ______________ : researcher = 연구, 조사 : 연구원

**04** possible ↔ ______________ = 가능한 ↔ 불가능한

**05** imagination : ______________ = 상상 : 상상하다

**06** ______________ : proof = 증명하다 : 증거, 증명

**D** 암기한 단어를 이용하여 다음 문장을 완성하시오.

**01** 이 기계는 어떻게 작동되나요?

→ How does this ___________ work?

**02** 혹시 변동이 있으면 너에게 알려 줄게.

→ I'll ___________ you if there is any change.

**03** 그 과학자는 자신의 이론을 증명하는 데 실패했다.

→ The scientist ___________ to prove her theory.

'실패했다'이므로 -ed를 붙여 과거형으로 써요.

**04** 그들은 바이러스에 대한 백신을 개발했다.

→ They ___________ed vaccines against the virus.

**05** 사용하기 전에 배터리를 충전해야 해요.

→ You must ___________ the battery before using it.

**06** 그의 연구 결과는 놀랍지 않았다.

→ The ___________ of his research was no surprise.

월
일

DAY 33

# Computers & Communication

☑ 오늘은 컴퓨터와 의사소통 관련 단어를 집중해서 암기할 거예요.

**PREVIEW** 아는 단어에 체크해 보세요. 아는 단어 / 30개

| | | | | | |
|---|---|---|---|---|---|
| 0961 | ☐ | computer | 0976 | ☐ | operator |
| 0962 | ☐ | Internet | 0977 | ☐ | skillful |
| 0963 | ☐ | system | 0978 | ☐ | laptop |
| 0964 | ☐ | search | 0979 | ☐ | frame |
| 0965 | ☐ | screen | 0980 | ☐ | delete |
| 0966 | ☐ | link | 0981 | ☐ | access |
| 0967 | ☐ | file | 0982 | ☐ | graphic |
| 0968 | ☐ | download | 0983 | ☐ | volume |
| 0969 | ☐ | communicate | 0984 | ☐ | cable |
| 0970 | ☐ | wireless | 0985 | ☐ | plug |
| 0971 | ☐ | website | 0986 | ☐ | vaccine |
| 0972 | ☐ | code | 0987 | ☐ | capture |
| 0973 | ☐ | online | 0988 | ☐ | combination |
| 0974 | ☐ | fault | 0989 | ☐ | disturb |
| 0975 | ☐ | edit | 0990 | ☐ | get used to |

## Basic

Voca Coach

0961 **computer** [kəmpjúːtər] compu

명 **컴퓨터**

I want to buy a new **computer**.

나는 새 컴퓨터를 사고 싶다.

동 compute (컴퓨터로) 계산하다

0962 **Internet** [íntərnèt] net

명 **인터넷**

The **Internet** in our country is really fast.

우리나라의 인터넷은 진짜 빠르다.

0963 **system** [sístəm] tem

명 **체계, 시스템**

The **system** worked well at first.

처음에는 그 시스템이 잘 작동했다.

형 systematic 체계적인

0964 **search** [səːrtʃ] ch

동 **찾아보다, 조사하다** 명 **검색, 찾기**

Let's **search** it on the Internet.

그것을 인터넷에서 찾아보자.

0965 **screen** [skriːn] sc

명 **화면, 스크린** 동 **가리다, 차단하다**

Please look at the **screen** in front of you.

앞에 있는 화면을 봐 주세요.

on screen 영화에서

0966 **link** [liŋk] l

동 **연결하다** 명 **관련, 관계**

The Internet **links** people all over the world.

인터넷은 전 세계 사람들을 연결해 준다.

≒ connect 연결하다

0967 **file** [fail] fi

명 **파일, 자료**

I was unable to open the attached **file**.

나는 그 첨부 파일을 열 수 없었다.

0968 **download** [dáunlòud] load

동 **내려받다, 다운로드하다**

You can **download** the file from here.

그 파일을 여기에서 다운로드할 수 있어요.

↔ upload 업로드하다

## Intermediate

Voca Coach

0969 **communicate** [kəmjúːnəkèit] muni
동 (의사)소통하다, 통신하다
Body language is a good way to **communicate**.
보디랭귀지는 의사소통하는 좋은 방법이다.
명 communication 소통, 의사소통

0970 **wireless** [wáiərlis] less
형 무선의 명 무선
It is connected by **wireless** network.
그것은 무선 네트워크로 연결되어 있다.
명 wire 철사, 전선 + -less(-이 없는)

0971 **website** [wébsait] site
명 웹사이트
I found the information on this **website**.
나는 이 웹사이트에서 정보를 찾았다.

0972 **code** [koud]
명 암호, 부호
Enter the **code** to unlock your smartphone.
스마트폰을 잠금 해제를 하려면 암호를 입력하세요.
zip code 우편번호

0973 **online** [ɔ́nlàin] line
형 온라인의 부 온라인으로
People take pictures to post **online**.
사람들은 온라인에 게시하기 위해 사진을 찍는다.

0974 **fault** [fɔːlt] lt
명 잘못, 과실, 결점
Those errors are not my **fault**.
그 오류들은 나의 잘못이 아니다.
형 faulty 흠이 있는, 불완전한

0975 **edit** [édit] e
동 편집하다, 수정하다
You can also **edit** your book online.
여러분은 또한 온라인에서 여러분의 책을 편집할 수 있다.
명 editor 편집자

Voca Coach

0976 □□□ **operator** [ápərèitər] ▒▒tor

명 (기계를) 조작하는 사람, 기사
The **operator** is very good at handling machines.
그 기사는 기계를 다루는 것을 매우 잘한다.

동 operate (기계가) 작동하다, (기계를) 작동하다

---

0977 □□□ **skillful** [skílfəl] ▒▒ful

형 숙련된, 능숙한, 솜씨 있는
We should practice to become a **skillful** player.
우리는 숙련된 선수가 되기 위해 연습해야 한다.

명 skill 기량, 기술
≒ skilled 숙련된, 노련한

---

0978 □□□ **laptop** [lǽptɑ̀p] ▒▒top

명 노트북[휴대용] 컴퓨터
I lost all the data on my **laptop**.
나는 노트북의 모든 데이터를 잃었다.

명 desktop 탁상용[데스크톱] 컴퓨터

---

0979 □□□ **frame** [freim] ▒▒me

명 틀, 뼈대, 프레임
They put the GPS chip in the **frame** of the bike.
그들은 GPS 칩을 자전거의 프레임에 넣었다.

---

0980 □□□ **delete** [dilíːt] ▒▒te

동 삭제하다
Always check the file before you **delete** it.
파일을 삭제하기 전에 항상 확인하세요.

≒ remove

---

0981 □□□ **access** [ǽkses] ac▒▒

명 접속, 접근(권) 동 접속하다, 접근하다
This system is difficult to **access**.
이 시스템은 접근하기 어렵다.

---

0982 □□□ **graphic** [grǽfik] ▒▒ic

형 그래픽의, 도표의 명 (컴퓨터의) 그래픽
Most films use computer **graphics**.
대부분의 영화들이 컴퓨터 그래픽을 사용한다.

영화나 방송에서 흔히 쓰는 용어인 CG는 computer graphic의 약자예요.

---

0983 □□□ **volume** [vɑ́ljuːm] ▒▒ume

명 (TV · 라디오 등의) 음량; 양, 용량
Can you turn down the **volume**?
음량을 낮춰 주시겠어요?

Voca Coach

0984 cable

[kéibl]

le

명 **전선, 케이블**

He connected a **cable** to the computer.

그는 컴퓨터에 케이블을 연결했다.

케이블카(cable car)는 케이블, 즉 전선으로 연결된 차를 뜻해요.

0985 plug

[plʌg]

동 **플러그를 끼우다** 명 **플러그**

Just **plug** in the cables.

케이블의 플러그를 끼우기만 하세요.

↔ unplug 플러그를 뽑다

DAY 33

## Advanced

0986 vaccine

[væksíːn]

cine

명 **백신, 바이러스 예방 프로그램**

Just like us, computers need a **vaccine**, too.

우리와 마찬가지로, 컴퓨터도 백신이 필요하다.

0987 capture

[kǽptʃər]

cap

동 **캡처하다, 포착하다, 붙잡다**

Can I **capture** a window or the screen?

창이나 화면을 캡처할 수 있나요?

0988 combination

[kɑ̀mbənéiʃən]

bi

명 **결합, 조합**

It was the **combination** of science and art.

그것은 과학과 예술의 결합이었다.

동 combine 결합하다

0989 disturb

[distə́ːrb]

dis

동 **방해하다, 어지럽히다**

I'm sorry to **disturb** you, but can you help me?

방해해서 미안한데, 나를 도와줄 수 있니?

0990 get used to

**~에 익숙해지다**

You will **get used to** communicating in English.

너는 영어로 소통하는 것에 익숙해질 것이다.

get used to 뒤에는 명사를 써요. 그래서 동사를 쓰고 싶으면 -ing 형태의 동명사를 써야 해요.

Daily Check

정답 p.311

**A** 영어는 우리말로, 우리말은 영어로 쓰시오.

**01** operator
**02** Internet
**03** laptop
**04** frame
**05** screen
**06** link
**07** file
**08** graphic
**09** communicate
**10** plug
**11** website
**12** disturb
**13** online
**14** combination
**15** get used to
**16** 컴퓨터
**17** 숙련된, 능숙한
**18** 찾아보다; 검색
**19** 체계, 시스템
**20** 삭제하다
**21** 접속; 접속하다
**22** 내려받다
**23** 음량; 양, 용량
**24** 전선, 케이블
**25** 무선의; 무선
**26** 백신
**27** 캡처하다, 붙잡다
**28** 암호, 부호
**29** 잘못, 과실, 결점
**30** 편집하다, 수정하다

**B** 다음 표현을 우리말로 쓰시오.

**01** enter the code
**02** a new computer
**03** the attached file
**04** look at the screen
**05** turn down the volume

**C** 빈칸에 알맞은 단어를 쓰시오.

01 ______________ : desktop = 노트북 컴퓨터 : 탁상용 컴퓨터

02 ______________ ↔ unplug = 플러그를 끼우다 ↔ 플러그를 뽑다

03 skill : ______________ = 기량, 기술 : 숙련된

04 operate : ______________ = (기계를) 작동하다 : (기계를) 조작하는 사람

05 combine : ______________ = 결합하다 : 결합

06 wire : ______________ = 철사, 전선 : 무선의

DAY 33

**D** 암기한 단어를 이용하여 다음 문장을 완성하시오.

01 그것을 인터넷에서 찾아보자.

→ Let's ___________ it on the Internet.

02 이 시스템은 접근하기 어렵다.

→ This system is difficult to ___________.

03 그 파일을 여기에서 다운로드할 수 있어요.

→ You can ___________ the file from here.

04 그는 컴퓨터에 케이블을 연결했다.

→ He connected a ___________ to the computer.

05 파일을 삭제하기 전에 항상 확인하세요.

→ Always check the file before you ___________ it.

06 인터넷은 전 세계 사람들을 연결해 준다.

→ The Internet ___________ people all over the world.

단수 주어이므로, 동사에 -s를 붙여서 써야 해요.

월
일

DAY 34

# Society

☑ 오늘은 사회 관련 단어를 집중해서 암기할 거예요.

**PREVIEW** 아는 단어에 체크해 보세요. 아는 단어 ___ / 30개

| | | | | | |
|---|---|---|---|---|---|
| 0991 | ☐ | social | 1006 | ☐ | freedom |
| 0992 | ☐ | local | 1007 | ☐ | happen |
| 0993 | ☐ | lead | 1008 | ☐ | various |
| 0994 | ☐ | case | 1009 | ☐ | fame |
| 0995 | ☐ | public | 1010 | ☐ | generally |
| 0996 | ☐ | unit | 1011 | ☐ | community |
| 0997 | ☐ | direct | 1012 | ☐ | unique |
| 0998 | ☐ | powerful | 1013 | ☐ | difference |
| 0999 | ☐ | relationship | 1014 | ☐ | private |
| 1000 | ☐ | symbol | 1015 | ☐ | include |
| 1001 | ☐ | belong | 1016 | ☐ | affect |
| 1002 | ☐ | citizen | 1017 | ☐ | status |
| 1003 | ☐ | tradition | 1018 | ☐ | moral |
| 1004 | ☐ | donate | 1019 | ☐ | individual |
| 1005 | ☐ | common | 1020 | ☐ | on purpose |

## Basic

Voca Coach

0991 **social** [sóuʃəl] so ______
형 **사회적인, 사회의, 사교적인**
It became a **social** problem.
그것은 사회적 문제가 되었다.
명 society 사회, 집단

0992 **local** [lóukəl] lo ______
형 **지역의, 현지의**
The **local** community was shocked by the news.
지역 사회는 그 소식에 충격을 받았다.

0993 **lead** [li:d] l ___ d
동 **이끌다, 안내하다**
One social problem may **lead** to another problem. 하나의 사회 문제는 또 다른 문제로 이어질지 모른다.
명 leader 지도자, 리더

0994 **case** [keis]
명 **경우, 사례, 사건; 상자**
This **case** is a little different.
이번 경우는 좀 다르다.
just in case 만일의 경우에

0995 **public** [pʌ́blik] ______ lic
형 **대중의, 공공의** 명 **대중**
My mom works at a **public** library.
우리 엄마는 공공 도서관에서 일하신다.
↔ private 개인의

0996 **unit** [jú:nit] u ______
명 **구성단위, 한 개, 한 단위**
A family is the basic **unit** of society.
가정은 사회의 기본 단위이다.

0997 **direct** [dirékt] ___ rect
형 **직접적인, 직행의**
The event had a **direct** effect on society.
그 사건은 사회에 직접적인 영향을 미쳤다.
↔ indirect 간접적인

0998 **powerful** [páuərfəl] ______ ful
형 **강력한, 영향력 있는**
She is one of the **powerful** people.
그녀는 가장 영향력 있는 사람들 중 한 명이다.
명 power 힘, 파워, 권력 + -ful(~이 가득한)

DAY 34

## Intermediate

Voca Coach

0999 relationship [riléiʃənʃip] ____ship

명 관계
He has a close **relationship** with the local community.
그는 지역 주민들과 가까운 관계이다.

명 relation 관계 (원래 어휘 뒤에 -ship을 붙여서 그 단어를 유지하는 상태, 자격의 뜻으로 개념을 확장해요.)

1000 symbol [símbəl] ____bol

명 상징, 기호, 부호
Mandela became a **symbol** of peace.
(넬슨) 만델라는 평화의 상징이 되었다.

1001 belong [bilɔ́(:)ŋ] be____

동 속하다, 소속감을 느끼다
We all **belong** to one or more groups in the society.
우리 모두는 사회에서 하나 이상의 그룹에 속해 있다.

belong to ~에 속하다, ~의 소유이다

1002 citizen [sítizən] ____zen

명 시민
She became a Korean **citizen**.
그녀는 한국 시민이 되었다.

인터넷에서 활동하는 사람들을 지칭하는 netizen(네티즌)은 network와 citizen이 더해져서 만들어진 말이에요.

1003 tradition [trədíʃən] ____tion

명 전통
Each country has its own **tradition**.
나라마다 고유의 전통이 있다.

형 traditional 전통적인, 전통의

1004 donate [dóuneit] ____te

동 기부하다, 기증하다
I decided to **donate** my organs after death.
나는 사후에 장기를 기증하기로 결정했다.

명 donation 기부, 기증

1005 common [kámən] co____

형 공통의; 흔한, 보통의
It is a **common** mistake.
그것은 흔한 실수이다.

≒ usual 보통의
common sense 상식

Voca Coach

1006 freedom
[fríːdəm]
dom

명 자유, 해방
**Freedom** is an important value.
자유는 중요한 가치이다.

형 free 자유로운

1007 happen
[hǽpən]
ha

동 발생하다, 일어나다
A historical event **happened** yesterday.
어제 역사적인 사건이 일어났다.

1008 various
[vέ(ː)əriəs]
va

형 다양한, 여러 가지의
It is important to understand **various** traditions.
다양한 전통들을 이해하는 것은 중요하다.

명 variety 여러 가지, 다양성

1009 fame
[feim]
me

명 명성, 평판
The movie gained a lot of **fame** abroad.
그 영화는 해외에서 많은 명성을 얻었다.

형 famous 유명한

1010 generally
[dʒénərəli]
rally

부 일반적으로, 보통
New technology **generally** leads to social change.
새로운 기술은 일반적으로 사회적 변화를 이끈다.

generally speaking 일반적으로 말해서

1011 community
[kəmjúːnəti]
nity

명 지역 사회, 공동체, 커뮤니티
Our town has good **community** facilities.
우리 마을에는 좋은 공동체 시설이 있다.

1012 unique
[juːníːk]
uni

형 독특한, 특이한, 유일한
Every society has **unique** customs.
모든 사회에는 독특한 관습이 있다.

1013 difference
[dífərəns]
rence

명 차이, 다름
Can we overcome the **differences**?
우리가 그 차이를 극복할 수 있을까?

형 different 다른

DAY 34

Voca Coach

1014 **private** [práivit]
pri

㊒ **사유의, 개인의, 전용의**
My **private** life is none of your business.
내 사생활은 네가 상관할 일이 아니다.

㊐ privacy 사생활
↔ public 공공의

1015 **include** [inklúːd]
clu

㊍ **포함하다, 포함시키다**
Our group **includes** children.
우리 그룹은 아이들을 포함한다.

↔ exclude 제외하다

1016 **affect** [əfékt]
ct

㊍ **영향을 미치다**
The teacher's advice **affected** my decision.
선생님의 조언은 나의 결정에 영향을 주었다.

## Advanced

1017 **status** [stéitəs]
tus

㊐ **신분, 지위, 상태, 현황**
Do doctors have a high social **status**?
의사들은 사회적 지위가 높은가요?

health status 건강 상태

1018 **moral** [mɔ́(ː)rəl]
mo

㊒ **도덕적인, 도의적인** ㊐ **도덕성**
We dream of a **moral** society.
우리는 도덕적인 사회를 꿈꾼다.

1019 **individual** [ìndəvídʒuəl]
vidual

㊐ **개인** ㊒ **각각의, 개인의, 1인용의**
Each **individual** may have different opinions.
개인마다 다른 의견을 가질 수 있다.

1020 **on purpose**

**고의로, 일부러**
You must not hurt people **on purpose**.
고의로 사람을 다치게 해서는 안 된다.

㊐ purpose 목적

## Daily Check

정답 p.311

**A** 영어는 우리말로, 우리말은 영어로 쓰시오.

**01** social
**02** happen
**03** lead
**04** case
**05** individual
**06** unit
**07** direct
**08** powerful
**09** relationship
**10** difference
**11** affect
**12** community
**13** generally
**14** donate
**15** on purpose
**16** 자유, 해방
**17** 지역의, 현지의
**18** 다양한
**19** 명성, 평판
**20** 상징, 기호, 부호
**21** 속하다
**22** 독특한, 유일한
**23** 대중의, 공공의
**24** 사유의, 개인의
**25** 포함하다, 포함시키다
**26** 시민
**27** 신분, 지위, 상태
**28** 도덕적인; 도덕성
**29** 공통의; 흔한
**30** 전통



**B** 다음 표현을 우리말로 쓰시오.

**01** a direct effect
**02** a public library
**03** a Korean citizen
**04** a social problem
**05** a common mistake

## C 빈칸에 알맞은 단어를 쓰시오.

01 power : ______________ = 힘 : 강력한

02 public ↔ ______________ = 공공의 ↔ 개인의

03 ______________ : leader = 이끌다 : 지도자, 리더

04 variety : ______________ = 다양성 : 다양한

05 ______________ : different = 차이, 다름 : 다른

06 donation : ______________ = 기부, 기증 : 기부하다, 기증하다

## D 암기한 단어를 이용하여 다음 문장을 완성하시오.

01 나라마다 고유의 전통이 있다.

→ Each country has its own ___________.

02 모든 사회에는 독특한 관습이 있다.

→ Every society has ___________ customs.

03 어제 역사적인 사건이 일어났다.

→ A historical event ___________ yesterday.

'일어났다'가 과거이므로 -ed를 붙여 과거형으로 써야 해요.

04 가정은 사회의 기본 단위이다.

→ A family is the basic ___________ of society.

05 개인마다 다른 의견을 가질 수 있다.

→ Each ___________ may have different opinions.

06 그는 지역 주민들과 가까운 관계이다.

→ He has a close ___________ with the local community.

월
일
DAY 35

# Economy

☑ 오늘은 경제 관련 단어를 집중해서 암기할 거예요.

export

**PREVIEW** 아는 단어에 체크해 보세요. 아는 단어 ___ / 30개

1021 ☐ product
1022 ☐ risk
1023 ☐ value
1024 ☐ salary
1025 ☐ rise
1026 ☐ select
1027 ☐ borrow
1028 ☐ lend
1029 ☐ debt
1030 ☐ deal
1031 ☐ account
1032 ☐ trade
1033 ☐ whole
1034 ☐ predict
1035 ☐ economy
1036 ☐ wealth
1037 ☐ fee
1038 ☐ profit
1039 ☐ provide
1040 ☐ gain
1041 ☐ invest
1042 ☐ import
1043 ☐ export
1044 ☐ employ
1045 ☐ saving
1046 ☐ consumer
1047 ☐ output
1048 ☐ supply
1049 ☐ expense
1050 ☐ fortune

## Basic

Voca Coach

1021 product [prádəkt] pro

명 제품, 생산품, 결과물

You can buy our **products** at all stores.

저희 제품은 모든 상점에서 구매하실 수 있습니다.

동 produce 생산하다

1022 risk [risk] sk

명 위험, 위험 요소

People don't like to take **risks**.

사람들은 위험을 감수하는 것을 좋아하지 않는다.

1023 value [vǽljuː] va

명 가치 동 가치 있게 여기다

It has no **value** to me.

그것은 내게 아무런 가치가 없다.

형 valuable 소중한, 가치 있는

1024 salary [sǽləri] ry

명 급여, 월급

This month's **salary** includes a bonus.

이번 달 급여에는 보너스가 포함되어 있다.

≒ pay 급료

1025 rise [raiz] se

동 증가하다, 오르다 명 증가, 상승

House prices **rose** 3 percent this year.

집값이 올해 3퍼센트 올랐다.

(과거형) rose-risen

1026 select [silékt] se t

동 선택하다, 고르다

**Select** only one out of the five.

5개 중에서 한 가지만 선택해라.

1027 borrow [bárou] bo

동 빌리다

He **borrowed** money from a bank.

그는 은행에서 돈을 빌렸다.

↔ lend 빌려주다

1028 lend [lend] d

동 빌려주다

The bank **lent** money to him.

은행은 그에게 돈을 빌려주었다.

(과거형) lent-lent

↔ borrow 빌리다

## Intermediate

Voca Coach

1029 **debt** [det] ▢▢▢ t

명 빚, 부채

He will pay off his **debts** this year.

그는 올해 그의 빚을 갚을 것이다.

1030 **deal** [di:l] d ▢ l

명 거래, 합의, 취급 동 거래하다, 다루다

They suffered a loss in that **deal**.

그들은 그 거래에서 손해를 보았다.

'별일(크게 취급할 일) 아니다.'라고 말할 때, It is not a big deal.을 써요.

1031 **account** [əkáunt] ac ▢

명 (은행) 계좌; 예금

I made a new **account** at the bank.

나는 은행에서 새로운 계좌를 만들었다.

1032 **trade** [treid] ▢ de

동 거래하다, 무역하다 명 거래, 무역

Do they **trade** used computers?

그들은 중고 컴퓨터를 거래하나요?

1033 **whole** [houl] ▢ le

형 전체의, 모든 명 전체

The **whole** town is a market place.

그 마을 전체가 시장이다.

≒ entire 전체의

1034 **predict** [pridíkt] ▢ dict

동 예측하다

It is impossible to **predict** the future.

미래를 예측하는 것은 불가능하다.

명 prediction 예측

1035 **economy** [ikánəmi] ▢ my

명 경제, 경기

The **economy** is not good these days.

요즘 경기가 좋지 않다.

명 economic 경제의, 경기의

1036 wealth [welθ] th

명 부, 재산
His **wealth** is the result of hard work.
그의 부는 열심히 일한 결과이다.

1037 fee [fiː] f

명 수수료, 요금
There is no entrance **fee** to the museum.
그 박물관에는 입장료가 없다.

≒ charge 요금

1038 profit [prάfit] fit

명 이익, 수익, 이윤
His company made a lot of **profits** last year.
그의 회사는 작년에 많은 이익을 보았다.

↔ loss 손실, 손해

1039 provide [prəváid] pro

동 공급하다, 제공하다
They **provide** a service for the public.
그들은 대중에게 서비스를 제공한다.

1040 gain [gein] g n

동 (원하는 것을) 얻다 명 이익, 증가
There is nothing to **gain** from the trade.
그 거래로 얻을 것이 하나도 없다.

↔ lose 잃다

1041 invest [invést] in

동 투자하다
They will **invest** one million dollars in new technology.
그들은 신기술에 100만 달러를 투자할 것이다.

명 investment 투자

1042 import [impɔ́ːrt] port

동 수입하다 명 수입, 수입품
We **import** various products from China.
우리는 중국에서 다양한 제품을 수입한다.

명 [ímpɔːrt]
↔ export 동 수출하다 명 수출

1043 export [ikspɔ́ːrt] port

동 수출하다 명 수출, 수출품
They **export** TVs to the United States.
그들은 미국으로 TV를 수출한다.

명 [ékspɔːrt]
↔ import 동 수입하다 명 수입

Voca Coach

1044 employy

**employ**

[implɔ́i]

em

동 고용하다

They will **employ** him as their lawyer.

그들은 그를 변호사로 고용할 것이다.

명 employee 종업원, 피고용자
명 employer 고용주, 고용인

1045

**saving**

[séiviŋ]

ing

명 저축, 저금; 절약

We are running out of **savings**.

우리는 저축이 바닥나고 있다.

동 save 저축하다; 절약하다; 구하다

1046

**consumer**

[kənsjúːmər]

mer

명 소비자

More farms are selling directly to **consumers**.

더 많은 농장들이 소비자에게 직접 판매하고 있다.

동 consume 소비하다
↔ producer 생산자

## Advanced

1047

**output**

[áutpùt]

put

명 생산량, 산출량, 출력

The **output** reached a peak this year.

올해 생산량이 최고에 달했다.

↔ input 투입량, 입력

1048

**supply**

[səplái]

su

명 공급 동 공급하다

**Supply** and demand do not match.

공급과 수요가 맞지 않다.

↔ demand 명 수요 동 요구하다

1049

**expense**

[ikspéns]

se

명 지출, 비용

We can save a lot of **expense** if we make a plan.

우리가 계획을 세운다면 많은 비용을 절약할 수 있다.

≒ cost 비용
↔ income 수입, 소득

1050

**fortune**

[fɔ́ːrtʃən]

tune

명 재산, 부; 운

He donated his entire **fortune**.

그는 그의 전 재산을 기부했다.

점이나 운을 봐 주는 사람을 fortuneteller라고 해요.

정답 p.311

**A** 영어는 우리말로, 우리말은 영어로 쓰시오.

**01** saving

**02** wealth

**03** value

**04** fee

**05** rise

**06** select

**07** supply

**08** expense

**09** provide

**10** deal

**11** profit

**12** trade

**13** salary

**14** product

**15** economy

**16** 위험, 위험 요소

**17** 빌리다

**18** 빌려주다

**19** 고용하다

**20** 얻다; 이익, 증가

**21** 투자하다

**22** 수입하다; 수입

**23** 수출하다; 수출

**24** 빚, 부채

**25** (은행) 계좌; 예금

**26** 소비자

**27** 생산량, 출력

**28** 전체의, 모든; 전체

**29** 예측하다

**30** 재산, 부; 운

**B** 다음 표현을 우리말로 쓰시오.

**01** take risks

**02** entrance fee

**03** a new account

**04** pay off his debts

**05** predict the future

**C** 빈칸에 알맞은 단어를 쓰시오.

| | | | |
|---|---|---|---|
| 01 | ________ ↔ income | = | 지출 ↔ 수입 |
| 02 | produce : ________ | = | 생산하다 : 제품, 생산품 |
| 03 | ________ ↔ demand | = | 공급 ↔ 수요 |
| 04 | ________ : employee | = | 고용하다 : 종업원 |
| 05 | save : ________ | = | 저축하다 : 저축, 저금 |
| 06 | entire ≒ w________ | = | 전체의 |

DAY 35

**D** 암기한 단어를 이용하여 다음 문장을 완성하시오.

**01** 그는 은행에서 돈을 빌렸다.

→ He ________ed money from a bank.

**02** 그들은 중고 컴퓨터를 거래하나요?

→ Do they ________ used computers?

**03** 요즘 경기가 좋지 않다.

→ The ________ is not good these days.

**04** 이번 달 급여에는 보너스가 포함되어 있다.

→ This month's ________ includes a bonus.

**05** 우리는 중국에서 다양한 제품을 수입한다.

→ We ________ various products from China.

반의어는 export(수출하다)예요.

**06** 집값이 올해 3퍼센트 올랐다.

→ House prices ________ 3 percent this year.

rise의 불규칙 과거형을 써야 해요.

# DAY 31~35 누적 테스트

* 꼭 암기해야 하는 중요도 최상의 단어들을 확인하세요.

**A** 영어를 우리말로 쓰시오.

| | | | |
|---|---|---|---|
| 01 | public | 11 | generate |
| 02 | battery | 12 | laptop |
| 03 | search | 13 | belong |
| 04 | salary | 14 | use up |
| 05 | electricity | 15 | affect |
| 06 | trade | 16 | inform |
| 07 | link | 17 | include |
| 08 | gain | 18 | come true |
| 09 | various | 19 | import |
| 10 | result | 20 | chemical |

**B** 우리말을 영어로 쓰시오.

| | | | |
|---|---|---|---|
| 01 | 자석 | 11 | 고안하다, 궁리하다 |
| 02 | 틀, 뼈대, 프레임 | 12 | 원자력의, 핵의 |
| 03 | 발명하다 | 13 | 자유, 해방 |
| 04 | 삭제하다 | 14 | 무선의; 무선 |
| 05 | 빚, 부채 | 15 | 차이, 다름 |
| 06 | 생산하다 | 16 | 예측하다 |
| 07 | (의사)소통하다 | 17 | 위기 |
| 08 | 전통 | 18 | 잘못, 과실, 결점 |
| 09 | 측정하다, 재다 | 19 | 투자하다 |
| 10 | (은행) 계좌; 예금 | 20 | 천연가스 |

**C** 다음 표현을 우리말로 쓰시오.

**01** conserve energy ______________________

**02** a symbol of peace ______________________

**03** have a solid foundation ______________________

**04** donate his entire fortune ______________________

**05** a very simple experiment ______________________

**06** the combination of science and art ______________________

**D** 암기한 단어를 이용하여 다음 문장을 완성하시오.

**01** 올해 생산량이 최고에 달했다.

→ The ___________ reached a peak this year.

**02** 뉴턴은 중력의 법칙을 발견했다.

→ Newton discovered the law of ___________.

**03** 나는 인터넷이 없는 삶을 상상할 수도 없다.

→ I can't ___________ life without the Internet.

**04** 그들은 재생 에너지를 확대할 계획이다.

→ They plan to ___________ renewable energy.

**05** 개인마다 다른 의견을 가질 수 있다.

→ Each ___________ may have different opinions.

**06** 너는 영어로 소통하는 것에 익숙해질 것이다.

→ You will ___________ ___________ ___________ communicating in English.

get으로 시작하는 세 단어의 표현이에요. get 대신 be를 쓸 수도 있어요.

월
일

DAY 36

# Politics

☑ 오늘은 정치 관련 단어를 집중해서 암기할 거예요.

**PREVIEW** 아는 단어에 체크해 보세요. 아는 단어 / 30개

| | | | |
|---|---|---|---|
| 1051 | ☐ vote | 1066 | ☐ state |
| 1052 | ☐ leader | 1067 | ☐ represent |
| 1053 | ☐ survey | 1068 | ☐ justice |
| 1054 | ☐ quickly | 1069 | ☐ democracy |
| 1055 | ☐ correctly | 1070 | ☐ majority |
| 1056 | ☐ gap | 1071 | ☐ minority |
| 1057 | ☐ argue | 1072 | ☐ appropriate |
| 1058 | ☐ disagree | 1073 | ☐ immediate |
| 1059 | ☐ wisdom | 1074 | ☐ politics |
| 1060 | ☐ necessary | 1075 | ☐ focus on |
| 1061 | ☐ policy | 1076 | ☐ conclusion |
| 1062 | ☐ elect | 1077 | ☐ candidate |
| 1063 | ☐ official | 1078 | ☐ diplomat |
| 1064 | ☐ government | 1079 | ☐ collaborate |
| 1065 | ☐ pressure | 1080 | ☐ stick to |

## Basic

Voca Coach

1051 vote
[vout]
te

명 투표, 표 동 투표하다
Did you **vote** on the Election Day?
선거일에 투표했나요?

1052 leader
[líːdər]
er

명 지도자, 대표, 선두
She is a very respectable **leader**.
그녀는 매우 존경할 만한 지도자이다.

동 lead 이끌다, 안내하다
명 leadership 지도력, 통솔력

1053 survey
[sərvéi]
vey

명 (설문) 조사 동 (설문) 조사하다
The results of the **survey** is very interesting.
설문 조사 결과는 매우 흥미롭다.

1054 quickly
[kwíkli]
ly

부 빨리, 신속히
They announced the plan **quickly**.
그들은 신속히 그 계획을 발표했다.

형 quick 빠른, 신속한

1055 correctly
[kəréktli]
co ly

부 바르게, 정확하게
They didn't understand him **correctly**.
그들은 그의 이야기를 정확히 이해하지 못했다.

형 correct 맞는, 정확한
≒ properly 올바르게, 정확히

1056 gap
[gæp]

명 차이, 틈, 공백
Generation **gap** always exists.
세대 차이는 항상 존재한다.

1057 argue
[áːrgjuː]
ar

동 논하다, 언쟁하다
They always **argue** with each other.
그들은 늘 서로 다툰다.

명 argument 논쟁, 언쟁, 말다툼

1058 disagree
[dìsəgríː]
dis

동 동의하지 않다, 의견이 다르다
Everybody **disagrees** with that policy.
모두가 그 정책에 동의하지 않는다.

↔ agree 동의하다

## Intermediate

Voca Coach

1059 **wisdom** [wízdəm] ___dom

명 **지혜, 현명함**
We need the **wisdom** of Solomon.
우리는 솔로몬의 지혜가 필요하다.

형 wise 지혜로운, 현명한

1060 **necessary** [nésəsèri] nece___

형 **필요한, 필수적인**
It's **necessary** to vote for someone who can bring political change. 정치적 변화를 가져올 수 있는 사람에게 투표할 필요가 있다.

명 necessity 필요성

1061 **policy** [páləsi] ___cy

명 **정책, 방침**
I don't understand this **policy** at all.
나는 이 정책을 전혀 이해하지 못하겠다.

1062 **elect** [ilékt] e___t

동 **선출하다**
He was **elected** president last year.
그는 작년에 대통령으로 선출되었다.

명 election 선거, 선출

1063 **official** [əfíʃəl] ___cial

형 **공무상의, 공식적인** 명 **공무원**
It was an **official** announcement.
그것은 공식적인 발표였다.

명 officer 공무원

1064 **government** [gʌ́vərnmənt] ___ment

명 **정부, 정권**
A new **government** will be set up soon.
새로운 정부가 곧 수립될 것이다.

동 govern 통치하다

1065 **pressure** [préʃər] ___ure

명 **압력, 압박**
They put too much **pressure** on the officials.
그들은 공무원들에게 과도한 압박을 가했다.

동 press 내리누르다, 밀다
blood pressure 혈압

Voca Coach

1066 state
[steit]
te

명 국가, 주; 상태
The president is the head of the **State**.
대통령은 국가 원수이다.

국가의 의미를 나타낼 때는 '주'와 같은 하위 개념과 구분하기 위해 보통 첫 글자를 대문자로 써요.

1067 represent
[rèprizént]
re sent

동 대표하다, 대신하다
The national team **represents** the country.
국가 대표는 나라를 대표한다.

형 representative 대표적인

1068 justice
[dʒʌ́stis]
tice

명 정의, 공평성
A professor at Harvard wrote a book about **justice**.
하버드의 한 교수가 정의에 관한 책을 썼다.

1069 democracy
[dimákrəsi]
cracy

명 민주주의, 민주국가
What is the meaning of **democracy** to you?
여러분에게 민주주의는 어떤 의미인가요?

형 democratic 민주주의의, 민주적인

1070 majority
[mədʒɔ́(:)rəti]
rity

명 다수, 대다수
Let's apply the **majority** rule.
다수결의 원칙을 적용하자.

↔ minority 소수

1071 minority
[mainɔ́(:)rəti]
rity

명 소수
Only a small **minority** of people agreed.
소수의 사람들만 동의했다.

↔ majority 다수

1072 appropriate
[əpróupriət]
priate

형 적절한, 적합한
Check the **appropriate** box when you vote.
투표할 때 적절한 칸 안에 체크하세요.

1073 immediate
[imí:diət]
diate

형 즉각적인, 당장의
We took **immediate** action.
우리는 즉각적인 행동을 취했다.

부 immediately 즉각, 당장

DAY 36

1074 politics

[pálitiks]

tics

명 정치, 정치학

He teaches **politics** in college.

그는 대학에서 정치학을 가르친다.

형 political 정치적인, 정치의

1075 focus on

~에 초점을 맞추다, ~에 주력하다

The new mayor promised to **focus on** welfare for the elderly.

신임 시장은 노인 복지에 주력하겠다고 약속했다.

## Advanced

1076 conclusion

[kənklúːʒən]

sion

명 결론, 결말, 최종 판단

Nobody argued with that **conclusion**.

그 결론에 언쟁하는 사람은 아무도 없었다.

동 conclude 결론을 내리다

≒ end 결말

1077 candidate

[kǽndidèit]

date

명 후보자, (선거) 출마자

She is the right **candidate** for this election.

그녀는 이 선거에 알맞은 후보이다.

1078 diplomat

[dípləmæ̀t]

mat

명 외교관

He is a **diplomat** in the Korean Embassy in NY.

그는 뉴욕 주재 한국 대사관의 외교관이다.

1079 collaborate

[kəlǽbərèit]

borate

동 협력[협동]하다

The two parties agreed to **collaborate**.

두 정당은 협력하기로 동의했다.

명 collaboration 공동 작업

1080 stick to

~을 고수하다

I will **stick to** my decision.

나는 나의 결정을 고수하겠다.

동 stick 붙이다; 찌르다

## Daily Check

정답 p.311

**A** 영어는 우리말로, 우리말은 영어로 쓰시오.

| | | | |
|---|---|---|---|
| 01 | vote | 16 | 차이, 틈, 공백 |
| 02 | state | 17 | 대표하다, 대신하다 |
| 03 | survey | 18 | 빨리, 신속히 |
| 04 | justice | 19 | 민주주의, 민주국가 |
| 05 | correctly | 20 | 다수, 대다수 |
| 06 | minority | 21 | 정치, 정치학 |
| 07 | argue | 22 | 지도자, 대표 |
| 08 | appropriate | 23 | 즉각적인, 당장의 |
| 09 | wisdom | 24 | 동의하지 않다 |
| 10 | necessary | 25 | 정책, 방침 |
| 11 | collaborate | 26 | 결론, 결말 |
| 12 | candidate | 27 | 선출하다 |
| 13 | official | 28 | 외교관 |
| 14 | focus on | 29 | 정부, 정권 |
| 15 | pressure | 30 | ~을 고수하다 |

**B** 다음 표현을 우리말로 쓰시오.

01 generation gap

02 take immediate action

03 apply the majority rule

04 an official announcement

05 write a book about justice

**C** 빈칸에 알맞은 단어를 쓰시오.

01 lead : ______________ = 이끌다 : 지도자

02 quick : ______________ = 빠른 : 빨리, 신속히

03 ______________ : press = 압력, 압박 : 내리누르다

04 ______________ : wise = 지혜, 현명함 : 지혜로운

05 agree ↔ ______________ = 동의하다 ↔ 동의하지 않다

06 ______________ : political = 정치(학) : 정치적인

**D** 암기한 단어를 이용하여 다음 문장을 완성하시오.

01 나는 이 정책을 전혀 이해하지 못하겠다.

→ I don't understand this __________ at all.

02 그들은 그의 이야기를 정확히 이해하지 못했다.

→ They didn't understand him __________.

03 선거일에 투표했나요?

→ Did you __________ on the Election Day?

04 소수의 사람들만 동의했다.

→ Only a small __________ of people agreed.

반의어는 majority예요.

05 그는 뉴욕 주재 한국 대사관의 외교관이다.

→ He is a __________ in the Korean Embassy in NY.

06 신임 시장은 노인 복지에 주력하겠다고 약속했다.

→ The new mayor promised to __________ __________ welfare for the elderly.

월
일
DAY 37

# Crime & Law

☑ 오늘은 범죄와 법 관련 단어를 집중해서 암기할 거예요.

**PREVIEW** 아는 단어에 체크해 보세요. 아는 단어 ___ / 30개

1081 □ law
1082 □ protest
1083 □ crime
1084 □ legal
1085 □ prison
1086 □ jail
1087 □ kill
1088 □ thief
1089 □ steal
1090 □ proof
1091 □ regulation
1092 □ prohibit
1093 □ rob
1094 □ cheat
1095 □ chase
1096 □ escape
1097 □ punish
1098 □ force
1099 □ murder
1100 □ victim
1101 □ guilty
1102 □ innocent
1103 □ arrest
1104 □ trial
1105 □ keep in mind
1106 □ witness
1107 □ suspect
1108 □ sentence
1109 □ accuse
1110 □ investigate

## Basic

Voca Coach

1081 **law** [lɔː] l

명 **법, 법률**
I've never broken a **law**.
나는 법을 어겨 본 적이 없다.

명 lawyer 변호사

1082 **protest** [próutest] pro

명 **시위, 항의** 동 **항의하다**
A lot of people joined the **protest**.
많은 사람들이 그 시위에 동참했다.

동 [prətést]

1083 **crime** [kraim] me

명 **범죄, 범행**
This is the **crime** scene.
이곳이 범죄 현장이다.

criminal 형 범죄의 명 범죄자, 범인

1084 **legal** [líːgəl] le

형 **합법적인, 법률과 관련된**
It is **legal** in this country.
그것은 이 나라에서는 합법이다.

↔ illegal 불법적인

1085 **prison** [prízən] son

명 **교도소, 감옥**
The criminal must be in **prison** for 50 years.
그 범죄자는 감옥에 50년 동안 있어야 한다.

≒ jail

1086 **jail** [dʒeil] j l

명 **감옥, 구치소**
He spent a few days in **jail**.
그는 감옥에서 며칠을 보냈다.

≒ prison 감옥 (큰 구분 없이 쓰지만 prison은 장기 복역하는 경우, jail은 경범죄, 구금 등 다소 짧게 복역하는 경우에 써요.)

1087 **kill** [kil] ki

동 **죽이다, 목숨을 빼앗다**
I think the biggest crime is to **kill** people. 나는 사람을 죽이는 것이 가장 큰 범죄라고 생각한다.

1088 **thief** [θiːf] f

명 **도둑, 절도범**
The police arrested the **thief**.
경찰이 도둑을 체포했다.

*pl.* thieves

Voca Coach

1089 **steal** [sti:l] st ___ l

동 **훔치다, 도둑질하다**

It is a crime to **steal**.

훔치는 것은 범죄다.

(과거형) stole-stolen

## Intermediate

1090 **proof** [pru:f] p ___ f

명 **증거, 증명**

There is **proof** of the crime.

범죄에 대한 증거가 있다.

≒ evidence 증거

1091 **regulation** [règjəléiʃən] ___ lation

명 **규정, 규칙, 규제, 단속**

This **regulation** does not apply to children.

이 규정은 어린이에게는 적용되지 않는다.

동 regulate 규제하다, 규정하다

1092 **prohibit** [prouhíbit] pro ___

동 **금지하다, 하지 못하게 하다**

Swimming is **prohibited** in this area.

이곳은 수영이 금지되어 있다.

≒ ban 금지하다

1093 **rob** [rɑb]

동 **털다, 도둑질하다**

He **robbed** a bank and stole 1 billion won.

그는 은행을 털어 10억 원을 훔쳤다.

steal이 '물건을 훔치다'라는 의미라면, rob은 '(사람에게서, 가게에서) 물건을 훔치다'라는 행위의 대상이 포함된 의미예요.

1094 **cheat** [tʃi:t] ch ___ t

동 **속이다, 사기 치다, 부정행위를 하다**

The student **cheated** on the test.

그 학생은 시험에서 부정행위를 했다.

≒ trick 속이다

1095 **chase** [tʃeis] ___ se

동 **뒤쫓다, 추적하다** 명 **추격, 추적**

It's the police's duty to **chase** down a criminal to the end.

범인을 끝까지 추적하는 것이 경찰의 의무이다.

chase down ~을 추적하다

1096 escape
[iskéip]
es

동 **탈출하다, 벗어나다** 명 **탈출, 도망**
The criminal tried to **escape** from prison.
그 범죄자는 감옥에서 탈출하려고 했다.

1097 punish
[pʌ́niʃ]
sh

동 **처벌하다, 벌주다**
I think he should be **punished** strongly.
나는 그가 강력하게 처벌받아야 한다고 생각한다.

명 punishment 처벌, 형벌

1098 force
[fɔːrs]
ce

동 **강요하다, 강제하다** 명 **힘, 폭력**
We can't **force** everything by law.
우리는 법으로 모든 것을 강제할 수 없다.

≒ power 힘

1099 murder
[mə́ːrdər]
der

명 **살인, 살해** 동 **살인하다, 살해하다**
They are trying to solve a **murder** case.
그들은 살인 사건을 해결하려고 노력하고 있다.

1100 victim
[víktim]
tim

명 **희생자, 피해자**
I hope there are no **victims** any more.
나는 더 이상 희생자가 없길 바란다.

1101 guilty
[gílti]
ty

형 **유죄의, 죄책감이 드는**
The judge asked if he felt **guilty** or not.
판사는 그가 죄책감을 느꼈는지 아닌지 물었다.

↔ innocent 무죄의

1102 innocent
[ínəsənt]
cent

형 **무죄의, 결백한; 순수한**
The proof shows that she is **innocent**.
그 증거는 그녀가 결백하다는 것을 보여 준다.

↔ guilty 유죄의

1103 arrest
[ərést]
st

동 **체포하다**
Our team finally **arrested** the criminal.
마침내 우리 팀이 범인을 체포했다.

≒ catch

Voca Coach

1104 **trial** [tráiəl]
t l

명 재판; 시도, (성능 등의) 시험
A **trial** is under way in court.
법정에서 재판이 진행되고 있다.

trial and error 시행착오

1105 **keep in mind**

명심하다, 잊지 않고 있다
**Keep in mind** what the teacher says.
선생님이 말씀하시는 것을 명심하세요.

동 keep 유지하다, 계속 ~하다
명 mind 마음, 정신

## Advanced

1106 **witness** [wítnis]
ness

명 목격자, 증인 동 목격하다
There were no **witnesses** to the incident.
그 사건에는 목격자가 없었다.

1107 **suspect** [sʌ́spekt]
sus

명 용의자 동 의심하다
The police asked the **suspect** many questions.
경찰은 용의자에게 많은 질문을 했다.

동 [səspékt]
I suspect him of stealing the money.
나는 그가 돈을 훔쳤다고 의심한다.

1108 **sentence** [séntəns]
sen ce

명 형벌, (형의) 선고 동 선고하다
The judge gave him a heavy **sentence**.
판사는 그에게 무거운 형을 선고했다.

sentence는 '문장'이라는 뜻으로도 아주 많이 써요.

1109 **accuse** [əkjú:z]
se

동 고발하다, 기소하다, 비난하다
He was **accused** of robbery.
그는 강도 혐의로 기소되었다.

1110 **investigate** [invéstəgèit]
tigate

동 수사하다, 조사하다
The police **investigated** the murder case.
경찰은 그 살인 사건을 수사했다.

명 investigation 조사, 수사

## Daily Check

정답 p.311

**A** 영어는 우리말로, 우리말은 영어로 쓰시오.

| | | | |
|---|---|---|---|
| **01** | trial | **16** | 금지하다 |
| **02** | escape | **17** | 법, 법률 |
| **03** | punish | **18** | 강요하다; 힘, 폭력 |
| **04** | victim | **19** | 살인; 살인하다 |
| **05** | prison | **20** | 합법적인 |
| **06** | jail | **21** | 유죄의 |
| **07** | kill | **22** | 무죄의; 순수한 |
| **08** | thief | **23** | 시위, 항의; 항의하다 |
| **09** | steal | **24** | 범죄, 범행 |
| **10** | suspect | **25** | 명심하다 |
| **11** | regulation | **26** | 목격자; 목격하다 |
| **12** | arrest | **27** | 뒤쫓다; 추격 |
| **13** | rob | **28** | 수사하다, 조사하다 |
| **14** | cheat | **29** | 고발하다, 기소하다 |
| **15** | sentence | **30** | 증거, 증명 |

**B** 다음 표현을 우리말로 쓰시오.

**01** arrest the thief

**02** join the protest

**03** the crime scene

**04** cheat on the test

**05** solve a murder case

**C** 빈칸에 알맞은 단어를 쓰시오.

| | | | |
|---|---|---|---|
| 01 | ______ : lawyer | = | 법 : 변호사 |
| 02 | ______ ↔ illegal | = | 합법적인 ↔ 불법적인 |
| 03 | innocent ↔ ______ | = | 무죄의 ↔ 유죄의 |
| 04 | ______ : punishment | = | 처벌하다 : 처벌, 형벌 |
| 05 | regulate : ______ | = | 규제하다 : 규정, 규칙 |
| 06 | evidence ≒ p______ | = | 증거 |

**D** 암기한 단어를 이용하여 다음 문장을 완성하시오.

**01** 이곳은 수영이 금지되어 있다.

→ Swimming is ______ in this area.

'금지되다'라는 의미이므로 수동태인 〈be + 과거분사형〉 형태로 써야 해요.

**02** 우리는 법으로 모든 것을 강제할 수 없다.

→ We can't ______ everything by law.

**03** 그 사건에는 목격자가 없었다.

→ There were no ______es to the incident.

**04** 그 범죄자는 감옥에 50년 동안 있어야 한다.

→ The criminal must be in ______ for 50 years.

비슷한 뜻으로 jail이라는 단어가 있어요.

**05** 선생님이 말씀하시는 것을 명심하세요.

→ ______ ______ ______ what the teacher says.

**06** 범인을 끝까지 추적하는 것이 경찰의 의무이다.

→ It's the police's duty to ______ down a criminal to the end.

DAY 37

월
일
DAY 38

# History

☑ 오늘은 역사 관련 단어를 집중해서 암기할 거예요.

**PREVIEW** 아는 단어에 체크해 보세요. 아는 단어 / 30개

1111 □ peace
1112 □ war
1113 □ army
1114 □ enemy
1115 □ forever
1116 □ language
1117 □ truth
1118 □ kingdom
1119 □ find out
1120 □ period
1121 □ strength
1122 □ original
1123 □ royal
1124 □ honor
1125 □ treasure
1126 □ independence
1127 □ revolution
1128 □ ancient
1129 □ century
1130 □ battle
1131 □ attack
1132 □ weapon
1133 □ gradually
1134 □ defeat
1135 □ go through
1136 □ tribe
1137 □ tragedy
1138 □ colony
1139 □ dynasty
1140 □ empire

## Basic

Voca Coach

1111 **peace** [piːs] ce

명 **평화, 평화로움**
History focuses more on war than on **peace**.
역사는 평화보다 전쟁에 초점을 맞춘다.

형 peaceful 평화로운, 평화적인

1112 **war** [wɔːr] r

명 **전쟁**
There was a **war** at the moment of history.
역사의 순간에 전쟁이 있었다.

1113 **army** [ɑ́ːrmi] my

명 **군대, 육군**
It will remain in the history of the **army**.
그것은 군대의 역사에 남을 것이다.

'공군'은 air force, '해군'은 navy라고 해요.

1114 **enemy** [énəmi] my

명 **적군, 적**
The army fought against the **enemy**.
군대는 적에 대항해 싸웠다.

1115 **forever** [fərévər] ver

부 **영원히, 끊임없이**
History will be remembered **forever**.
역사는 영원히 기억될 것이다.

≒ constantly 끊임없이

1116 **language** [lǽŋgwidʒ] lan ge

명 **언어, 말**
The book is written in an ancient **language**.
그 책은 고대의 언어로 쓰여 있다.

1117 **truth** [truːθ] th

명 **진실, 사실**
Is it a myth or a **truth**?
그것은 신화인가요, 사실인가요?

형 true 진실인, 진실의, 사실의

1118 **kingdom** [kíŋdəm] dom

명 **왕국**
It is the site of an ancient **kingdom**.
그곳은 고대 왕국의 유적지이다.

1119 **find out**

~을 알아내다, ~을 발견하다
Let's **find out** the story behind Joseon Dynasty!
조선 왕조의 숨은 이야기를 알아보자!

## Intermediate

1120 **period**
[pí(:)əriəd]
pe

명 시대, 시기, 기간
This is the most glorious **period** in history.
이 기간은 역사에서 가장 찬란한 시대이다.

period는 문장 부호인 '마침표(.)'라는 뜻도 있어요.

1121 **strength**
[streŋkθ]
st th

명 힘, 강도, 강점, 장점
They didn't have the **strength** to fight back.
그들은 저항해서 싸울 힘이 없었다.

↔ weakness 약함, 약점

1122 **original**
[ərídʒənəl]
al

형 최초의, 원래의; 독창적인 명 원본
This place was restored to its **original** state.
이 장소는 원래 상태로 복원되었다.

명 origin 기원, 근원, 태생

1123 **royal**
[rɔ́iəl]
yal

형 왕실의 명 왕족
You can see how the **royal** family lived.
여러분은 왕족이 어떻게 살았는지 알 수 있습니다.

철자 l로 시작하는 loyal은 '충실한, 충성스러운'의 뜻이니 헷갈리지 않도록 외워 두세요.

1124 **honor**
[ánər]
nor

동 기리다, 존경하다 명 명예, 영예
This is a place to **honor** our history.
이곳은 우리의 역사를 기리는 곳이다.

I'm honored to ~
It is a great honor to ~
~해서 영광입니다

1125 **treasure**
[tréʒər]
sure

명 보물
This **treasure** is historically very important.
이 보물은 역사적으로 매우 중요하다.

Voca Coach

1126 **independence** [indipéndəns] in ____ dence

명 독립
We celebrated **Independence** Day.
우리는 독립기념일을 기념했다.

형 independent 독립적인

1127 **revolution** [rèvəljúːʃən] re ____ tion

명 혁명
French **Revolution** affected many countries.
프랑스 혁명은 많은 나라에 영향을 주었다.

1128 **ancient** [éinʃənt] an ____ t

형 고대의, 아주 오래된
That came from **ancient** Greece.
저것은 고대 그리스에서 생겨난 것이다.

↔ modern 현대의

1129 **century** [séntʃəri] ____ tury

명 100년, 세기
We are living in the 21st **century**.
우리는 21세기에 살고 있다.

1130 **battle** [bǽtl] ba ____

명 전투, 투쟁, 다툼
The **battle** between the two countries is not over yet.
두 나라의 전투는 아직 끝나지 않았다.

≒ fight 전투

1131 **attack** [ətǽk] ____ ck

명 공격 동 공격하다
Our enemy will try to **attack** us in the dark. 우리의 적은 어둠 속에서 우리를 공격하려고 할 것이다.

↔ 명 defense 방어
동 defend 방어하다

1132 **weapon** [wépən] ____ pon

명 무기
They checked their **weapons** before going to war.
그들은 전쟁에 나가기 전에 무기를 점검했다.

1133 **gradually** [grǽdʒəwəli] gra ____ ly

부 서서히, 점점
I **gradually** fell into history.
나는 역사에 점점 빠져들었다.

≒ little by little 서서히

DAY 38

Voca Coach

1134 □□□ **defeat** [difí:t] de

동 **물리치다, 패배시키다**

We will **defeat** the enemy to end the war.

우리는 적을 물리쳐 전쟁을 끝낼 것이다.

≒ beat 이기다

1135 □□□ **go through**

**~을 겪다, ~을 경험하다**

Our country had to **go through** a tragic war.

우리나라는 비극적인 전쟁을 겪어야 했다.

전 through ~을 통해, ~을 관통하여

## Advanced

1136 □□□ **tribe** [traib] be

명 **종족, 부족**

There are various **tribes** in Africa.

아프리카에는 다양한 부족들이 있다.

1137 □□□ **tragedy** [trǽdʒidi] dy

명 **비극, 비극적인 사건[작품]**

I hope this **tragedy** will never happen again.

나는 이런 비극이 다시는 일어나지 않기를 바란다.

형 tragic 비극적인
↔ comedy 희극

1138 □□□ **colony** [kɑ́ləni] ny

명 **식민지**

Our country was a Japanese **colony** for 36 years.

우리나라는 36년 동안 일본의 식민지였다.

1139 □□□ **dynasty** [dáinəsti] sty

명 **(역대) 왕조, 왕조의 통치 (기간)**

The Joseon **Dynasty** lasted for about 500 years.

조선 왕조는 약 500년 동안 지속되었다.

1140 □□□ **empire** [émpaiər] em

명 **제국, 거대 기업**

This book is about the Roman **Empire**.

이 책은 로마 제국에 관한 이야기이다.

## Daily Check

정답 p.311

**A** 영어는 우리말로, 우리말은 영어로 쓰시오.

| | | | |
|---|---|---|---|
| 01 | peace | 16 | 독립 |
| 02 | colony | 17 | 전쟁 |
| 03 | army | 18 | 적군, 적 |
| 04 | defeat | 19 | 100년, 세기 |
| 05 | go through | 20 | 전투, 투쟁 |
| 06 | language | 21 | 공격; 공격하다 |
| 07 | truth | 22 | 무기 |
| 08 | dynasty | 23 | 왕국 |
| 09 | find out | 24 | 영원히, 끊임없이 |
| 10 | period | 25 | 혁명 |
| 11 | strength | 26 | 종족, 부족 |
| 12 | original | 27 | 비극, 비극적인 사건 |
| 13 | ancient | 28 | 왕실의; 왕족 |
| 14 | gradually | 29 | 기리다; 명예 |
| 15 | treasure | 30 | 제국, 거대 기업 |



**B** 다음 표현을 우리말로 쓰시오.

01 various tribes

02 the royal family

03 against the enemy

04 Independence Day

05 the most glorious period

**C** 빈칸에 알맞은 단어를 쓰시오.

**01** __________ : peaceful = 평화 : 평화로운

**02** __________ ↔ weakness = 힘, 강점 ↔ 약함, 약점

**03** true : __________ = 진실의, 사실의 : 진실, 사실

**04** origin : __________ = 기원 : 최초의; 독창적인

**05** __________ ↔ modern = 고대의 ↔ 현대의

**06** comedy ↔ __________ = 희극 ↔ 비극

**D** 암기한 단어를 이용하여 다음 문장을 완성하시오.

**01** 우리는 21세기에 살고 있다.

→ We are living in the 21st __________.

**02** 그곳은 고대 왕국의 유적지이다.

→ It is the site of an ancient __________.

**03** 이곳은 우리의 역사를 기리는 곳이다.

→ This is a place to __________ our history.

**04** 조선 왕조는 약 500년 동안 지속되었다.

→ The Joseon __________ lasted for about 500 years.

**05** 그들은 전쟁에 나가기 전에 무기를 점검했다.

→ They checked their __________ before going to war.

'그들의 무기'이므로 복수형으로 써야 해요.

**06** 두 나라의 전투는 아직 끝나지 않았다.

→ The __________ between the two countries is not over yet.

월
일
DAY 39

# Religion

☑ 오늘은 종교 관련 단어를 집중해서 암기할 거예요.

**PREVIEW** 아는 단어에 체크해 보세요. 아는 단어 / 30개

1141 □ human
1142 □ pray
1143 □ god
1144 □ possible
1145 □ death
1146 □ soul
1147 □ heaven
1148 □ hell
1149 □ meaning
1150 □ forgive
1151 □ religious
1152 □ miracle
1153 □ mission
1154 □ glory
1155 □ belief
1156 □ beg
1157 □ someday
1158 □ spirit
1159 □ faithful
1160 □ courage
1161 □ connect
1162 □ probably
1163 □ ceremony
1164 □ dignity
1165 □ charity
1166 □ Christianity
1167 □ Buddhism
1168 □ Islam
1169 □ Judaism
1170 □ Hinduism

## Basic

Voca Coach

1141 **human** [hjúːmən] ____man

명 인간 형 인간의, 인간적인

Religion has always been with **human** life.

종교는 인간의 삶과 늘 함께해 왔다.

1142 **pray** [prei] p____

동 기도하다, 빌다

I **prayed** for peace.

나는 평화를 위해 기도했다.

1143 **god** [gɑːd]

명 신, 하느님

I prayed to **God** for my family.

나는 가족을 위해 신에게 기도했다.

우리가 일상에서 많이 쓰는 Oh my god!는 '(하느님) 맙소사!'라는 뜻이에요.

1144 **possible** [pɑ́səbl] ____ble

형 가능한, 있음 직한

Can God make everything **possible**?

신은 모든 것을 가능하게 할 수 있을까?

명 possibility 가능성
↔ impossible 불가능한

1145 **death** [deθ] ____th

명 죽음, 사망; 종말

**Death** comes to everyone someday.

죽음은 언젠가 모든 사람들에게 온다.

동 die 죽다
형 dead 죽은

1146 **soul** [soul] s____l

명 혼, 영혼, 정신

I believe my **soul** will be saved after death.

나는 내 영혼이 사후에 구원될 것이라고 믿는다.

명 soulmate 영혼의 단짝
≒ spirit 정신, 마음

1147 **heaven** [hévən] ____ven

명 천국, 하늘나라, 낙원

They say people who believe will go to **heaven**. 그들은 믿음이 있는 사람들이 천국에 간다고 말한다.

↔ hell 지옥

1148 **hell** [hel] ____ll

명 지옥, 지옥 같은 곳

Do you think there is heaven or **hell**?

천국 또는 지옥이 있다고 생각하니?

↔ heaven 천국

Voca Coach

1149 **meaning**
[míːniŋ]
ing

명 의미, 뜻, 의의
What is the **meaning** of this passage?
이 구절의 의미는 무엇인가요?

동 mean 의미하다

## Intermediate

1150 **forgive**
[fərgív]
give

동 용서하다
Please **forgive** me just this once.
이번 한 번만 용서해 주세요.

(과거형) forgave -forgiven

1151 **religious**
[rilídʒəs]
gious

형 종교의, 독실한
He refused the role for **religious** reasons.
그는 종교적인 이유로 그 역할을 거절했다.

명 religion 종교

1152 **miracle**
[mírəkl]
cle

명 기적, 기적 같은 일
I hope for a **miracle** for my family.
나는 내 가족을 위해 기적을 바란다.

1153 **mission**
[míʃən]
mi

명 사명, 임무
What do you think is the **mission** of religion?
종교의 사명이 무엇이라고 생각하나요?

1154 **glory**
[glɔ́ːri]
ry

명 영광, 영예
I give all the **glory** and thanks to God.
하나님께 모든 영광과 감사를 돌립니다.

1155 **belief**
[bilíːf]
be

명 믿음, 신념
He has a strong **belief** in God.
그는 신에 대한 강한 믿음을 가지고 있다.

동 believe 믿다
↔ disbelief 불신

1156 **beg** [beg]

동 **간청하다, 애원하다, 구걸하다**

I will **beg** him to forgive me.

나는 그에게 나를 용서해 달라고 간청할 것이다.

명 beggar 거지

1157 **someday** [sʌ́mdèi]

day

부 **언젠가, 훗날**

**Someday** you'll regret it.

너는 언젠가는 그것을 후회할 것이다.

1158 **spirit** [spírit]

rit

명 **영혼, 정신, 마음**

Believe in the power of your **spirit**.

너의 정신력을 믿어라.

≒ soul 정신, 마음

1159 **faithful** [féiθfəl]

ful

형 **충실한, 충직한, 신의 있는**

He has always been **faithful** to his religion.

그는 항상 자신의 종교에 충실했다.

명 faith 신뢰, 믿음

1160 **courage** [kə́:ridʒ]

rage

명 **용기**

Faith gave her the **courage** to overcome the situation.

믿음은 그녀에게 그 상황을 극복할 용기를 주었다.

동 encourage 용기를 북돋우다, 격려하다

1161 **connect** [kənékt]

con

동 **연결하다, 잇다**

Art and religion have been closely **connected**.

예술과 종교는 밀접하게 연결되어 왔다.

↔ disconnect 연결을 끊다

1162 **probably** [prάbəbli]

ba

부 **아마**

Religion is **probably** as old as mankind.

아마도 종교는 인류만큼 오래되었을 것이다.

≒ possibly

1163 **ceremony** [sérəmòuni]

mony

명 **의식, 식**

A religious **ceremony** was held on Sunday.

일요일에 종교 의식이 거행되었다.

Voca Coach

1164 **dignity**
[dígnəti]
nity

명 **존엄, 위엄**
Human **dignity** must be preserved.
인간의 존엄성은 지켜져야 한다.

1165 **charity**
[tʃǽrəti]
ity

명 **자선, 자선 단체**
The church is raising money for **charity**.
교회는 자선기금을 모으고 있다.

## Advanced

1166 **Christianity**
[kristiǽnəti]
tianity

명 **기독교**
**Christianity** follows the teachings of the Bible.
기독교는 성경의 가르침을 따른다.

Christian 형 기독교의 명 기독교인

1167 **Buddhism**
[bú(:)dizəm]
Bu ism

명 **불교**
I heard **Buddhism** originated in India.
나는 불교가 인도에서 기원했다고 들었다.

Buddhist 형 불교의 명 불교인

1168 **Islam**
[ísləm]
lam

명 **이슬람교**
The official religion of Saudi Arabia is **Islam**.
사우디아라비아의 공식적인 종교는 이슬람교이다.

Muslim 형 이슬람교의 명 이슬람교도

1169 **Judaism**
[dʒúːdiìzəm]
ism

명 **유대교**
Is Christianity different from **Judaism**?
기독교는 유대교와 다른가요?

형 Jewish 유대교의, 유대인의

1170 **Hinduism**
[híndu:ìzəm]
ism

명 **힌두교**
**Hinduism** is the largest religion in India.
힌두교는 인도에서 가장 큰 종교이다.

Hindu 형 힌두교의 명 힌두교 신자

## Daily Check

정답 p.311

**A** 영어는 우리말로, 우리말은 영어로 쓰시오.

**01** human
**02** courage
**03** god
**04** spirit
**05** death
**06** soul
**07** heaven
**08** ceremony
**09** someday
**10** Buddhism
**11** religious
**12** Christianity
**13** probably
**14** glory
**15** belief
**16** 간청하다, 구걸하다
**17** 기도하다, 빌다
**18** 용서하다
**19** 충실한, 충직한
**20** 가능한, 있음 직한
**21** 연결하다, 잇다
**22** 지옥, 지옥 같은 곳
**23** 의미, 뜻, 의의
**24** 존엄, 위엄
**25** 자선, 자선 단체
**26** 기적, 기적 같은 일
**27** 사명, 임무
**28** 이슬람교
**29** 유대교
**30** 힌두교

**B** 다음 표현을 우리말로 쓰시오.

**01** a strong belief
**02** human dignity
**03** pray for peace
**04** the mission of religion
**05** the courage to overcome

**C** 빈칸에 알맞은 단어를 쓰시오.

**01** die : ______________ = 죽다 : 죽음

**02** ______________ ↔ impossible = 가능한 ↔ 불가능한

**03** mean : ______________ = 의미하다 : 의미, 뜻

**04** religion : ______________ = 종교 : 종교의

**05** ______________ ↔ disconnect = 연결하다 ↔ 연결을 끊다

**06** ______________ : Muslim = 이슬람교 : 이슬람교도

**D** 암기한 단어를 이용하여 다음 문장을 완성하시오.

**01** 나는 그에게 나를 용서해 달라고 간청할 것이다.

→ I will __________ him to forgive me.

**02** 이번 한 번만 용서해 주세요.

→ Please __________ me just this once.

**03** 나는 내 가족을 위해 기적을 바란다.

→ I hope for a __________ for my family.

**04** 나는 불교가 인도에서 기원했다고 들었다.

→ I heard __________ originated in India.

종교 이름은 첫 글자를 대문자로 써요.

**05** 천국 또는 지옥이 있다고 생각하니?

→ Do you think there is heaven or __________?

**06** 종교는 인간의 삶과 늘 함께해 왔다.

→ Religion has always been with __________ life.

DAY 39

월
일
DAY 40

# The World

☑ 오늘은 세계 관련 단어를 집중해서 암기할 거예요.

**PREVIEW** 아는 단어에 체크해 보세요.　　　아는 단어 ☐ / 30개

| | | | |
|---|---|---|---|
| 1171 | ☐ global | 1186 | ☐ suffer |
| 1172 | ☐ support | 1187 | ☐ organization |
| 1173 | ☐ national | 1188 | ☐ border |
| 1174 | ☐ control | 1189 | ☐ orphan |
| 1175 | ☐ foreign | 1190 | ☐ rescue |
| 1176 | ☐ among | 1191 | ☐ immigrate |
| 1177 | ☐ hunger | 1192 | ☐ native |
| 1178 | ☐ urban | 1193 | ☐ agreement |
| 1179 | ☐ rural | 1194 | ☐ central |
| 1180 | ☐ population | 1195 | ☐ shelter |
| 1181 | ☐ increase | 1196 | ☐ mentor |
| 1182 | ☐ decrease | 1197 | ☐ dependence |
| 1183 | ☐ fund | 1198 | ☐ mutual |
| 1184 | ☐ region | 1199 | ☐ dispute |
| 1185 | ☐ aid | 1200 | ☐ ethnic |

## Basic

Voca Coach

1171 **global**

[glóubəl]

bal

형 **세계적인, 지구의**

The use of fossil fuels is the main cause of **global** warming.

화석 연료의 사용이 지구 온난화의 주요한 원인이다.

≒ worldwide 세계적인

1172 **support**

[səpɔ́ːrt]

su

동 **지지하다, 지원하다** 명 **지지, 지원**

The government will provide financial **support**.

정부는 재정 지원을 제공할 것이다.

1173 **national**

[nǽʃənəl]

al

형 **국가의, 국민의**

**National** security is very important.

국가 안보는 매우 중요하다.

명 nation 국가, 국민

1174 **control**

[kəntróul]

rol

동 **통제하다** 명 **통제, 지배**

The organization **controls** oil prices.

그 기관은 유가를 통제한다.

1175 **foreign**

[fɔ́ːrin]

fo gn

형 **외국의, 대외의**

I like to learn **foreign** languages.

나는 외국어를 배우는 것을 좋아한다.

명 foreigner 외국인

1176 **among**

[əmʌ́ŋ]

a

전 **~ 중에서, ~에 둘러싸여**

Korea's birth rate is the lowest **among** OECD countries.

한국의 출생률은 OECD 국가 중에서 최저 수준이다.

among은 셋 이상의 '~ 중에서'를 뜻해요. '둘 사이에'라고 할 때는 between A and B를 써요.

1177 **hunger**

[hʌ́ŋgər]

er

명 **배고픔, 굶주림**

Many children suffer from **hunger**.

많은 어린이들이 굶주림으로 고통받는다.

형 hungry 배고픈

DAY 40

1178 **urban**

[ə́ːrbən]

ban

형 **도시의**

Many people come to **urban** areas to get a job.

많은 사람들이 취업하기 위해 도시 지역으로 온다.

↔ rural 시골의

1179 **rural**

[rú(:)ərəl]

al

형 **시골의**

The theme of this world tour is a **rural** trip.

이번 월드 투어의 테마는 시골 여행이다.

↔ urban 도시의

## Intermediate

1180 **population**

[pɑ̀pjəléiʃən]

tion

명 **인구, 주민**

Seoul has a large **population**.

서울은 인구가 많다.

1181 **increase**

[inkríːs]

se

동 **증가하다, 늘다** 명 **증가**

The world's population has **increased**.

세계의 인구는 증가했다.

명 [ínkriːs]

↔ decrease

동 감소하다 명 감소

1182 **decrease**

[dikríːs]

se

동 **감소하다, 줄다** 명 **감소**

Natural gas prices have **decreased**.

천연가스 가격이 내렸다.

명 [díkriːs]

↔ increase

동 증가하다 명 증가

1183 **fund**

[fʌnd]

d

명 **기금** 동 **기금을 대다**

They raised a **fund** for youths.

그들은 청소년들을 위해 기금을 모았다.

1184 **region**

[ríːdʒən]

re

명 **지역, 지방**

This **region** is famous for its cheese production.

이 지역은 치즈 생산지로 유명하다.

형 regional 지역의

1185 **aid**

[eid]

d

명 **원조, 지원, 도움**

The country asked for medical **aid**.

그 나라는 의료 원조를 요청했다.

≒ help 원조, 도움

first aid 응급처치

Voca Coach

1186 **suffer** [sʌ́fər] su

동 고통받다, 시달리다

Many people **suffer** from war all over the world. 전 세계적으로 많은 사람들이 전쟁으로 고통받는다.

1187 **organization** [ɔ̀ːrgənizéiʃən] zation

명 기구, 조직, 단체

WHO stands for World Health **Organization**.

WHO는 세계 보건 기구를 나타낸다.

동 organize 조직하다, 구조화하다

1188 **border** [bɔ́ːrdər] bor

명 국경, 경계

The Alps are also the **borders** of European countries.

알프스는 유럽 국가들의 국경이 되기도 한다.

1189 **orphan** [ɔ́ːrfən] or

명 고아

There are 153 million **orphans** in the world.

전 세계에 1억 5천3백만 명의 고아가 있다.

명 orphanage 고아원

1190 **rescue** [réskjuː] res

동 구하다, 구출하다 명 구출, 구조

The **rescue** teams from all over the world gathered.

전 세계로부터의 구조대가 모였다.

≒ save 구하다

1191 **immigrate** [íməgrèit] grate

동 이민을 오다

Thousands of people **immigrate** to the country every year.

매년 수천 명의 사람들이 그 나라로 이민을 온다.

↔ emigrate 이민을 가다

1192 **native** [néitiv] ve

형 태어난 곳의 명 ~ 태생인 사람

They never went back to their **native** country.

그들은 모국으로 절대 돌아가지 않았다.

1193 **agreement** [əgríːmənt] ment

명 협정, 동의, 합의

It took months to come to an **agreement**.

합의하는 데에 몇 개월이 걸렸다.

동 agree 동의하다

Voca Coach

1194 central
[séntrəl]
ral

형 **주요한, 중앙의, 중심의**
The **central** role of the UN is to keep peace.
UN의 주요한 역할은 평화를 유지하는 것이다.

명 center 중심, 중앙
≒ main 주요한
middle 중앙의

1195 shelter
[ʃéltər]
ter

명 **피난처, 보호소, 대피소**
Where is the disaster **shelter**?
재난 대피소가 어디 있나요?

1196 mentor
[méntɔːr]
or

명 **멘토, 조언해 주는 사람**
He is one of the greatest **mentors** in the world.
그는 세상에서 가장 위대한 멘토 중 한 명이다.

↔ mentee 멘티, 조언받는 사람

1197 dependence
[dipéndəns]
ence

명 **의존, 의지, 종속**
High **dependence** on imports is a problem.
높은 수입 의존도가 문제이다.

↔ independence 자립, 독립, 독립성

## Advanced

1198 mutual
[mjúːtʃuəl]
mu

형 **서로의, 상호 간의**
By **mutual** agreement, we decided to trade the products.
상호 협정에 따라, 우리는 제품을 거래하기로 했다.

1199 dispute
[dispjúːt]
dis

명 **논쟁, 분쟁** 동 **논쟁하다, 분쟁하다**
There are a lot of **disputes** between the borders.
국경 사이에 많은 분쟁이 있다.

≒ debate 명 논쟁 동 논쟁하다

1200 ethnic
[éθnik]
nic

형 **민족의, 종족의**
We should respect **ethnic** and cultural diversity.
우리는 민족적, 문화적 다양성을 존중해야 한다.

## Daily Check

정답 p.320

**A** 영어는 우리말로, 우리말은 영어로 쓰시오.

| | | | |
|---|---|---|---|
| 01 | suffer | 16 | 세계적인, 지구의 |
| 02 | support | 17 | 기구, 조직 |
| 03 | orphan | 18 | 국경, 경계 |
| 04 | rescue | 19 | 국가의, 국민의 |
| 05 | foreign | 20 | 통제하다; 통제 |
| 06 | among | 21 | 이민을 오다 |
| 07 | shelter | 22 | 태어난 곳의 |
| 08 | urban | 23 | 협정, 동의 |
| 09 | rural | 24 | 배고픔, 굶주림 |
| 10 | population | 25 | 증가하다; 증가 |
| 11 | mentor | 26 | 주요한, 중앙의 |
| 12 | decrease | 27 | 의존, 의지 |
| 13 | mutual | 28 | 기금; 기금을 대다 |
| 14 | dispute | 29 | 지역, 지방 |
| 15 | aid | 30 | 민족의, 종족의 |

**B** 다음 표현을 우리말로 쓰시오.

01 urban areas

02 financial support

03 a fund for youths

04 suffer from hunger

05 ask for medical aid

**C** 빈칸에 알맞은 단어를 쓰시오.

**01** nation : ______________ = 국가 : 국가의

**02** g______________ ≒ worldwide = 세계적인

**03** ______________ : foreigner = 외국의 : 외국인

**04** organize : ______________ = 조직하다 : 기구, 조직

**05** ______________ ↔ emigrate = 이민을 오다 ↔ 이민을 가다

**06** ______________ ↔ independence = 의존, 의지 ↔ 자립, 독립

**D** 암기한 단어를 이용하여 다음 문장을 완성하시오.

**01** 재난 대피소가 어디 있나요?

→ Where is the disaster ______________?

**02** 그들은 모국으로 절대 돌아가지 않았다.

→ They never went back to their ______________ country.

**03** 국경 사이에 많은 분쟁이 있다.

→ There are a lot of ______________ between the borders.

'많은'의 뜻을 가진 a lot of가 앞에 있으므로 복수형으로 써야 해요.

**04** 이 지역은 치즈 생산지로 유명하다.

→ This ______________ is famous for its cheese production.

**05** 전 세계적으로 많은 사람들이 전쟁으로 고통받는다.

→ Many people ______________ from war all over the world.

**06** 전 세계로부터의 구조대가 모였다.

→ The ______________ teams from all over the world gathered.

# DAY 36~40 누적 테스트

* 꼭 암기해야 하는 중요도 최상의 단어들을 확인하세요.

**A** 영어를 우리말로 쓰시오.

| | | | | | |
|---|---|---|---|---|---|
| **01** | leader | | **11** | period | |
| **02** | possible | | **12** | policy | |
| **03** | represent | | **13** | miracle | |
| **04** | treasure | | **14** | focus on | |
| **05** | global | | **15** | population | |
| **06** | protest | | **16** | attack | |
| **07** | spirit | | **17** | regulation | |
| **08** | agreement | | **18** | legal | |
| **09** | escape | | **19** | mutual | |
| **10** | tragedy | | **20** | guilty | |

**B** 우리말을 영어로 쓰시오.

| | | | | | |
|---|---|---|---|---|---|
| **01** | 투표, 표; 투표하다 | | **11** | 혁명 | |
| **02** | 용기 | | **12** | 선출하다 | |
| **03** | 100년, 세기 | | **13** | 왕실의; 왕족 | |
| **04** | 다수, 대다수 | | **14** | 고아 | |
| **05** | 민족의, 종족의 | | **15** | 외교관 | |
| **06** | 무기 | | **16** | 종교의, 독실한 | |
| **07** | 증거, 증명 | | **17** | 믿음, 신념 | |
| **08** | 감소하다; 감소 | | **18** | 자선, 자선 단체 | |
| **09** | 희생자, 피해자 | | **19** | 통제하다; 통제 | |
| **10** | 기도하다, 빌다 | | **20** | 목격자; 목격하다 | |

정답 p.320

## Ⓒ 다음 표현을 우리말로 쓰시오.

**01** human dignity ____________

**02** arrest the thief ____________

**03** national security ____________

**04** a fund for youth ____________

**05** the results of the survey ____________

**06** the battle between the two countries ____________

## Ⓓ 암기한 단어를 이용하여 다음 문장을 완성하시오.

**01** 아프리카에는 다양한 부족들이 있다.

→ There are various ____________ in Africa.

'부족들'이므로 복수형으로 써야 해요.

**02** 여러분에게 민주주의는 어떤 의미인가요?

→ What is the meaning of ____________ to you?

**03** 일요일에 종교 의식이 거행되었다.

→ A religious ____________ was held on Sunday.

**04** 이 지역은 치즈 생산지로 유명하다.

→ This ____________ is famous for its cheese production.

**05** 전 세계로부터의 구조대가 모였다.

→ The ____________ teams from all over the world gathered.

**06** 선생님이 말씀하시는 것을 명심하세요.

→ ____________ ____________ ____________ what the teacher says.

# Answer Key

MY VOCA COACH | 중학 기본 | 정답

## DAY 01

**A** (표제어 참고) **B 01** 엄격한 규칙들 **02** 쾌활한 미소 **03** 다른 성격들 **04** 그의 능력에 자신이 있는 **05** 그의 미래에 대한 낙관적인 견해 **C 01** kindness **02** negative **03** creative **04** confident **05** humor **06** cautious **D 01** Honesty **02** harsh **03** attitude **04** pretended **05** get along **06** on my own

## DAY 02

**A** (표제어 참고) **B 01** 닮다 **02** 키가 크고 날씬한 **03** 평범한 검은 신발 **04** 그 잘생긴 남자 **05** 그녀의 사교적인 성격 **C 01** charming **02** male **03** muscular **04** attractive **05** description **06** appearance **D 01** mustache **02** giant **03** seemed **04** female **05** spot **06** tell, from

## DAY 03

**A** (표제어 참고) **B 01** 전쟁의 공포 **02** 신비한 그림 **03** 인터넷 덕분에 **04** 편안함을 위해 디자인된 **05** 가난한 사람들에 대한 연민 **C 01** scary **02** anger **03** annoyed **04** frightened **05** apology **06** regret **D 01** ashamed **02** satisfied **03** disappointed **04** happiness **05** endure **06** anxious

## DAY 04

**A** (표제어 참고) **B 01** 그녀의 제안을 거절하다 **02** 학생들을 칭찬하다 **03** 내 편지에 대답하다 **04** 결과들을 분석하다 **05** 당신의 노력에 감사하다 **C 01** warn **02** objective **03** respond **04** deny **05** presentation **06** translation **D 01** contrast **02** reason **03** reminds **04** compare **05** Although **06** came to mind

## DAY 05

**A** (표제어 참고) **B 01** 새로운 조교 **02** 그 라디오 진행자 **03** 그 이야기의 서술자 **04** 열심히 일하는 사업가들 **05** 패션 잡지의 편집자 **C 01** gardener **02** fisherman **03** photographer **04** novelist **05** flight attendant **06** physician **D 01** occupation **02** Soldiers **03** mechanic **04** counselor **05** carpenter **06** position

## DAY 01~05 누적 테스트

**A 01** 무서운, 겁나게 하는 **02** 활동적인, 적극적인 **03** 제안하다; 암시하다 **04** 깡마른, 여윈 **05** 좌절한, 좌절감을 느끼는 **06** 정직함, 솔직함 **07** 판사; 판단하다 **08** 감사하는 **09** 매력적인, 마음을 끄는 **10** 목수 **11** 콧수염 **12** 괴롭히다, 신경 쓰이게 하다 **13** 긍정적인 **14** ~라고 여기다; 고려하다 **15** 칭찬하다; 칭찬 **16** 태도, 마음가짐 **17** 직위, 직책; 위치 **18** 조수, 보조원 **19** 거절하다, 거부하다 **20** 연약한; 섬세한 **B 01** kindness **02** reason **03** sideburns **04** realize **05** negative **06** doubt **07** dye **08** pale **09** soldier **10** tailor **11** happiness **12** creative **13** giant **14** satisfied **15** objective **16** strict **17** comfort **18** apology **19** astronaut **20** novelist **C 01** 그 말 없는 남자 **02** 그녀의 화를 숨기다 **03** 엉망이 된 기분이 들다 **04** 뛰어난 판매원 **05** 그 사고를 알리다 **06** 거기에 뛰어가기에 충분히 건강한 **D 01** detective **02** repeat **03** muscular **04** warned **05** regret **06** sensitive

## DAY 06

**A** (표제어 참고) **B 01** 매우 낮은 천장 **02** 빈 양동이 **03** 창문들을 윤이 나게 닦다 **04** 그의 방의 커튼 **05** 이 기계의 나사 **C 01** bookshelf **02** upstairs **03** (r)epair **04** flashlight **05** dig **06** tool **D 01** apartment **02** sweep **03** switch **04** folded **05** ladder **06** tap

## DAY 07

**A** (표제어 참고) **B 01** 여분의 소스 **02** 유제품 **03** 밥과 콩들 **04** 식이 요법과 운동 **05** 바삭한 닭튀김 **C 01** lunch **02** (t)asty **03** appetizer **04** spicy **05** breakfast **06** juicy **D 01** honey **02** Frozen food **03**

cereal **04** Cabbage **05** powder **06** side dish

## DAY 08

**A** (표제어 참고) **B 01** 그 사탕병 **02** 커피 쟁반 **03** 냉장고 안에 **04** 그 숟가락을 집다 **05** 그 팬의 손잡이 **C 01** opener **02** blender **03** smoked **4** (u)ncooked **05** contain **06** (c)omplete **D 01** melt **02** soak **03** grilled **04** slice **05** recipe **06** bowl

## DAY 09

**A** (표제어 참고) **B 01** 검은 넥타이 **02** 이 재킷을 입어 보다 **03** 이 양모 양말 **04** 하얀색 실크 블라우스 **05** 같은 색의 티셔츠 **C 01** heels **02** tight **03** essential **04** underwear **05** well-dressed **06** (j)ewel **D 01** suit **02** brand **03** loose **04** stain **05** match **06** fabric

## DAY 10

**A** (표제어 참고) **B 01** 장학금을 받다 **02** 새 학기 **03** 너의 평균 점수 **04** 대학생 **05** 나의 담임 선생님 **C 01** advise **02** senior **03** educate **04** success **05** entrance **06** behave **D 01** encouraged **02** lecture **03** Discipline **04** memorize **05** mistake **06** pay attention to

## DAY 06~10 누적 테스트

**A 01** 도구, 연장 **02** 아침 식사 **03** 손잡이; 처리하다, 다루다 **04** 빗자루 **05** 지갑 **06** 상; (상 등을) 수여하다 **07** 바삭바삭한, 아삭아삭한 **08** 꽉 끼는, 꽉 조이는 **09** 호박 **10** 유치원 **11** 요리법, 레시피 **12** 파다, 땅을 파다 **13** 굽이 있는 구두 **14** 진열대, 찬장, 캐비닛 **15** 세탁물, 빨랫감 **16** 암기하다 **17** 오목한 그릇, 사발 **18** (예의 바르게) 행동하다 **19** 반찬, (주요리의) 곁들임 요리 **20** 여분의, 추가의 **B 01** stain **02** bookshelf **03** vest **04** porridge **05** sweep **06** kettle **07** semester **08** essential **09** knowledge **10** melt **11** pillow **12** ladder **13** pork **14** loose **15** dairy **16** mistake **17** ginger **18** underwear **19** advise **20** tray **C 01** 모자를 쓰다 **02** 텐트를 설치하다 **03** 모래를 파다 **04** 익히지 않은 해산물 **05** 낡은 자전거를 고치다 **06** 대학생 **D 01** average **02** juicy **03** match **04** lawn **05** pick up **06** throw away

## DAY 11

**A** (표제어 참고) **B 01** 많은 노력 **02** 취업 면접 **03** 양식을 작성하다 **04** 좋은 팀워크 **05** 계약서에 서명하다 **C 01** skill **02** income **03** information **04** succeed **05** propose **06** useful **D 01** purpose **02** request **03** duty **04** harmony **05** process **06** give, a hand

## DAY 12

**A** (표제어 참고) **B 01** 안전핀 **02** 그 회의실 **03** 모든 직원 **04** 금연 구역 **05** 이 페이지의 사진 복사본 **C 01** meeting **02** workplace **03** calculator **04** employee **05** training **06** poster **D 01** message **02** bookcase **03** sealed **04** document **05** manages **06** opinion

## DAY 13

**A** (표제어 참고) **B 01** 큰 빨대 **02** 얼룩을 닦다 **03** 총액 **04** 재활용 통 **05** 접시 더미 **C 01** owner **02** cashier **03** freezer **04** counter **05** deliver **06** wrap **D 01** grain **02** container **03** pieces **04** seafood **05** spill **06** tip

## DAY 14

**A** (표제어 참고) **B 01** 소득세 **02** 신발 한 켤레 **03** 중간 치수 **04** 적정한 가격에 **05** 더 적은 에너지를 소비하다 **C 01** variety **02** advertisement **03** tag **04** retail **05** choice **06** (g)oods **D 01** display **02** auction **03** dollar **04** for free **05** quality

**06** flea market

## DAY 15

**A** (표제어 참고) **B 01** 차 사고 **02** 표지판을 따라가다 **03** 지하철을 타다 **04** 버스로 거기에 가다 **05** 파리에서 오다 **C 01** drive **02** cross **03** backward(s) **04** get off **05** transport **06** everywhere **D 01** curves **02** track **03** tunnel **04** ahead of **05** license **06** transfer

## DAY 11~15 누적 테스트

**A 01** 문제 **02** 뿌리다; 스프레이 **03** 회의; 모임, 만남 **04** 동전, 주화 **05** 면접; 면접을 보다 **06** 지하철 **07** 추천하다, 권하다 **08** 승객 **09** 합리적인; (가격이) 적정한 **10** 약속, 예약; 임명 **11** 서류, 문서; 기록하다 **12** 유용한, 도움이 되는 **13** 계산원 **14** 어디든, 모든 곳에 **15** 감싸다, 포장하다 **16** 상품, 제품, 재화 **17** 거절하다 **18** 전시하다; 전시, 진열 **19** 충돌하다; 충돌 사고 **20** 경력, 직업 **B 01** practical **02** variety **03** deliver **04** receipt **05** purpose **06** license **07** seafood **08** calculator **09** accident **10** owner **11** effort **12** opinion **13** grocery **14** retail **15** information **16** wheel **17** magazine **18** choice **19** traffic **20** seal **C 01** 차를 운전하다 **02** 신발 한 켤레 **03** 길을 건너다 **04** 재활용 통 **05** 그녀의 일에서 성공하다 **06** 좋은 일터를 제공하다 **D 01** spill **02** consume **03** transport **04** quality **05** employees **06** fill out

## DAY 16

**A** (표제어 참고) **B 01** 가장 높은 탑 **02** 길 건너에 **03** 다리를 건너다 **04** 건물을 순찰하다 **05** 도로에 쓰레기를 버리다 **C 01** drugstore **02** crosswalk **03** distance **04** (c)enter **05** (r)estroom **06** (l)andscape **D 01** corner **02** chimney **03** brick **04** fire station **05** city hall **06** lined up

## DAY 17

**A** (표제어 참고) **B 01** 작은 화상 **02** 알약을 삼키다 **03** 시각 장애인 **04** 의과 대학 **05** 심장병을 예방하다 **C 01** safety **02** breath **03** digest **04** (d)isease **05** recover **06** toothache **D 01** cancer **02** symptom **03** trouble **04** poison **05** deaf **06** patients

## DAY 18

**A** (표제어 참고) **B 01** 아주 작은 벌레 **02** 옷으로 가득 찬 **03** 그 빈집 **04** 귀중한 교훈 **05** 도움이 되는 정보 **C 01** usual **02** hopeful **03** boring **04** unlike **05** shocking **06** (o)rdinary **D 01** familiar **02** suddenly **03** similar **04** type **05** situation **06** are filled with

## DAY 19

**A** (표제어 참고) **B 01** 새로운 위치 **02** 비행 중에 **03** 해외로 여행 가다 **04** 올바른 길 **05** 긴 여정 **C 01** visitor **02** depart **03** tourist **04** landmark **05** reserve **06** (b)aggage **D 01** available **02** passport **03** schedule **04** airline **05** delayed **06** get to

## DAY 20

**A** (표제어 참고) **B 01** 나무 장난감 **02** 텐트를 치다 **03** 이 퍼즐을 풀다 **04** 그 체스 선수 **05** 축구에 열광하다 **C 01** ability **02** indoor **03** invention **04** (c)inema **05** curiosity **06** (f)ix **D 01** skateboard **02** knitted **03** jog **04** leisure **05** volunteer **06** instead of

## DAY 16~20 누적 테스트

**A 01** 쓰레기 **02** 희망적인, 기대하는 **03** 고치다; 고정하다 **04** 건널목, 횡단보도 **05** 역동적인, 활동적인 **06** 소화하다, 소화되다 **07** 일정, 계획; 일정을 잡다 **08** 회복하다, 되찾다 **09** 모이다, 모으다 **10** 훌륭한, 탁월한 **11** 안전, 안전

성 **12** 친숙한, 익숙한, 잘 알고 있는 **13** 지루한, 따분한 **14** 여행자, 관광객 **15** 소방서 **16** 영화; 극장, 영화관 **17** 어지러운, 현기증 나는 **18** 예약하다 **19** 명소, 랜드마크 **20** 이동하다, 이주하다 **B 01** similar **02** chimney **03** curiosity **04** poison **05** souvenir **06** highway **07** suddenly **08** wooden **09** airline **10** breath **11** exist **12** indoor **13** address **14** stamp **15** blood **16** empty **17** drugstore **18** cancel **19** throat **20** passport **C 01** 내 마음을 상쾌하게 하다 **02** 역에 도착하다 **03** 귀중한 교훈 **04** 심각한 질병 **05** 서울에서 가장 높은 탑 **06** 훌륭한 음악적 능력을 가지고 있다 **D 01** unbelievable **02** bruise **03** available **04** volunteer **05** patrol **06** are filled with

## DAY 21

**A** (표제어 참고) **B 01** 계주에서 이기다 **02** 금메달 **03** 결승 골 **04** 너의 다리를 뻗다 **05** 내 배드민턴 라켓 **C 01** winner **02** athlete **03** sweat **04** amazing **05** basketball **06** competition **D 01** bowling **02** tennis **03** shot **04** challenge **05** victory **06** muscle

## DAY 22

**A** (표제어 참고) **B 01** 밧줄을 자르다 **02** 일광욕을 하다 **03** 미끄럼틀과 그네 **04** 회전목마를 타다 **05** 예쁜 조약돌이나 조개껍데기 **C 01** (sun)block **02** float **03** amusement **04** raft **05** thrill **06** (b)oat **D 01** swimsuit **02** whistle **03** fountain **04** sleeping bag **05** botanical garden **06** give it a try

## DAY 23

**A** (표제어 참고) **B 01** 이 수수께끼를 풀다 **02** 그 선물을 숨기다 **03** 테이블을 배열하다 **04** 새로운 모델을 출시하다 **05** 이 성대한 파티의 주최자 **C 01** guest **02** (h)urry **03** invitation **04** crowded **05** decoration **06** (t)hankful **D 01** preparing **02** honeymoon **03** turkey **04** costume **05** is about **06** fall in love

## DAY 24

**A** (표제어 참고) **B 01** 마지막 퍼레이드 **02** 신나는 리듬 **03** 악기를 배우다 **04** 멋진 예술품 **05** 영어 기사를 읽다 **C 01** poem **02** artificial **03** performance **04** create **05** classic **06** (well-)known **D 01** newspaper **02** portrait **03** statue **04** reveals **05** audience **06** laugh at

## DAY 25

**A** (표제어 참고) **B 01** 장미 덤불 **02** 단풍잎 **03** 씨를 뿌리다 **04** 잡초를 뽑다 **05** 매우 중요한 농작물 **C 01** growth **02** unripe **03** rapidly **04** survive **05** poisonous **06** (f)lower **D 01** Stem **02** sprout **03** thorn **04** trunk **05** cactuses **06** palm

## DAY 21~25 누적 테스트

**A 01** 파도 **02** 메달, 훈장 **03** 주인, 주최자; 주최하다 **04** 미끄럼틀; 미끄러지다 **05** 성장, 발전 **06** 기회; 가능성; 운, 행운 **07** 전시하다; 전시 **08** 속임수, 장난; 속이다 **09** 싹이 나다; 새싹 **10** 휘슬, 호루라기, 호각 **11** 담요 **12** 고전, 클래식; 고전적인 **13** 땀; 땀을 흘리다 **14** 바늘, 바늘처럼 뾰족한 잎 **15** 붐비는, 복잡한 **16** 꽃이 피다; 꽃 **17** 운동선수 **18** 안전 요원, 인명 구조원 **19** 가지 **20** 드디어, 마침내 **B 01** victory **02** hurry **03** aquarium **04** portrait **05** stretch **06** root **07** create **08** prepare **09** article **10** survive **11** invitation **12** bowling **13** poem **14** shade **15** decorate **16** winner **17** seed **18** merry-go-round **19** audience **20** statue **C 01** 이 수수께끼를 풀다 **02** 막 시작하려고 하다 **03** 그의 코치 덕분에 **04** 분수에 동전을 던지다 **05** 큰 나무에서 껍질을 벗겨 내다 **06** 미술계에서 거장으로 잘 알려진 **D 01** thorn **02** challenge **03** botanical garden **04** laugh at **05** look forward to **06** give it a try

## DAY 26

**A** (표제어 참고) **B 01** 많은 까마귀들 **02** 그것의 날개를 접다 **03** 알 세 개를 부화시키다 **04** 백조 한 무리 **05** 그녀의 둥지로 돌아오다 **C 01** hen **02** wildlife **03** web **04** moth **05** dolphin **06** (b)ug **D 01** leopard **02** snake **03** frog **04** rhino **05** Octopus **06** Dinosaur

## DAY 27

**A** (표제어 참고) **B 01** 강한 폭풍 **02** 기상 상태 **03** 바다의 흐름 **04** 평균 강우량 **05** 눈 덮인 산 **C 01** sunshine **02** icy **03** fog **04** moist **05** snowstorm **06** these **D 01** freezes **02** forecast **03** drought **04** flood **05** climate **06** degrees

## DAY 28

**A** (표제어 참고) **B 01** 갓 태어난 아기들 **02** 그 절벽 꼭대기 **03** 모든 생명체 **04** 많은 극지방 빙하들 **05** 갑작스러운 천둥 **C 01** creature **02** appear **03** vary **04** evolve **05** rainforest **06** pollute **D 01** tide **02** landslide **03** disaster **04** source **05** Watch out for **06** care for

## DAY 29

**A** (표제어 참고) **B 01** 가스 누출 **02** 새로운 캠페인 **03** 숲을 지키다 **04** 화석 연료의 사용 **05** 멸종 위기의 종 **C 01** environmental **02** acid **03** cause **04** (s)hortage **05** continuous **06** protect **D 01** smog **02** pure **03** worldwide **04** resource **05** extinct **06** reduce

## DAY 30

**A** (표제어 참고) **B 01** 빛의 고리 **02** 일식 **03** 빅뱅 이론 **04** 은하수를 발견하다 **05** 최초 우주선의 승무원 **C 01** spaceship **02** lunar **03** footprint **04** astronomy **05** circulate **06** light year **D 01** comet **02** space station **03** telescope **04** orbit **05** consist **06** galaxies

## DAY 26~30 누적 테스트

**A 01** 햇빛, 햇살 **02** 갓 태어난 **03** 부족 **04** 뱀 **05** 발자국 **06** 자원, 재원 **07** 야생 생물 **08** 망원경 **09** 궤도 **10** 엷은 안개, 분무 **11** 문어 **12** 남아 있다, 여전히 ~하다 **13** 예상하다, 기대하다 **14** 부화시키다, 부화하다 **15** 보호하다, 지키다 **16** 오염시키다 **17** 남용하다; 남용 **18** 진화하다, (서서히) 발전하다 **19** 목성 **20** 온도, 기온 **B 01** shadow **02** nest **03** raindrop **04** damage **05** web **06** glacier **07** vacuum **08** drought **09** galaxy **10** universe **11** whale **12** thunder **13** leak **14** forecast **15** Mars **16** mosquito **17** pollution **18** explore **19** moist **20** extinct **C 01** 그것의 날개를 접다 **02** 끊임없는 노력 **03** 그 절벽 꼭대기 **04** 자연의 5대 요소 **05** 습기 있는 상태에서 잘 자라다 **06** 최초 우주선의 승무원 **D 01** environmental **02** rainforest **03** consists **04** climate **05** moth **06** flow

## DAY 31

**A** (표제어 참고) **B 01** 댐을 건설하다 **02** 큰 엔진 **03** 열을 발생시키다 **04** 원자력 에너지 **05** 튼튼한 기반 **C 01** produce **02** failure **03** power **04** (e)ntire **05** sufficient **06** (c)onserve **D 01** efficient **02** mine **03** turn, into **04** expand **05** natural gas **06** windmill

## DAY 32

**A** (표제어 참고) **B 01** 가상 스포츠 **02** 중력의 법칙 **03** 측정하는 장치 **04** 그 과학적 방법 **05** 아주 간단한 실험 **C 01** important **02** visible **03** research **04** impossible **05** imagine **06** prove **D 01** machine **02** inform **03** failed **04** develop **05** charge **06** result

## DAY 33

**A** (표제어 참고) **B 01** 암호를 입력하다 **02** 새 컴퓨터 **03** 첨부 파일 **04** 화면을 보다 **05** 음량을 낮추다 **C 01** laptop **02** plug **03** skillful **04** operator **05** combination **06** wireless **D 01** search **02** access **03** download **04** cable **05** delete **06** links

## DAY 34

**A** (표제어 참고) **B 01** 직접적인 영향 **02** 공공 도서관 **03** 한국 시민 **04** 사회 문제 **05** 흔한 실수 **C 01** powerful **02** private **03** lead **04** various **05** difference **06** donate **D 01** tradition **02** unique **03** happened **04** unit **05** individual **06** relationship

## DAY 35

**A** (표제어 참고) **B 01** 위험을 감수하다 **02** 입장료 **03** 새로운 계좌 **04** 그의 빚을 갚다 **05** 미래를 예측하다 **C 01** expense **02** product **03** supply **04** employ **05** saving **06** (w)hole **D 01** borrow **02** trade **03** economy **04** salary **05** import **06** rose

## DAY 31~35 누적 테스트

**A 01** 대중의, 공공의 **02** 배터리, 건전지 **03** 찾아보다; 검색 **04** 급여, 월급 **05** 전기 **06** 거래하다; 거래, 무역 **07** 연결하다; 관련 **08** (원하는 것을) 얻다; 이익, 증가 **09** 다양한, 여러 가지의 **10** 결과; (~의 결과로) 생기다 **11** 생성하다, 발생시키다 **12** 노트북[휴대용] 컴퓨터 **13** 속하다 **14** 다 써 버리다 **15** 영향을 미치다 **16** 알리다 **17** 포함하다, 포함시키다 **18** 실현되다 **19** 수입하다; 수입, 수입품 **20** 화학의; 화학 물질 **B 01** magnet **02** frame **03** invent **04** delete **05** debt **06** produce **07** communicate **08** tradition **09** measure **10** account **11** devise **12** nuclear **13** freedom **14** wireless **15** difference **16** predict **17** crisis **18** fault **19** invest **20** natural gas **C 01** 에너지를 아끼다 **02** 평화의 상징 **03** 튼튼한 기반을 가지고 있다 **04** 그의 전 재산을 기부하다 **05** 아주 간단한 실험 **06** 과학과 예술의 결합 **D 01** output **02** gravity **03** imagine **04** expand **05** individual **06** get used to

## DAY 36

**A** (표제어 참고) **B 01** 세대 차이 **02** 즉각적인 행동을 취하다 **03** 다수결의 원칙을 적용하다 **04** 공식적인 발표 **05** 정의에 관한 책을 쓰다 **C 01** leader **02** quickly **03** pressure **04** wisdom **05** disagree **06** politics **D 01** policy **02** correctly **03** vote **04** minority **05** diplomat **06** focus on

## DAY 37

**A** (표제어 참고) **B 01** 도둑을 체포하다 **02** 시위에 동참하다 **03** 범죄 현장 **04** 시험에서 부정행위를 하다 **05** 살인 사건을 해결하다 **C 01** law **02** legal **03** guilty **04** punish **05** regulation **06** (p)roof **D 01** prohibited **02** force **03** witness **04** prison **05** Keep in mind **06** chase

## DAY 38

**A** (표제어 참고) **B 01** 다양한 부족들 **02** 왕족 **03** 적에 대항하여 **04** 독립기념일 **05** 가장 찬란한 시대 **C 01** peace **02** strength **03** truth **04** original **05** ancient **06** tragedy **D 01** century **02** kingdom **03** honor **04** Dynasty **05** weapons **06** battle

## DAY 39

**A** (표제어 참고) **B 01** 강한 믿음 **02** 인간의 존엄성 **03** 평화를 위해 기도하다 **04** 종교의 사명 **05** 극복할 용기 **C 01** death **02** possible **03** meaning **04** religious **05** connect **06** Islam **D 01** beg **02** forgive **03** miracle **04** Buddhism **05** hell **06** human

## DAY 40

**A** (표제어 참고) **B 01** 도시 지역 **02** 재정 지원 **03** 청소년들을 위한 기금 **04** 굶주림으로 고통받다 **05** 의료 원조를 요청하다 **C 01** national **02** (g)lobal **03** foreign **04** organization **05** immigrate **06** dependence **D 01** shelter **02** native **03** disputes **04** region **05** suffer **06** rescue

## DAY 36~40 누적 테스트

**A 01** 지도자, 대표, 선두 **02** 가능한, 있음 직한 **03** 대표하다, 대신하다 **04** 보물 **05** 세계적인, 지구의 **06** 시위, 항의; 항의하다 **07** 영혼, 정신, 마음 **08** 협정, 동의, 합의 **09** 탈출하다; 탈출, 도망 **10** 비극, 비극적인 사건[작품] **11** 시대, 시기, 기간 **12** 정책, 방침 **13** 기적, 기적 같은 일 **14** ~에 초점을 맞추다 **15** 인구, 주민 **16** 공격; 공격하다 **17** 규정, 규칙, 규제 **18** 합법적인, 법률과 관련된 **19** 서로의, 상호 간의 **20** 유죄의, 죄책감이 드는 **B 01** vote **02** courage **03** century **04** majority **05** ethnic **06** weapon **07** proof **08** decrease **09** victim **10** pray **11** revolution **12** elect **13** royal **14** orphan **15** diplomat **16** religious **17** belief **18** charity **19** control **20** witness **C 01** 인간의 존엄성 **02** 도둑을 체포하다 **03** 국가 안보 **04** 청소년들을 위한 기금 **05** 설문 조사 결과 **06** 두 나라의 전투 **D 01** tribes **02** democracy **03** ceremony **04** region **05** rescue **06** Keep in mind

# MY VOCA COACH

중학 기본

휴대용 포켓 단어장

## DAY 01 Personality 성격

| | | |
|---|---|---|
| 0001 | active | 형 활동적인, 적극적인 |
| 0002 | cheerful | 형 쾌활한, 발랄한 |
| 0003 | crazy | 형 아주 화가 난; 미친, 비정상의 |
| 0004 | kindness | 명 친절, 상냥함 |
| 0005 | humor | 명 유머, 익살 |
| 0006 | lively | 형 활발한, 활기 넘치는 |
| 0007 | strict | 형 엄격한, 엄한 |
| 0008 | personality | 명 성격; 개성 |
| 0009 | silent | 형 말이 없는, 침묵하는 |
| 0010 | honesty | 명 정직함, 솔직함 |
| 0011 | talented | 형 재능 있는, 유능한 |
| 0012 | evil | 형 나쁜, 악한 명 악, 해악 |
| 0013 | confident | 형 자신감 있는, 확신하는 |
| 0014 | cautious | 형 조심스러운, 신중한 |
| 0015 | creative | 형 창의적인, 창조적인 |
| 0016 | sensitive | 형 민감한, 세심한, 감성적인 |
| 0017 | positive | 형 긍정적인 |
| 0018 | negative | 형 부정적인 |
| 0019 | cruel | 형 잔인한, 잔혹한 |
| 0020 | tease | 동 놀리다, 괴롭히다 |
| 0021 | pretend | 동 ~인 척하다, 속이다 |

| | | |
|---|---|---|
| 0022 | harsh | 형 가혹한, 혹독한, 엄한 |
| 0023 | get along | 사이좋게 지내다, 어울리다 |
| 0024 | try one's best | 최선을 다하다 |
| 0025 | on one's own | 혼자 힘으로, 스스로 |
| 0026 | generous | 형 관대한, 인심이 후한 |
| 0027 | attitude | 명 태도, 마음가짐 |
| 0028 | temper | 명 (화내는) 성미, 성질; 기분 |
| 0029 | modest | 형 겸손한; 보통의, 수수한 |
| 0030 | optimistic | 형 낙관적인, 낙천적인 |

## DAY 02 Character 특성

| | | |
|---|---|---|
| 0031 | alike | 형 비슷한 부 비슷하게 |
| 0032 | slim | 형 날씬한, 얇은 |
| 0033 | fit | 형 (몸이) 건강한 동 꼭 맞다 |
| 0034 | skinny | 형 깡마른, 여윈 |
| 0035 | good-looking | 형 잘생긴, 보기 좋은 |
| 0036 | giant | 형 거대한 명 거인, 거대한 것 |
| 0037 | image | 명 이미지, 영상, 그림 |
| 0038 | spot | 명 (피부 등의) 점, 얼룩; 자리, 지점 |

| | | |
|---|---|---|
| 0039 | beard | 명 턱수염 |
| 0040 | mustache | 명 콧수염 |
| 0041 | pale | 형 창백한; (색이) 옅은, 연한 |
| 0042 | plain | 형 평범한; 있는 그대로의 |
| 0043 | bald | 형 대머리의 |
| 0044 | overweight | 형 과체중의, 비만의 |
| 0045 | charming | 형 매력적인, 멋진 |
| 0046 | attractive | 형 매력적인, 마음을 끄는 |
| 0047 | middle-aged | 형 중년의 |
| 0048 | outgoing | 형 사교적인, 외향적인 |
| 0049 | male | 형 남성의, 수컷의 명 남성, 수컷 |
| 0050 | female | 형 여성의, 암컷의 명 여성, 암컷 |
| 0051 | dye | 동 염색하다 명 염색제, 염료 |
| 0052 | seem | 동 ~처럼 보이다, ~인 것 같다 |
| 0053 | tell A from B | A와 B를 구별하다 |
| 0054 | be different from | ~와 다르다 |
| 0055 | delicate | 형 연약한, 다치기 쉬운; 섬세한 |
| 0056 | muscular | 형 근육질의, 근육의 |
| 0057 | sideburns | 명 구레나룻 |
| 0058 | pimple | 명 여드름, 뾰루지 |
| 0059 | appearance | 명 외모 |
| 0060 | description | 명 설명, 묘사 |

## DAY 03 Emotions & Feelings 감정과 기분

| | | |
|---|---|---|
| 0061 | blue | 형 우울한 |
| 0062 | scary | 형 무서운, 겁나게 하는 |
| 0063 | happiness | 명 행복, 기쁨 |
| 0064 | fear | 명 공포, 두려움, 무서움 |
| 0065 | anger | 명 화, 분노 |
| 0066 | mess | 명 엉망, 어수선함 |
| 0067 | horror | 명 공포 |
| 0068 | regret | 동 후회하다, 유감스럽게 생각하다 |
| 0069 | bother | 동 괴롭히다, 신경 쓰이게 하다 |
| 0070 | mysterious | 형 불가사의한, 신비한 |
| 0071 | amused | 형 즐기는, 재미있어하는 |
| 0072 | annoyed | 형 짜증 난, 화가 난 |
| 0073 | depressed | 형 우울한, 낙담한 |
| 0074 | ashamed | 형 부끄러운, 창피한 |
| 0075 | satisfied | 형 만족한 |
| 0076 | disappointed | 형 실망한 |
| 0077 | grateful | 형 감사하는 |
| 0078 | anxious | 형 불안해하는, 걱정되는 |
| 0079 | confused | 형 혼란스러운, 혼동되는 |
| 0080 | thanks to | ~ 덕분에, ~ 때문에 |
| 0081 | be afraid of | ~을 무서워하다 |

| | | |
|---|---|---|
| 0082 | comfort | 명 안락, 편안함; 위로, 위안 |
| 0083 | would like to V | ~하고 싶다 |
| 0084 | embarrassed | 형 당황스러운, 어색한 |
| 0085 | frustrated | 형 좌절한, 좌절감을 느끼는 |
| 0086 | frightened | 형 무서워하는, 겁먹은 |
| 0087 | delighted | 형 매우 기뻐하는 |
| 0088 | endure | 동 참다, 견디다 |
| 0089 | sympathy | 명 동정, 연민; 공감 |
| 0090 | apology | 명 사과, 사죄 |

## DAY 04 Thoughts & Expressions 생각과 표현

| | | |
|---|---|---|
| 0091 | reason | 명 이유, 근거 |
| 0092 | report | 동 보고하다, 알리다 명 보도, 보고서 |
| 0093 | trust | 동 신뢰하다, 믿다 명 신뢰, 신임 |
| 0094 | realize | 동 깨닫다, 알아차리다 |
| 0095 | warn | 동 경고하다, 조심시키다 |
| 0096 | repeat | 동 반복하다, 한 번 더 말하다 |
| 0097 | remind | 동 생각나게 하다, 일깨우다 |
| 0098 | suggest | 동 제안하다, 제시하다; 암시하다 |

| | | |
|---|---|---|
| 0099 | reply | 동 대답하다 명 대답, 응답 |
| 0100 | respond | 동 대답하다, 응답하다; 반응하다 |
| 0101 | respect | 동 존경하다 명 존경 |
| 0102 | deny | 동 부인하다, 부정하다; 거절하다 |
| 0103 | reject | 동 거절하다, 거부하다 |
| 0104 | compare | 동 비교하다; 비유하다 |
| 0105 | contrast | 동 대조하다, ~와 대조를 이루다<br>명 대조 |
| 0106 | consider | 동 ~라고 여기다; 고려하다 |
| 0107 | concern | 동 걱정시키다 명 걱정, 우려 |
| 0108 | doubt | 동 의심하다 명 의심, 의혹 |
| 0109 | presentation | 명 발표; 제출, 제시 |
| 0110 | anyway | 부 어쨌든, 그래도; 게다가 |
| 0111 | actually | 부 사실은, 실제로, 정말로 |
| 0112 | although | 접 ~에도 불구하고, ~이지만 |
| 0113 | talk to oneself | 혼잣말을 하다 |
| 0114 | come to mind | 생각이 나다, 떠오르다 |
| 0115 | praise | 동 칭찬하다 명 칭찬 |
| 0116 | threaten | 동 협박하다, 위협하다 |
| 0117 | analyze | 동 분석하다 |
| 0118 | appreciate | 동 감사하다; 감상하다, 진가를 알다 |
| 0119 | objective | 형 객관적인 |
| 0120 | translation | 명 번역, 번역물 |

## DAY 05 Jobs 직업

| | | |
|---|---|---|
| 0121 | clerk | 명 점원 |
| 0122 | soldier | 명 군인 |
| 0123 | judge | 명 판사 동 판단하다 |
| 0124 | businessman | 명 사업가, 경영자 |
| 0125 | gardener | 명 정원사 |
| 0126 | fisherman | 명 어부, 낚시꾼 |
| 0127 | guard | 명 경비원, 경호원 |
| 0128 | position | 명 직위, 직책; 위치; 처지, 상태 |
| 0129 | teller | 명 금전 출납원, 은행 직원 |
| 0130 | tailor | 명 재단사, 재봉사 |
| 0131 | editor | 명 편집자 |
| 0132 | hairdresser | 명 미용사 |
| 0133 | officer | 명 공무원; 장교; 경찰관 |
| 0134 | photographer | 명 사진사, 사진작가 |
| 0135 | salesperson | 명 판매원 |
| 0136 | assistant | 명 조수, 보조원 |
| 0137 | counselor | 명 상담가, 카운슬러 |
| 0138 | detective | 명 탐정, 형사 |
| 0139 | secretary | 명 비서, 총무 |
| 0140 | announcer | 명 방송 진행자, 아나운서 |
| 0141 | narrator | 명 서술자, 내레이터 |

| | | |
|---|---|---|
| 0142 | novelist | 명 소설가 |
| 0143 | illustrator | 명 삽화가 |
| 0144 | flight attendant | 명 항공 승무원 |
| 0145 | carpenter | 명 목수 |
| 0146 | mechanic | 명 수리공, 정비사 |
| 0147 | astronaut | 명 우주 비행사 |
| 0148 | physician | 명 의사, 내과 의사 |
| 0149 | accountant | 명 회계사 |
| 0150 | occupation | 명 직업, 업무 |

## DAY 06 House 집

| | | |
|---|---|---|
| 0151 | tool | 명 도구, 연장 |
| 0152 | lock | 명 자물쇠 동 잠그다 |
| 0153 | tap | 명 수도꼭지 동 톡톡 두드리다 |
| 0154 | curtain | 명 커튼 |
| 0155 | bookshelf | 명 책꽂이 |
| 0156 | hammer | 명 망치 동 망치질을 하다 |
| 0157 | apartment | 명 아파트 |
| 0158 | dig | 동 파다, 땅을 파다 |

| | | |
|---|---|---|
| 0159 | mop | 명 대걸레 동 대걸레로 닦다 |
| 0160 | feed | 동 먹이다, 먹이를 주다 |
| 0161 | lawn | 명 잔디, 잔디밭 |
| 0162 | ceiling | 명 천장 |
| 0163 | upstairs | 명 위층 부 위층으로 |
| 0164 | pillow | 명 베개 |
| 0165 | iron | 명 다리미; 철, 쇠 |
| 0166 | switch | 명 스위치 동 바꾸다 |
| 0167 | ladder | 명 사다리 |
| 0168 | bucket | 명 양동이, 들통 |
| 0169 | screw | 명 나사 |
| 0170 | broom | 명 빗자루 |
| 0171 | sweep | 동 쓸다 |
| 0172 | fold | 동 접다, 포개다 |
| 0173 | trim | 동 깎아 다듬다, 손질하다 |
| 0174 | repair | 동 수리하다, 고치다 명 수리 |
| 0175 | throw away | ~을 버리다 |
| 0176 | laundry | 명 세탁물, 빨랫감 |
| 0177 | routine | 명 (틀에 박힌) 일과, 일상 |
| 0178 | shovel | 명 삽 |
| 0179 | flashlight | 명 손전등 |
| 0180 | polish | 동 윤이 나게 닦다, 윤을 내다 명 광택제 |

## DAY 07 Food 음식

| | | |
|---|---|---|
| 0181 | fish | 명 물고기, 생선 동 낚시하다 |
| 0182 | egg | 명 달걀, 계란, 알 |
| 0183 | nut | 명 견과, 나무 열매 |
| 0184 | bean | 명 콩 |
| 0185 | chicken | 명 닭, 닭고기 |
| 0186 | beef | 명 쇠고기 |
| 0187 | lunch | 명 점심 식사 |
| 0188 | dinner | 명 저녁 식사 |
| 0189 | breakfast | 명 아침 식사 |
| 0190 | diet | 명 다이어트, 식이 요법; 식습관 |
| 0191 | cereal | 명 곡물, 시리얼 |
| 0192 | pork | 명 돼지고기 |
| 0193 | honey | 명 꿀 |
| 0194 | steak | 명 스테이크 |
| 0195 | powder | 명 가루, 분말 |
| 0196 | pumpkin | 명 호박 |
| 0197 | cabbage | 명 양배추, 배추 |
| 0198 | mustard | 명 겨자, 머스터드 |
| 0199 | side dish | 명 반찬, (주요리의) 곁들임 요리 |
| 0200 | stew | 명 찌개, 전골, 스튜 |
| 0201 | extra | 형 여분의, 추가의 |

| | | |
|---|---|---|
| 0202 | spicy | 형 매운, 매콤한 |
| 0203 | juicy | 형 즙이 많은 |
| 0204 | tasty | 형 맛있는 |
| 0205 | crisp | 형 바삭바삭한, 아삭아삭한 |
| 0206 | pickle | 명 오이절임, 피클 |
| 0207 | dairy | 형 우유의, 유제품의 |
| 0208 | frozen food | 명 냉동식품 |
| 0209 | porridge | 명 죽 |
| 0210 | appetizer | 명 애피타이저, 식욕을 돋우는 것 |

## DAY 08 Cooking 요리

| | | |
|---|---|---|
| 0211 | oven | 명 오븐 |
| 0212 | glass | 명 (유리)잔; 유리 |
| 0213 | pot | 명 냄비, 솥 |
| 0214 | pan | 명 팬, 납작한 냄비 |
| 0215 | tray | 명 쟁반 |
| 0216 | bowl | 명 오목한 그릇, 사발 |
| 0217 | jar | 명 병, 단지, 작은 항아리 |
| 0218 | ginger | 명 생강 |

| | | |
|---|---|---|
| 0219 | handle | 명 손잡이 동 처리하다, 다루다 |
| 0220 | opener | 명 여는 도구, 따개 |
| 0221 | cabinet | 명 진열대, 찬장, 캐비닛 |
| 0222 | blender | 명 부엌용 믹서, 블렌더 |
| 0223 | kettle | 명 주전자 |
| 0224 | scoop | 명 작은 국자; 한 숟가락 |
| 0225 | recipe | 명 요리법, 레시피 |
| 0226 | grill | 동 굽다, 구워 익히다 |
| 0227 | melt | 동 녹다, 녹이다 |
| 0228 | steam | 동 증기로 찌다 명 증기 |
| 0229 | roll | 동 밀다, 굴리다, 구르다 |
| 0230 | slice | 동 얇게 썰다 명 얇은 조각 |
| 0231 | smoked | 형 훈제된 |
| 0232 | beat | 동 휘저어 섞다; 두드리다; 이기다 |
| 0233 | uncooked | 형 익히지 않은, 날것의 |
| 0234 | pick up | ~을 집다, ~을 들어 올리다 |
| 0235 | set up | 설치하다; 준비하다, 마련하다 |
| 0236 | instead | 부 대신에 |
| 0237 | contain | 동 포함하다, 함유하다 |
| 0238 | soak | 동 담그다, 흠뻑 적시다 |
| 0239 | complete | 동 완성하다, 완료하다 형 완전한 |
| 0240 | refrigerator | 명 냉장고 |

## DAY 09 Clothes 의복

| | | |
|---|---|---|
| 0241 | T-shirt | 명 티셔츠 |
| 0242 | shorts | 명 반바지 |
| 0243 | tie | 명 넥타이 동 묶다 |
| 0244 | suit | 명 정장, 슈트 동 어울리다 |
| 0245 | blouse | 명 블라우스 |
| 0246 | sandals | 명 샌들 |
| 0247 | vest | 명 조끼 |
| 0248 | wallet | 명 지갑 |
| 0249 | purse | 명 작은 지갑, 돈주머니 |
| 0250 | heels | 명 굽이 있는 구두 |
| 0251 | stockings | 명 스타킹 |
| 0252 | wool | 명 양모, 모직 옷 |
| 0253 | jewel | 명 보석, 장신구 |
| 0254 | sneakers | 명 운동화, 스니커즈 |
| 0255 | underwear | 명 속옷, 내의 |
| 0256 | brand | 명 상표, 브랜드 |
| 0257 | bare | 형 맨, 벌거벗은 |
| 0258 | tight | 형 꽉 끼는, 꽉 조이는 |
| 0259 | loose | 형 헐렁한 |
| 0260 | well-dressed | 형 좋은 옷을 입은, 잘 차려입은 |
| 0261 | match | 동 조화시키다, ~에 어울리다 |

| | | |
|---|---|---|
| 0262 | put on | ~을 착용하다[입다/신다/쓰다] |
| 0263 | try on | ~을 착용해 보다 |
| 0264 | show ~ around | ~에게 구경시켜 주다 |
| 0265 | essential | 형 필수적인, 중요한 |
| 0266 | stain | 명 얼룩, 때 동 얼룩지게 하다 |
| 0267 | fabric | 명 직물, 천 |
| 0268 | overalls | 명 멜빵바지 |
| 0269 | athletic shoes | 명 운동화 |
| 0270 | shrink | 동 오그라들다, 줄다 |

## DAY 10 School & Education 학교와 교육

| | | |
|---|---|---|
| 0271 | award | 명 상, 상품 동 (상 등을) 수여하다 |
| 0272 | mistake | 명 실수, 잘못 |
| 0273 | advise | 동 조언하다, 충고하다 |
| 0274 | project | 명 과제, 연구, 프로젝트 |
| 0275 | major | 명 전공 형 주요한, 중대한 |
| 0276 | homeroom teacher | 명 담임 선생님 |
| 0277 | senior | 명 선배, 연장자 형 상위의, 상급의 |
| 0278 | kindergarten | 명 유치원 |

| | | |
|---|---|---|
| 0279 | college | 명 단과 대학, 전문학교 |
| 0280 | university | 명 종합 대학 |
| 0281 | educate | 동 교육하다, 가르치다 |
| 0282 | success | 명 성공, 성과 |
| 0283 | average | 형 평균의 명 평균 |
| 0284 | entrance | 명 입구; 입장, 입학 |
| 0285 | counsel | 명 상담, 조언, 충고 동 상담하다 |
| 0286 | behave | 동 (예의 바르게) 행동하다 |
| 0287 | mathematics | 명 수학, 계산 |
| 0288 | memorize | 동 암기하다 |
| 0289 | bulletin board | 명 게시판 |
| 0290 | lecture | 명 강의, 강연 |
| 0291 | laboratory | 명 실험실, 실습실 |
| 0292 | hand in | (문서 등을) 제출하다, 건네주다 |
| 0293 | semester | 명 학기 |
| 0294 | knowledge | 명 지식 |
| 0295 | encourage | 동 용기를 북돋우다, 격려하다 |
| 0296 | scholarship | 명 장학금 |
| 0297 | academic | 형 학업의, 학술적인 |
| 0298 | discipline | 명 규율, 훈련, 단련 |
| 0299 | enroll | 동 등록하다 |
| 0300 | pay attention to | ~에 주의를 기울이다, ~에 관심을 갖다 |

## DAY 11 Work 일

| | | |
|---|---|---|
| 0301 | boss | 명 상사; 고용주, 사장 |
| 0302 | copy | 명 복사본 동 복사하다; 베끼다 |
| 0303 | problem | 명 문제 |
| 0304 | skill | 명 기술, 기량 |
| 0305 | useful | 형 유용한, 도움이 되는 |
| 0306 | print | 동 인쇄하다, 출력하다 |
| 0307 | information | 명 정보 |
| 0308 | effort | 명 노력, 수고 |
| 0309 | duty | 명 의무; 직무, 업무; 관세 |
| 0310 | process | 명 과정 동 처리하다 |
| 0311 | interview | 명 면접, 인터뷰 동 면접을 보다 |
| 0312 | wage | 명 임금, 급료 |
| 0313 | income | 명 수입, 소득 |
| 0314 | teamwork | 명 팀워크, 협동 작업 |
| 0315 | harmony | 명 조화, 화합; 화음 |
| 0316 | able | 형 ~할 수 있는, 능력 있는 |
| 0317 | due | 형 ~으로 예정된, ~까지의; ~ 때문인 |
| 0318 | quit | 동 그만두다 |
| 0319 | succeed | 동 성공하다 |
| 0320 | propose | 동 제안하다, 제시하다; 청혼하다 |
| 0321 | give a hand | 도와주다 |

| | | |
|---|---|---|
| 0322 | fill out | ~에 기입하다, (서류 등의) 빈 곳을 채우다 |
| 0323 | make it | 성공하다; 시간 맞춰 가다 |
| 0324 | turn down | 거절하다 |
| 0325 | practical | 형 실용적인; 현실적인 |
| 0326 | contract | 명 계약서, 계약 동 계약하다 |
| 0327 | purpose | 명 목적, 의도 |
| 0328 | industry | 명 산업, (특정 분야의) 업 |
| 0329 | request | 명 요청, 요구 동 요청하다 |
| 0330 | colleague | 명 (직장의) 동료 |

## DAY 12 Workplace 일터

| | | |
|---|---|---|
| 0331 | room | 명 방, 공간 |
| 0332 | meeting | 명 회의; 모임, 만남 |
| 0333 | pin | 명 핀 |
| 0334 | clip | 명 클립 |
| 0335 | poster | 명 포스터, 벽보 |
| 0336 | printer | 명 인쇄기, 프린터 |
| 0337 | bookcase | 명 책장, 책꽂이 |
| 0338 | handout | 명 인쇄물, 유인물 |

| | | |
|---|---|---|
| 0339 | workplace | 명 일터, 직장, 일하는 곳 |
| 0340 | folder | 명 폴더 |
| 0341 | highlighter | 명 형광펜, 하이라이터 |
| 0342 | document | 명 서류, 문서 동 기록하다 |
| 0343 | punch | 명 펀치(구멍 뚫는 도구); (주먹으로) 치기 |
| 0344 | photocopy | 명 사진 복사물[복사본] |
| 0345 | magazine | 명 잡지 |
| 0346 | message | 명 메시지, 전갈, 전언 |
| 0347 | area | 명 지역, 구역; 분야, 영역 |
| 0348 | opinion | 명 의견, 견해 |
| 0349 | career | 명 경력, 직업 |
| 0350 | staff | 명 직원, 스태프 |
| 0351 | training | 명 훈련, 교육 |
| 0352 | staple | 동 스테이플러로 고정하다[박다] |
| 0353 | manage | 동 관리하다, 운영하다; 감당하다 |
| 0354 | seal | 동 봉인하다, 밀봉하다 |
| 0355 | appointment | 명 약속, 예약; 임명 |
| 0356 | fellow | 명 동료, 친구 형 동료의, 친구의 |
| 0357 | employee | 명 직원, 근로자 |
| 0358 | client | 명 고객, 의뢰인 |
| 0359 | calculator | 명 계산기 |
| 0360 | stationery | 명 문구류 |

## Shop & Restaurant 상점과 식당

| | | |
|---|---|---|
| 0361 | total | 명 합계, 총액 형 총, 전체의 |
| 0362 | item | 명 항목, 물품 |
| 0363 | bin | 명 통, 쓰레기통 |
| 0364 | cart | 명 손수레, 카트 |
| 0365 | seafood | 명 해산물 |
| 0366 | tip | 명 조언; 팁, 봉사료; 뾰족한 끝부분 |
| 0367 | set | 동 놓다, 설치하다, 맞추다 명 세트 |
| 0368 | spray | 동 뿌리다, 분무하다 명 스프레이 |
| 0369 | rare | 형 드문, 희귀한; 살짝 익힌 |
| 0370 | wrap | 동 감싸다, 두르다, 포장하다 |
| 0371 | spill | 동 흐르다; 흘리다, 쏟다 |
| 0372 | wipe | 동 닦다 |
| 0373 | leftover | 명 남은 음식, 남은 것 |
| 0374 | napkin | 명 (식탁용) 냅킨, 작은 수건 |
| 0375 | owner | 명 주인, 소유주 |
| 0376 | counter | 명 계산대, 판매대 |
| 0377 | cashier | 명 계산원 |
| 0378 | freezer | 명 냉동고 |
| 0379 | straw | 명 빨대; 짚, 지푸라기 |
| 0380 | grain | 명 곡물; 낟알, 알갱이 |
| 0381 | pack | 동 짐을 싸다, 포장하다<br>명 배낭; 꾸러미 |

| | | |
|---|---|---|
| 0382 | piece | 명 조각, 부분 |
| 0383 | pile | 명 더미 |
| 0384 | bite | 명 한 입 동 물다, 깨물다 |
| 0385 | deliver | 동 배달하다 |
| 0386 | bundle | 명 다발, 뭉치, 묶음 |
| 0387 | ingredient | 명 재료, 성분, 구성 요소 |
| 0388 | grocery | 명 식료품, 잡화 |
| 0389 | recommend | 동 추천하다, 권하다 |
| 0390 | container | 명 그릇, 용기 |

## DAY 14 Shopping 쇼핑

| | | |
|---|---|---|
| 0391 | shop | 명 가게, 상점 동 사다, 쇼핑하다 |
| 0392 | mart | 명 시장, 슈퍼마켓 |
| 0393 | coin | 명 동전, 주화 |
| 0394 | cash | 명 돈, 현금, 현찰 |
| 0395 | pair | 명 한 켤레, 한 쌍, 한 벌 |
| 0396 | pick | 동 고르다, 뽑다; (꽃을) 꺾다 |
| 0397 | dollar | 명 달러($) |
| 0398 | tax | 명 세금 동 세금을 부과하다 |

| | | |
|---|---|---|
| 0399 | business | 명 사업, 장사, 영업; 일, 업무 |
| 0400 | goods | 명 상품, 제품, 재화 |
| 0401 | junk | 명 쓸모없는 물건, 고물 |
| 0402 | price tag | 명 정가표, 가격표 |
| 0403 | receipt | 명 영수증 |
| 0404 | catalog | 명 카탈로그, 목록 |
| 0405 | choice | 명 선택, 선택권 |
| 0406 | quality | 명 품질; 우수한 질, 고급 |
| 0407 | variety | 명 다양성, 다양함 |
| 0408 | display | 동 전시하다, 보여 주다 명 전시, 진열 |
| 0409 | medium | 형 중간의 명 매체, 수단 |
| 0410 | else | 부 그 외의, 그 밖의 |
| 0411 | flea market | 명 벼룩시장(중고품을 팔고 사는 시장) |
| 0412 | brand-name | 형 유명 상표가 붙은, 유명한 |
| 0413 | for free | 무료로, 공짜로 |
| 0414 | give away | 선물로 주다, 공짜로 주다 |
| 0415 | look around | 둘러보다, 찾아 돌아다니다 |
| 0416 | retail | 명 소매, 소매상 |
| 0417 | auction | 명 경매 |
| 0418 | advertisement | 명 광고 |
| 0419 | reasonable | 형 합리적인, 타당한; (가격이) 적정한 |
| 0420 | consume | 동 소비하다, 소모하다; 먹다, 마시다 |

# DAY 15 Transportation 교통

| | | |
|---|---|---|
| 0421 | come | 동 오다 |
| 0422 | go | 동 가다 |
| 0423 | stop | 동 멈추다, 정지하다 명 멈춤; 정류장 |
| 0424 | drive | 동 (자동차를) 운전하다, 몰다 |
| 0425 | subway | 명 지하철 |
| 0426 | sign | 명 기호, 표시, 징후, 표지판<br>동 서명하다 |
| 0427 | cross | 동 건너다, 횡단하다<br>명 X표, 십자; 십자가 |
| 0428 | everywhere | 부 어디든, 곳곳에, 모든 곳에 |
| 0429 | fare | 명 요금, 교통 요금 |
| 0430 | traffic | 명 교통(량), 차량 |
| 0431 | track | 명 길, 선로; 발자취 |
| 0432 | wheel | 명 바퀴 |
| 0433 | cycle | 명 자전거, 오토바이; 순환, 주기 |
| 0434 | tunnel | 명 터널, 굴 |
| 0435 | accident | 명 사고, 재해; 우연 |
| 0436 | crash | 동 충돌하다 명 충돌 사고 |
| 0437 | curve | 동 구부러지다 명 곡선, 커브 |
| 0438 | bump | 동 부딪치다, 찧다 |
| 0439 | through | 전 ~을 통해, ~을 통과하여 |
| 0440 | forward(s) | 부 앞으로, 앞쪽으로 형 앞쪽의 |

| | | |
|---|---|---|
| 0441 | backward(s) | 부 뒤로, 뒤쪽으로; 반대 방향으로<br>형 뒤쪽의 |
| 0442 | get on[off] | ~에 타다[~에서 내리다] |
| 0443 | slow down | (속도 등을) 늦추다 |
| 0444 | ahead of | ~의 앞에; ~보다 앞선 |
| 0445 | on one's way (to) | ~으로 가는 길에[도중에] |
| 0446 | convenient | 형 편리한, 간편한 |
| 0447 | passenger | 명 승객 |
| 0448 | license | 명 면허증, 허가증 |
| 0449 | transfer | 동 갈아타다, 옮기다; 전학하다 |
| 0450 | transport | 동 운송하다, 실어 나르다<br>명 운송, 수송 |

## DAY 16 Road 도로

| | | |
|---|---|---|
| 0451 | street | 명 거리, 도로, 길 |
| 0452 | tower | 명 탑, 타워 |
| 0453 | building | 명 건물, 빌딩 |
| 0454 | center | 명 중심, 중앙; 종합 시설, 센터 |
| 0455 | trash | 명 쓰레기 |
| 0456 | brick | 명 벽돌 |
| 0457 | restroom | 명 (공공장소의) 화장실 |
| 0458 | corner | 명 모서리, 모퉁이, 코너 |

| | | |
|---|---|---|
| 0459 | sidewalk | 명 보도, 인도 |
| 0460 | crosswalk | 명 건널목, 횡단보도 |
| 0461 | highway | 명 고속도로 |
| 0462 | bridge | 명 다리, 교량 |
| 0463 | sewer | 명 하수구, 하수도 |
| 0464 | city hall | 명 시청 |
| 0465 | drugstore | 명 약국 |
| 0466 | department store | 명 백화점 |
| 0467 | fire station | 명 소방서 |
| 0468 | police station | 명 경찰서 |
| 0469 | downtown | 명 시내, 도심지 부 시내로, 도심에서 |
| 0470 | countryside | 명 시골, 전원 |
| 0471 | address | 명 주소; 연설 동 연설하다 |
| 0472 | zone | 명 구역, 지대, 지역 |
| 0473 | distance | 명 거리, 간격; 먼 거리 |
| 0474 | line up | 줄을 서다, 줄 세우다 |
| 0475 | migrate | 동 이동하다, 이주하다 |
| 0476 | patrol | 동 순찰하다 명 순찰대 |
| 0477 | intersection | 명 교차로 |
| 0478 | avenue | 명 거리, 대로, -가 |
| 0479 | landscape | 명 풍경, 경치 |
| 0480 | chimney | 명 굴뚝 |

## DAY 17 Health & Safety 건강과 안전

| | | |
|---|---|---|
| 0481 | safety | 명 안전, 안전성 |
| 0482 | trouble | 명 문제, 어려움, 골칫거리 |
| 0483 | pill | 명 알약 |
| 0484 | blood | 명 혈액, 피 |
| 0485 | burn | 명 화상<br>동 타다, 태우다; 화상을 입히다 |
| 0486 | toothache | 명 치통 |
| 0487 | breath | 명 숨, 호흡 |
| 0488 | medical | 형 의학의, 의료의 |
| 0489 | examine | 동 진찰하다; 조사하다, 시험하다 |
| 0490 | digest | 동 소화하다, 소화되다 |
| 0491 | patient | 명 환자 형 참을성 있는 |
| 0492 | disease | 명 질병, 질환 |
| 0493 | cancer | 명 암 |
| 0494 | throat | 명 목구멍, 목 |
| 0495 | wound | 명 상처, 부상 동 상처를 입히다 |
| 0496 | blind | 형 눈먼, 시각 장애의 명 시각 장애인 |
| 0497 | deaf | 형 귀먹은, 청각 장애의 명 청각 장애인 |
| 0498 | prevent | 동 막다, 예방하다, 방지하다 |
| 0499 | recover | 동 회복하다, 되찾다 |
| 0500 | poison | 명 독, 독약 |
| 0501 | sore | 형 아픈, 쑤시는 |

| | | |
|---|---|---|
| 0502 | dizzy | 형 어지러운, 현기증 나는 |
| 0503 | vomit | 동 토하다, 구토하다 |
| 0504 | pass away | 돌아가시다, 사망하다 |
| 0505 | bacteria | 명 박테리아, 세균 |
| 0506 | bruise | 명 멍, 타박상 동 멍이 생기다 |
| 0507 | stroke | 명 뇌졸중; 치기, 때리기, 타격 |
| 0508 | operate | 동 수술하다; 작동하다; 운영하다 |
| 0509 | emergency | 명 비상 상황, 비상사태 |
| 0510 | symptom | 명 증상, 징후 |

## DAY 18 Describing Things & Condition 사물과 상태 묘사

| | | |
|---|---|---|
| 0511 | full | 형 가득 찬; 배부른 |
| 0512 | helpful | 형 유용한, 도움이 되는 |
| 0513 | hopeful | 형 희망적인, 희망찬, 기대하는 |
| 0514 | tiny | 형 조그마한, 아주 작은 |
| 0515 | boring | 형 지루한, 따분한 |
| 0516 | unlike | 전 ~와 달리, ~와 다른 |
| 0517 | type | 명 종류, 유형 |
| 0518 | usual | 형 보통의, 평소의 |

| | | |
|---|---|---|
| 0519 | empty | 형 텅 빈, 비어 있는 |
| 0520 | valuable | 형 귀중한, 소중한; 값비싼 |
| 0521 | similar | 형 비슷한, 닮은 |
| 0522 | awful | 형 끔찍한, 지독한, 심한 |
| 0523 | excellent | 형 훌륭한, 탁월한, 우수한 |
| 0524 | shocking | 형 충격적인 |
| 0525 | metal | 명 금속 |
| 0526 | plastic | 명 플라스틱 |
| 0527 | object | 명 물체, 물건; 목적 동 반대하다 |
| 0528 | silence | 명 침묵, 정적, 고요 |
| 0529 | situation | 명 상황, 처지, 입장 |
| 0530 | especially | 부 특히, 유난히 |
| 0531 | suddenly | 부 갑자기 |
| 0532 | exist | 동 존재하다, 실재하다 |
| 0533 | be filled with | ~으로 가득 차다 |
| 0534 | such as | ~와 같은, 예를 들어 |
| 0535 | feature | 명 특징, 특색 동 특징을 이루다 |
| 0536 | precious | 형 귀중한, 값진 |
| 0537 | familiar | 형 친숙한, 익숙한, 잘 알고 있는 |
| 0538 | ordinary | 형 보통의, 평범한 |
| 0539 | unbelievable | 형 믿을 수 없는, 믿기 어려운, 놀라운 |
| 0540 | unfortunately | 부 불행하게도, 유감스럽게도 |

## Travel 여행

0541 tourist 명 여행자, 관광객

0542 visitor 명 방문객, 손님

0543 site 명 위치, 현장; 유적

0544 check 동 확인하다, 점검하다 명 확인, 점검

0545 schedule 명 일정, 계획 동 일정을 잡다

0546 flight 명 비행, 항공편

0547 refresh 동 기운 나게 하다, 상쾌하게 하다

0548 passport 명 여권

0549 visa 명 비자

0550 sightseeing 명 관광

0551 route 명 노선, 경로, 길

0552 landmark 명 명소, 랜드마크

0553 hot spring 명 온천

0554 airline 명 항공사

0555 baggage 명 짐, 수화물

0556 experience 명 경험 동 경험하다

0557 cancel 동 취소하다

0558 apply 동 신청하다, 지원하다; 적용하다

0559 depart 동 출발하다, 떠나다

0560 delay 동 지연시키다, 미루다 명 지연, 지체

0561 abroad 부 해외에서, 해외로

| | | |
|---|---|---|
| 0562 | reserve | 동 예약하다, (자리 등을) 맡아 두다 |
| 0563 | journey | 명 (멀리 가는) 여행, 여정 |
| 0564 | get to | ~에 도착하다, ~에 이르다 |
| 0565 | hang out (with) | (~와) 시간을 보내다, (~와) 어울리다 |
| 0566 | available | 형 이용 가능한, 시간이 있는 |
| 0567 | insurance | 명 보험 |
| 0568 | souvenir | 명 기념품 |
| 0569 | attendant | 명 안내원, 종업원 |
| 0570 | destination | 명 목적지, 도착지 |

## DAY 20 Hobbies 취미

| | | |
|---|---|---|
| 0571 | jog | 동 조깅하다 |
| 0572 | hike | 동 하이킹하다, 등산하다 |
| 0573 | chat | 동 수다 떨다, 잡담하다; 채팅하다 |
| 0574 | tent | 명 텐트, 천막 |
| 0575 | camp | 명 캠프, 야영지 동 야영하다 |
| 0576 | stamp | 명 우표; 도장 |
| 0577 | fix | 동 고치다, 수리하다; 고정하다 |
| 0578 | puzzle | 명 퍼즐, 수수께끼 |

| | | |
|---|---|---|
| 0579 | chess | 명 체스 |
| 0580 | circus | 명 서커스, 곡예, 서커스단 |
| 0581 | photograph | 명 사진 동 사진을 찍다 |
| 0582 | mania | 명 열광 |
| 0583 | skateboard | 명 스케이트보드 |
| 0584 | cinema | 명 영화; 극장, 영화관 |
| 0585 | scuba diving | 명 스쿠버 다이빙 |
| 0586 | invention | 명 발명, 발명품 |
| 0587 | pen pal | 명 펜팔, 편지 친구 |
| 0588 | comic | 형 웃기는, 재미있는; 희극의 |
| 0589 | wooden | 형 나무로 만든, 목재의 |
| 0590 | indoor | 형 실내의, 내부의 |
| 0591 | knit | 동 실로 뜨다, 뜨개질하다 명 니트 |
| 0592 | gather | 동 모이다, 모으다 |
| 0593 | sign up (for) | (~을) 신청하다, (~에) 가입하다 |
| 0594 | instead of | ~ 대신에 |
| 0595 | dynamic | 형 역동적인, 활동적인, 활발한 |
| 0596 | leisure | 명 여가, 여가 생활 형 한가한 |
| 0597 | volunteer | 명 자원봉사자, 지원자<br>동 자원봉사하다 |
| 0598 | snorkel | 동 스노클을 쓰고 잠수하다 명 스노클 |
| 0599 | ability | 명 능력, 역량, 재능 |
| 0600 | curiosity | 명 호기심 |

## DAY 21 Sports 운동

| | | |
|---|---|---|
| 0601 | bike | 명 자전거 |
| 0602 | tennis | 명 테니스 |
| 0603 | soccer | 명 축구 |
| 0604 | goal | 명 골, 득점; 목표 |
| 0605 | medal | 명 메달, 훈장 |
| 0606 | prize | 명 상, 상품, 상금 |
| 0607 | winner | 명 우승자, 수상자 |
| 0608 | base | 명 기초, 토대, 근거; 야구의 베이스 |
| 0609 | coach | 명 코치 동 지도하다 |
| 0610 | sweat | 명 땀 동 땀을 흘리다 |
| 0611 | basketball | 명 농구 |
| 0612 | baseball | 명 야구 |
| 0613 | football | 명 축구; 미식축구 |
| 0614 | bowling | 명 볼링 |
| 0615 | relay | 명 계주, 릴레이 경주 |
| 0616 | chance | 명 기회; 가능성; 운, 행운 |
| 0617 | batter | 명 타자; 반죽, 튀김옷<br>동 세게 두드리다 |
| 0618 | racket | 명 (테니스 등의) 라켓; 시끄러운 소리 |
| 0619 | victory | 명 승리 |
| 0620 | surf | 동 서핑하다 명 큰 파도 |
| 0621 | stretch | 동 늘이다, 쭉 뻗다; 늘어나다 |

| | | |
|---|---|---|
| 0622 | shoot | 동 쏘다, 발사하다 명 발사, 사격 |
| 0623 | sail | 동 (요트를) 타다, 조종하다; 항해하다 |
| 0624 | bet | 동 내기하다, (돈을) 걸다 명 내기 |
| 0625 | amazing | 형 굉장한, 놀라운 |
| 0626 | muscle | 명 근육, 근력 |
| 0627 | competition | 명 대회, 시합; 경쟁 |
| 0628 | athlete | 명 운동선수 |
| 0629 | challenge | 명 도전; 도전 과제, 난제 동 도전하다 |
| 0630 | participate | 동 참여하다, 참가하다 |

## DAY 22 Outdoor Activities 실외 활동

| | | |
|---|---|---|
| 0631 | boat | 명 보트, 배 |
| 0632 | bench | 명 벤치, 긴 의자 |
| 0633 | speed | 명 속도, 속력 동 빨리 가다, 질주하다 |
| 0634 | shell | 명 조개껍데기 |
| 0635 | wave | 명 파도 |
| 0636 | shade | 명 그늘 |
| 0637 | rope | 명 밧줄, 로프 |
| 0638 | yacht | 명 요트 |

| | | |
|---|---|---|
| 0639 | slide | 명 미끄럼틀 동 미끄러지다 |
| 0640 | swing | 명 그네 동 흔들리다, 흔들다 |
| 0641 | blanket | 명 담요 |
| 0642 | float | 동 (물에) 뜨다 |
| 0643 | swimsuit | 명 수영복 |
| 0644 | seesaw | 명 시소 |
| 0645 | fountain | 명 분수 |
| 0646 | parasol | 명 파라솔, 양산 |
| 0647 | pebble | 명 조약돌 |
| 0648 | sleeping bag | 명 침낭 |
| 0649 | campfire | 명 모닥불, 캠프파이어 |
| 0650 | sunblock | 명 자외선 차단제 |
| 0651 | lifeguard | 명 안전 요원, 인명 구조원 |
| 0652 | raft | 명 뗏목, 고무보트 |
| 0653 | sunbath | 명 일광욕 |
| 0654 | merry-go-round | 명 회전목마 |
| 0655 | give it a try | 한번 해 보다, 시도하다 |
| 0656 | whistle | 명 휘슬, 호루라기, 호각 |
| 0657 | thrill | 명 전율, 스릴; 떨림 |
| 0658 | aquarium | 명 수족관 |
| 0659 | amusement | 명 놀이, 재미 |
| 0660 | botanical garden | 명 식물원 |

## DAY 23 Special Days 특별한 날

| | | |
|---|---|---|
| 0661 | card | 명 (종이 · 플라스틱) 카드 |
| 0662 | host | 명 주인, 주최자 동 주최하다, 열다 |
| 0663 | guest | 명 손님, 하객, 투숙객, 게스트 |
| 0664 | mask | 명 가면, 마스크, 복면 |
| 0665 | hide | 동 숨기다, 감추다 |
| 0666 | hurry | 동 서두르다, 급히 하다 |
| 0667 | Christmas | 명 크리스마스, 성탄절 |
| 0668 | prepare | 동 준비하다, 대비하다 |
| 0669 | invitation | 명 초대, 초대장 |
| 0670 | decorate | 동 장식하다, 꾸미다 |
| 0671 | costume | 명 복장, 의상 |
| 0672 | crowded | 형 붐비는, 복잡한 |
| 0673 | riddle | 명 수수께끼 |
| 0674 | Valentine's Day | 명 밸런타인데이 |
| 0675 | Thanksgiving | 명 추수 감사절 |
| 0676 | turkey | 명 칠면조 |
| 0677 | Halloween | 명 핼러윈 |
| 0678 | trick | 명 속임수, 장난 동 속이다 |
| 0679 | witch | 명 마녀 |
| 0680 | lantern | 명 랜턴, 등, 손전등 |
| 0681 | thankful | 형 감사하는, 고맙게 여기는 |

| | | |
|---|---|---|
| 0682 | Easter | 명 부활절 |
| 0683 | honeymoon | 명 신혼여행 |
| 0684 | congratulation | 명 축하, 축하 인사 |
| 0685 | at last | 드디어, 마침내 |
| 0686 | fall in love (with) | (~에게) 반하다, (~와) 사랑에 빠지다 |
| 0687 | arrange | 동 배열하다, 정리하다; 마련하다 |
| 0688 | launch | 동 출시하다, 시작하다 명 출시, 개시 |
| 0689 | be about to V | 막 ~하려고 하다, ~하려는 참이다 |
| 0690 | look forward to | ~을 기대하다, ~을 고대하다 |

## DAY 24 Art & Culture 예술과 문화

| | | |
|---|---|---|
| 0691 | pop | 명 팝, 팝 뮤직 동 펑 하고 터지다 |
| 0692 | violin | 명 바이올린 |
| 0693 | drum | 명 드럼, 북 |
| 0694 | drama | 명 드라마, 극 |
| 0695 | opera | 명 오페라, 가극 |
| 0696 | create | 동 창작하다, 창조하다, 만들다 |
| 0697 | newspaper | 명 신문, 신문지 |
| 0698 | article | 명 기사, 글 |

| | | |
|---|---|---|
| 0699 | poem | 명 시, 운문 |
| 0700 | classic | 명 고전, 명작, 클래식 형 고전적인 |
| 0701 | artwork | 명 예술품, 삽화 |
| 0702 | well-known | 형 유명한, 잘 알려진 |
| 0703 | series | 명 시리즈, 연속물; 연속, 일련 |
| 0704 | statue | 명 조각상, 상 |
| 0705 | parade | 명 행진, 퍼레이드 |
| 0706 | performance | 명 공연, 수행, 연기, 연주 |
| 0707 | publish | 동 출판하다, 발행하다 |
| 0708 | exhibit | 동 전시하다 명 전시 |
| 0709 | portfolio | 명 (그림 · 사진 등의) 작품집, 포트폴리오 |
| 0710 | portrait | 명 초상화, 인물 사진 |
| 0711 | chorus | 명 후렴, 합창곡 |
| 0712 | reveal | 동 드러내다, 밝히다 |
| 0713 | trumpet | 명 트럼펫 |
| 0714 | rhythm | 명 리듬, 박자 |
| 0715 | laugh at | ~을 비웃다, ~을 놀리다 |
| 0716 | audience | 명 청중, 관객 |
| 0717 | instrument | 명 악기, 도구, 기구 |
| 0718 | artificial | 형 인공의, 인조의 |
| 0719 | admire | 동 감탄하다, 존경하다 |
| 0720 | architecture | 명 건축학, 건축 양식 |

## DAY 25 Plants 식물

| | | |
|---|---|---|
| 0721 | rose | 명 장미 |
| 0722 | growth | 명 성장, 발전 |
| 0723 | root | 명 뿌리, 근원 |
| 0724 | carrot | 명 당근 |
| 0725 | seed | 명 씨앗 |
| 0726 | bloom | 동 꽃이 피다 명 꽃 |
| 0727 | rapidly | 부 급속히, 빨리 |
| 0728 | stem | 명 줄기 동 유래하다 |
| 0729 | maple | 명 단풍나무 |
| 0730 | bamboo | 명 대나무 |
| 0731 | bud | 명 봉오리, 싹 |
| 0732 | cactus | 명 선인장 |
| 0733 | bush | 명 덤불, 관목 |
| 0734 | poisonous | 형 유독한, 독이 있는 |
| 0735 | survive | 동 생존하다, 살아남다 |
| 0736 | pine | 명 소나무 |
| 0737 | ripe | 형 익은, 여문 |
| 0738 | species | 명 종, 종류 |
| 0739 | crop | 명 농작물, 수확물 |
| 0740 | palm | 명 야자수; 손바닥 |
| 0741 | trunk | 명 나무의 몸통; 트렁크 |

| | | |
|---|---|---|
| 0742 | lettuce | 명 상추 |
| 0743 | spinach | 명 시금치 |
| 0744 | needle | 명 바늘, 바늘처럼 뾰족한 잎 |
| 0745 | cherry tree | 명 벚나무 |
| 0746 | sprout | 동 싹이 나다, 발아하다 명 새싹 |
| 0747 | eggplant | 명 가지 |
| 0748 | bark | 명 나무껍질 |
| 0749 | thorn | 명 가시 |
| 0750 | weed | 명 잡초 |

## DAY 26 Animals & Insects 동물과 곤충

| | | |
|---|---|---|
| 0751 | snake | 명 뱀 |
| 0752 | frog | 명 개구리 |
| 0753 | wing | 명 날개 |
| 0754 | nest | 명 둥지 |
| 0755 | bug | 명 벌레, 작은 곤충 |
| 0756 | donkey | 명 당나귀 |
| 0757 | hen | 명 암탉 |
| 0758 | kangaroo | 명 캥거루 |

| | | |
|---|---|---|
| 0759 | dinosaur | 명 공룡 |
| 0760 | whale | 명 고래 |
| 0761 | dolphin | 명 돌고래 |
| 0762 | octopus | 명 문어 |
| 0763 | hippo | 명 하마 |
| 0764 | swan | 명 백조 |
| 0765 | eagle | 명 독수리 |
| 0766 | owl | 명 올빼미, 부엉이 |
| 0767 | spider | 명 거미 |
| 0768 | web | 명 거미줄, 거미집, 망 |
| 0769 | moth | 명 나방 |
| 0770 | wildlife | 명 야생 생물 |
| 0771 | beetle | 명 딱정벌레 |
| 0772 | beast | 명 짐승, 야수 |
| 0773 | peacock | 명 공작새 |
| 0774 | crow | 명 까마귀 |
| 0775 | parrot | 명 앵무새 |
| 0776 | mosquito | 명 모기 |
| 0777 | swallow | 명 제비 동 삼키다 |
| 0778 | hatch | 동 부화시키다, 부화하다 |
| 0779 | rhino | 명 코뿔소 |
| 0780 | leopard | 명 표범 |

## DAY 27 Weather 날씨

| | | |
|---|---|---|
| 0781 | rainbow | 명 무지개 |
| 0782 | sunshine | 명 햇빛, 햇살 |
| 0783 | fog | 명 안개 |
| 0784 | snowy | 형 눈에 덮인, 눈이 많이 내리는 |
| 0785 | icy | 형 얼음같이 찬, 얼음에 뒤덮인 |
| 0786 | raindrop | 명 빗방울 |
| 0787 | still | 부 여전히, 아직 |
| 0788 | condition | 명 조건, 상태 |
| 0789 | expect | 동 예상하다, 기대하다 |
| 0790 | storm | 명 폭풍, 폭풍우 |
| 0791 | forecast | 명 예측, 예보 동 예보하다 |
| 0792 | climate | 명 기후 |
| 0793 | sticky | 형 끈적끈적한 |
| 0794 | freeze | 동 얼다, 얼리다 |
| 0795 | flood | 명 홍수 동 물에 잠기다 |
| 0796 | moist | 형 촉촉한 |
| 0797 | moonlight | 명 달빛 |
| 0798 | flow | 명 (액체 등의) 흐름 동 흐르다 |
| 0799 | snowstorm | 명 눈보라 |
| 0800 | rainfall | 명 강우(량) |
| 0801 | mist | 명 옅은 안개, 스프레이, 분무 |

| | | |
|---|---|---|
| 0802 | dew | 명 이슬 |
| 0803 | breeze | 명 산들바람, 미풍 |
| 0804 | these days | 요즘에는 |
| 0805 | temperature | 명 온도, 기온 |
| 0806 | degree | 명 (온도 · 각도 등의) 도 |
| 0807 | drought | 명 가뭄 |
| 0808 | hail | 명 우박 |
| 0809 | dawn | 명 새벽, 동틀 녘 |
| 0810 | damp | 형 축축한, 습기 찬 |

## DAY 28 Nature 자연

| | | |
|---|---|---|
| 0811 | sunrise | 명 일출, 해돋이 |
| 0812 | shadow | 명 그림자, 그늘 |
| 0813 | newborn | 형 갓 태어난 |
| 0814 | living | 형 살아 있는 명 생계 |
| 0815 | mud | 명 진흙 |
| 0816 | remain | 동 남아 있다, 여전히 ~하다 |
| 0817 | appear | 동 나타나다, 보이기 시작하다 |
| 0818 | source | 명 원천, 출처 동 얻다, 공급자를 찾다 |

| | | |
|---|---|---|
| 0819 | disaster | 명 재난, 참사, 재앙 |
| 0820 | thunder | 명 천둥 |
| 0821 | volcano | 명 화산 |
| 0822 | explore | 동 탐험하다, 탐구하다 |
| 0823 | hurricane | 명 폭풍 |
| 0824 | creature | 명 생명체, 창조물 |
| 0825 | clay | 명 진흙, 점토, 찰흙 |
| 0826 | vary | 동 다양하다, 다르다 |
| 0827 | pollute | 동 오염시키다 |
| 0828 | cliff | 명 절벽 |
| 0829 | bay | 명 (바다 · 호수의) 만 |
| 0830 | tide | 명 조수, 밀물/썰물, 물결 |
| 0831 | landslide | 명 산사태 |
| 0832 | rainforest | 명 (열대) 우림 |
| 0833 | food chain | 명 먹이 사슬 |
| 0834 | care for | ~을 돌보다, ~을 좋아하다 |
| 0835 | watch out (for) | (~을) 주의하다, (~을) 조심하다 |
| 0836 | earthquake | 명 지진 |
| 0837 | glacier | 명 빙하 |
| 0838 | element | 명 요소, 성분 |
| 0839 | evolve | 동 진화하다, (서서히) 발전하다 |
| 0840 | run out of | ~이 바닥나다, ~을 다 써 버리다 |

# Environment 환경

0841 protect 동 보호하다, 지키다

0842 cause 동 야기하다 명 원인, 이유

0843 effect 명 영향, 효과, 결과

0844 pure 형 깨끗한, 순수한, 섞이지 않은

0845 reduce 동 줄이다, 축소하다, 낮추다

0846 fuel 명 연료

0847 pollution 명 오염, 공해

0848 separate 동 분리하다 형 분리된, 별개의

0849 damage 명 손상, 피해

0850 shortage 명 부족

0851 environmental 형 환경의

0852 campaign 명 캠페인, (사회 · 정치적) 운동

0853 smog 명 스모그

0854 greenhouse 명 온실

0855 spoil 동 망치다, 손상하다; 버릇없게 만들다

0856 resource 명 자원, 재원

0857 ruin 동 파괴하다 명 파괴; 유적

0858 leak 명 누출 동 새다, 새게 하다

0859 overuse 동 남용하다 명 남용

0860 worldwide 형 전 세계적인 부 전 세계에

0861 threat 명 위협, 협박

| | | |
|---|---|---|
| 0862 | continuous | 형 끊임없는, 계속되는 |
| 0863 | acid | 명 산, 산성 |
| 0864 | watch over | ~을 지키다, ~을 지켜보다 |
| 0865 | fossil | 명 화석 |
| 0866 | toxic | 형 유독성의, 유독한 |
| 0867 | extinct | 형 멸종된, 사라진 |
| 0868 | carbon dioxide | 명 이산화탄소 |
| 0869 | exhaust | 명 배기가스 동 다 써 버리다 |
| 0870 | endangered | 형 멸종 위기의 |

## DAY 30 Space 우주

| | | |
|---|---|---|
| 0871 | universe | 명 우주 |
| 0872 | rocket | 명 로켓 |
| 0873 | flash | 명 번쩍임, 섬광 동 번쩍이다 |
| 0874 | footprint | 명 발자국 |
| 0875 | ring | 명 고리, 링 |
| 0876 | spaceship | 명 우주선 |
| 0877 | get out of | ~에서 나오다, ~에서 도망치다 |
| 0878 | crew | 명 승무원 |

| | | |
|---|---|---|
| 0879 | consist | 동 (부분 · 요소로) 이루어지다, 구성되다 |
| 0880 | lunar | 형 달의, 음력의 |
| 0881 | comet | 명 혜성 |
| 0882 | telescope | 명 망원경 |
| 0883 | galaxy | 명 은하 |
| 0884 | Milky Way | 명 은하수 |
| 0885 | space station | 명 우주 정거장 |
| 0886 | alien | 명 외계인, 외국인 형 외계의, 외국의 |
| 0887 | Mercury | 명 수성 |
| 0888 | Mars | 명 화성 |
| 0889 | Jupiter | 명 목성 |
| 0890 | Venus | 명 금성 |
| 0891 | Saturn | 명 토성 |
| 0892 | Big Bang | 명 빅뱅 |
| 0893 | light year | 명 광년 |
| 0894 | circulate | 동 순환하다, 순환시키다, 돌다, 돌리다 |
| 0895 | vacuum | 명 진공 |
| 0896 | eclipse | 명 (일식 · 월식의) 식 |
| 0897 | satellite | 명 (인공)위성 |
| 0898 | orbit | 명 궤도 |
| 0899 | astronomy | 명 천문학 |
| 0900 | asteroid | 명 소행성 |

## DAY 31 Energy 에너지

| | | |
|---|---|---|
| 0901 | power | 명 힘, 세력, 권력 |
| 0902 | factory | 명 공장 |
| 0903 | dam | 명 댐 |
| 0904 | battery | 명 배터리, 건전지 |
| 0905 | pedal | 명 페달, 발판 |
| 0906 | engine | 명 엔진, 기관 |
| 0907 | produce | 동 생산하다 |
| 0908 | coal | 명 석탄 |
| 0909 | mine | 명 광산 |
| 0910 | crisis | 명 위기 |
| 0911 | expand | 동 확대하다, 확장하다, 팽창시키다 |
| 0912 | generate | 동 생성하다, 발생시키다 |
| 0913 | nuclear | 형 원자력의, 핵의 |
| 0914 | windmill | 명 풍차 |
| 0915 | failure | 명 실패 |
| 0916 | natural gas | 명 천연가스 |
| 0917 | conserve | 동 아끼다, 아껴 쓰다, 보호하다 |
| 0918 | entire | 형 전체의, 완전한 |
| 0919 | rely | 동 의존하다, 의지하다, 믿다, 신뢰하다 |
| 0920 | electricity | 명 전기 |
| 0921 | transform | 동 바꾸다, 변형시키다 |

| | | |
|---|---|---|
| 0922 | generation | 명 (전기 등의) 발생; 세대 |
| 0923 | foundation | 명 기반, 토대; 재단 |
| 0924 | solar collector | 명 태양열 집열기 |
| 0925 | use up | 다 써 버리다 |
| 0926 | turn A into B | A를 B로 바꾸다 |
| 0927 | efficient | 형 효율적인, 능률적인 |
| 0928 | sufficient | 형 충분한 |
| 0929 | abundant | 형 풍부한 |
| 0930 | radioactive | 형 방사능을 가진 |

## DAY 32 Science & Technology 과학과 기술

| | | |
|---|---|---|
| 0931 | science | 명 과학 |
| 0932 | fail | 동 실패하다, (시험에) 떨어지다 |
| 0933 | result | 명 결과, 성과 동 (~의 결과로) 생기다 |
| 0934 | brain | 명 뇌, 두뇌 |
| 0935 | machine | 명 기계 |
| 0936 | important | 형 중요한 |
| 0937 | technology | 명 기술 |
| 0938 | research | 명 연구, 조사 동 연구하다, 조사하다 |

| | | |
|---|---|---|
| 0939 | develop | 동 개발하다, 발전시키다 |
| 0940 | impossible | 형 불가능한, 있을 수 없는 |
| 0941 | invent | 동 발명하다 |
| 0942 | inform | 동 알리다 |
| 0943 | imagine | 동 상상하다, 생각하다 |
| 0944 | chemical | 형 화학의, 화학적인 명 화학 물질 |
| 0945 | experiment | 명 실험 동 실험하다 |
| 0946 | method | 명 방법 |
| 0947 | measure | 동 측정하다, 재다 |
| 0948 | cell | 명 세포; (큰 구조의 작은) 칸 |
| 0949 | prove | 동 증명하다, 입증하다 |
| 0950 | magnet | 명 자석 |
| 0951 | inspect | 동 조사하다, 점검하다 |
| 0952 | visible | 형 눈에 보이는, 가시적인 |
| 0953 | charge | 동 충전하다; 청구하다<br>명 요금, 청구; 담당 |
| 0954 | device | 명 장치, 기구 |
| 0955 | come true | 실현되다, 이루어지다 |
| 0956 | formula | 명 공식, 식, 제조법 |
| 0957 | virtual | 형 가상의; 사실상의 |
| 0958 | devise | 동 고안하다, 궁리하다 |
| 0959 | multiply | 동 곱하다, 증식하다 |
| 0960 | gravity | 명 중력 |

## Computers & Communication 컴퓨터와 의사소통

| | | |
|---|---|---|
| 0961 | computer | 명 컴퓨터 |
| 0962 | Internet | 명 인터넷 |
| 0963 | system | 명 체계, 시스템 |
| 0964 | search | 동 찾아보다, 조사하다 명 검색, 찾기 |
| 0965 | screen | 명 화면, 스크린 동 가리다, 차단하다 |
| 0966 | link | 동 연결하다 명 관련, 관계 |
| 0967 | file | 명 파일, 자료 |
| 0968 | download | 동 내려받다, 다운로드하다 |
| 0969 | communicate | 동 (의사)소통하다, 통신하다 |
| 0970 | wireless | 형 무선의 명 무선 |
| 0971 | website | 명 웹사이트 |
| 0972 | code | 명 암호, 부호 |
| 0973 | online | 형 온라인의 부 온라인으로 |
| 0974 | fault | 명 잘못, 과실, 결점 |
| 0975 | edit | 동 편집하다, 수정하다 |
| 0976 | operator | 명 (기계를) 조작하는 사람, 기사 |
| 0977 | skillful | 형 숙련된, 능숙한, 솜씨 있는 |
| 0978 | laptop | 명 노트북[휴대용] 컴퓨터 |
| 0979 | frame | 명 틀, 뼈대, 프레임 |
| 0980 | delete | 동 삭제하다 |
| 0981 | access | 명 접속, 접근(권)<br>동 접속하다, 접근하다 |

| | | |
|---|---|---|
| 0982 | graphic | 형 그래픽의, 도표의<br>명 (컴퓨터의) 그래픽 |
| 0983 | volume | 명 (TV · 라디오 등의) 음량; 양, 용량 |
| 0984 | cable | 명 전선, 케이블 |
| 0985 | plug | 동 플러그를 끼우다 명 플러그 |
| 0986 | vaccine | 명 백신, 바이러스 예방 프로그램 |
| 0987 | capture | 동 캡처하다, 포착하다, 붙잡다 |
| 0988 | combination | 명 결합, 조합 |
| 0989 | disturb | 동 방해하다, 어지럽히다 |
| 0990 | get used to | ~에 익숙해지다 |

## DAY 34 Society 사회

| | | |
|---|---|---|
| 0991 | social | 형 사회적인, 사회의, 사교적인 |
| 0992 | local | 형 지역의, 현지의 |
| 0993 | lead | 동 이끌다, 안내하다 |
| 0994 | case | 명 경우, 사례, 사건; 상자 |
| 0995 | public | 형 대중의, 공공의 명 대중 |
| 0996 | unit | 명 구성단위, 한 개, 한 단위 |
| 0997 | direct | 형 직접적인, 직행의 |
| 0998 | powerful | 형 강력한, 영향력 있는 |

| | | |
|---|---|---|
| 0999 | relationship | 명 관계 |
| 1000 | symbol | 명 상징, 기호, 부호 |
| 1001 | belong | 동 속하다, 소속감을 느끼다 |
| 1002 | citizen | 명 시민 |
| 1003 | tradition | 명 전통 |
| 1004 | donate | 동 기부하다, 기증하다 |
| 1005 | common | 형 공통의; 흔한, 보통의 |
| 1006 | freedom | 명 자유, 해방 |
| 1007 | happen | 동 발생하다, 일어나다 |
| 1008 | various | 형 다양한, 여러 가지의 |
| 1009 | fame | 명 명성, 평판 |
| 1010 | generally | 부 일반적으로, 보통 |
| 1011 | community | 명 지역 사회, 공동체, 커뮤니티 |
| 1012 | unique | 형 독특한, 특이한, 유일한 |
| 1013 | difference | 명 차이, 다름 |
| 1014 | private | 형 사유의, 개인의, 전용의 |
| 1015 | include | 동 포함하다, 포함시키다 |
| 1016 | affect | 동 영향을 미치다 |
| 1017 | status | 명 신분, 지위, 상태, 현황 |
| 1018 | moral | 형 도덕적인, 도의적인 명 도덕성 |
| 1019 | individual | 명 개인 형 각각의, 개인의, 1인용의 |
| 1020 | on purpose | 고의로, 일부러 |

## DAY 35 Economy 경제

| | | |
|---|---|---|
| 1021 | product | 명 제품, 생산품, 결과물 |
| 1022 | risk | 명 위험, 위험 요소 |
| 1023 | value | 명 가치 동 가치 있게 여기다 |
| 1024 | salary | 명 급여, 월급 |
| 1025 | rise | 동 증가하다, 오르다 명 증가, 상승 |
| 1026 | select | 동 선택하다, 고르다 |
| 1027 | borrow | 동 빌리다 |
| 1028 | lend | 동 빌려주다 |
| 1029 | debt | 명 빚, 부채 |
| 1030 | deal | 명 거래, 합의, 취급<br>동 거래하다, 다루다 |
| 1031 | account | 명 (은행) 계좌; 예금 |
| 1032 | trade | 동 거래하다, 무역하다 명 거래, 무역 |
| 1033 | whole | 형 전체의, 모든 명 전체 |
| 1034 | predict | 동 예측하다 |
| 1035 | economy | 명 경제, 경기 |
| 1036 | wealth | 명 부, 재산 |
| 1037 | fee | 명 수수료, 요금 |
| 1038 | profit | 명 이익, 수익, 이윤 |
| 1039 | provide | 동 공급하다, 제공하다 |
| 1040 | gain | 동 (원하는 것을) 얻다 명 이익, 증가 |
| 1041 | invest | 동 투자하다 |

| | | |
|---|---|---|
| 1042 | import | 동 수입하다 명 수입, 수입품 |
| 1043 | export | 동 수출하다 명 수출, 수출품 |
| 1044 | employ | 동 고용하다 |
| 1045 | saving | 명 저축, 저금; 절약 |
| 1046 | consumer | 명 소비자 |
| 1047 | output | 명 생산량, 산출량, 출력 |
| 1048 | supply | 명 공급 동 공급하다 |
| 1049 | expense | 명 지출, 비용 |
| 1050 | fortune | 명 재산, 부; 운 |

## DAY 36 Politics 정치

| | | |
|---|---|---|
| 1051 | vote | 명 투표, 표 동 투표하다 |
| 1052 | leader | 명 지도자, 대표, 선두 |
| 1053 | survey | 명 (설문) 조사 동 (설문) 조사하다 |
| 1054 | quickly | 부 빨리, 신속히 |
| 1055 | correctly | 부 바르게, 정확하게 |
| 1056 | gap | 명 차이, 틈, 공백 |
| 1057 | argue | 동 논하다, 언쟁하다 |
| 1058 | disagree | 동 동의하지 않다, 의견이 다르다 |

| | | |
|---|---|---|
| 1059 | wisdom | 명 지혜, 현명함 |
| 1060 | necessary | 형 필요한, 필수적인 |
| 1061 | policy | 명 정책, 방침 |
| 1062 | elect | 동 선출하다 |
| 1063 | official | 형 공무상의, 공식적인 명 공무원 |
| 1064 | government | 명 정부, 정권 |
| 1065 | pressure | 명 압력, 압박 |
| 1066 | state | 명 국가, 주; 상태 |
| 1067 | represent | 동 대표하다, 대신하다 |
| 1068 | justice | 명 정의, 공평성 |
| 1069 | democracy | 명 민주주의, 민주국가 |
| 1070 | majority | 명 다수, 대다수 |
| 1071 | minority | 명 소수 |
| 1072 | appropriate | 형 적절한, 적합한 |
| 1073 | immediate | 형 즉각적인, 당장의 |
| 1074 | politics | 명 정치, 정치학 |
| 1075 | focus on | ~에 초점을 맞추다, ~에 주력하다 |
| 1076 | conclusion | 명 결론, 결말, 최종 판단 |
| 1077 | candidate | 명 후보자, (선거) 출마자 |
| 1078 | diplomat | 명 외교관 |
| 1079 | collaborate | 동 협력[협동]하다 |
| 1080 | stick to | ~을 고수하다 |

# DAY 37 Crime & Law 범죄와 법

| | | |
|---|---|---|
| 1081 | law | 명 법, 법률 |
| 1082 | protest | 명 시위, 항의 동 항의하다 |
| 1083 | crime | 명 범죄, 범행 |
| 1084 | legal | 형 합법적인, 법률과 관련된 |
| 1085 | prison | 명 교도소, 감옥 |
| 1086 | jail | 명 감옥, 구치소 |
| 1087 | kill | 동 죽이다, 목숨을 빼앗다 |
| 1088 | thief | 명 도둑, 절도범 |
| 1089 | steal | 동 훔치다, 도둑질하다 |
| 1090 | proof | 명 증거, 증명 |
| 1091 | regulation | 명 규정, 규칙, 규제, 단속 |
| 1092 | prohibit | 동 금지하다, 하지 못하게 하다 |
| 1093 | rob | 동 털다, 도둑질하다 |
| 1094 | cheat | 동 속이다, 사기 치다, 부정행위를 하다 |
| 1095 | chase | 동 뒤쫓다, 추적하다 명 추격, 추적 |
| 1096 | escape | 동 탈출하다, 벗어나다 명 탈출, 도망 |
| 1097 | punish | 동 처벌하다, 벌주다 |
| 1098 | force | 동 강요하다, 강제하다 명 힘, 폭력 |
| 1099 | murder | 명 살인, 살해 동 살인하다, 살해하다 |
| 1100 | victim | 명 희생자, 피해자 |
| 1101 | guilty | 형 유죄의, 죄책감이 드는 |

| | | |
|---|---|---|
| 1102 | innocent | 형 무죄의, 결백한; 순수한 |
| 1103 | arrest | 동 체포하다 |
| 1104 | trial | 명 재판; 시도, (성능 등의) 시험 |
| 1105 | keep in mind | 명심하다, 잊지 않고 있다 |
| 1106 | witness | 명 목격자, 증인 동 목격하다 |
| 1107 | suspect | 명 용의자 동 의심하다 |
| 1108 | sentence | 명 형벌, (형의) 선고 동 선고하다 |
| 1109 | accuse | 동 고발하다, 기소하다, 비난하다 |
| 1110 | investigate | 동 수사하다, 조사하다 |

## DAY 38 History 역사

| | | |
|---|---|---|
| 1111 | peace | 명 평화, 평화로움 |
| 1112 | war | 명 전쟁 |
| 1113 | army | 명 군대, 육군 |
| 1114 | enemy | 명 적군, 적 |
| 1115 | forever | 부 영원히, 끊임없이 |
| 1116 | language | 명 언어, 말 |
| 1117 | truth | 명 진실, 사실 |
| 1118 | kingdom | 명 왕국 |

| | | |
|---|---|---|
| 1119 | find out | ~을 알아내다, ~을 발견하다 |
| 1120 | period | 명 시대, 시기, 기간 |
| 1121 | strength | 명 힘, 강도, 강점, 장점 |
| 1122 | original | 형 최초의, 원래의; 독창적인 명 원본 |
| 1123 | royal | 형 왕실의 명 왕족 |
| 1124 | honor | 동 기리다, 존경하다 명 명예, 영예 |
| 1125 | treasure | 명 보물 |
| 1126 | independence | 명 독립 |
| 1127 | revolution | 명 혁명 |
| 1128 | ancient | 형 고대의, 아주 오래된 |
| 1129 | century | 명 100년, 세기 |
| 1130 | battle | 명 전투, 투쟁, 다툼 |
| 1131 | attack | 명 공격 동 공격하다 |
| 1132 | weapon | 명 무기 |
| 1133 | gradually | 부 서서히, 점점 |
| 1134 | defeat | 동 물리치다, 패배시키다 |
| 1135 | go through | ~을 겪다, ~을 경험하다 |
| 1136 | tribe | 명 종족, 부족 |
| 1137 | tragedy | 명 비극, 비극적인 사건[작품] |
| 1138 | colony | 명 식민지 |
| 1139 | dynasty | 명 (역대) 왕조, 왕조의 통치 (기간) |
| 1140 | empire | 명 제국, 거대 기업 |

## DAY 39 Religion 종교

| | | |
|---|---|---|
| 1141 | human | 명 인간 형 인간의, 인간적인 |
| 1142 | pray | 동 기도하다, 빌다 |
| 1143 | god | 명 신, 하느님 |
| 1144 | possible | 형 가능한, 있음 직한 |
| 1145 | death | 명 죽음, 사망; 종말 |
| 1146 | soul | 명 혼, 영혼, 정신 |
| 1147 | heaven | 명 천국, 하늘나라, 낙원 |
| 1148 | hell | 명 지옥, 지옥 같은 곳 |
| 1149 | meaning | 명 의미, 뜻, 의의 |
| 1150 | forgive | 동 용서하다 |
| 1151 | religious | 형 종교의, 독실한 |
| 1152 | miracle | 명 기적, 기적 같은 일 |
| 1153 | mission | 명 사명, 임무 |
| 1154 | glory | 명 영광, 영예 |
| 1155 | belief | 명 믿음, 신념 |
| 1156 | beg | 동 간청하다, 애원하다, 구걸하다 |
| 1157 | someday | 부 언젠가, 훗날 |
| 1158 | spirit | 명 영혼, 정신, 마음 |
| 1159 | faithful | 형 충실한, 충직한, 신의 있는 |
| 1160 | courage | 명 용기 |
| 1161 | connect | 동 연결하다, 잇다 |

| | | |
|---|---|---|
| 1162 | probably | 부 아마 |
| 1163 | ceremony | 명 의식, 식 |
| 1164 | dignity | 명 존엄, 위엄 |
| 1165 | charity | 명 자선, 자선 단체 |
| 1166 | Christianity | 명 기독교 |
| 1167 | Buddhism | 명 불교 |
| 1168 | Islam | 명 이슬람교 |
| 1169 | Judaism | 명 유대교 |
| 1170 | Hinduism | 명 힌두교 |

## DAY 40 The World 세계

| | | |
|---|---|---|
| 1171 | global | 형 세계적인, 지구의 |
| 1172 | support | 동 지지하다, 지원하다 명 지지, 지원 |
| 1173 | national | 형 국가의, 국민의 |
| 1174 | control | 동 통제하다 명 통제, 지배 |
| 1175 | foreign | 형 외국의, 대외의 |
| 1176 | among | 전 ~ 중에서, ~에 둘러싸여 |
| 1177 | hunger | 명 배고픔, 굶주림 |
| 1178 | urban | 형 도시의 |

| | | |
|---|---|---|
| 1179 | rural | 형 시골의 |
| 1180 | population | 명 인구, 주민 |
| 1181 | increase | 동 증가하다, 늘다 명 증가 |
| 1182 | decrease | 동 감소하다, 줄다 명 감소 |
| 1183 | fund | 명 기금 동 기금을 대다 |
| 1184 | region | 명 지역, 지방 |
| 1185 | aid | 명 원조, 지원, 도움 |
| 1186 | suffer | 동 고통받다, 시달리다 |
| 1187 | organization | 명 기구, 조직, 단체 |
| 1188 | border | 명 국경, 경계 |
| 1189 | orphan | 명 고아 |
| 1190 | rescue | 동 구하다, 구출하다 명 구출, 구조 |
| 1191 | immigrate | 동 이민을 오다 |
| 1192 | native | 형 태어난 곳의 명 ~ 태생인 사람 |
| 1193 | agreement | 명 협정, 동의, 합의 |
| 1194 | central | 형 주요한, 중앙의, 중심의 |
| 1195 | shelter | 명 피난처, 보호소, 대피소 |
| 1196 | mentor | 명 멘토, 조언해 주는 사람 |
| 1197 | dependence | 명 의존, 의지, 종속 |
| 1198 | mutual | 형 서로의, 상호 간의 |
| 1199 | dispute | 명 논쟁, 분쟁 동 논쟁하다, 분쟁하다 |
| 1200 | ethnic | 형 민족의, 종족의 |